야만의 민주주의

야만의 민주주의

발행일 2025년 3월 15일 초판 1쇄

지은이 강준욱
발행인 고영래
발행처 (주)미래사

주소 서울시 마포구 토정로 195-1 정우빌딩 3층
전화 (02)773-5680
팩스 (02)773-5685
이메일 miraebooks@daum.net
등록 1995년 6월17일(제2016-000084호)

ISBN 978-89-7087-161-5 (03300)

야만의 민주주의

강준욱 지음

미래___H

머리말

　보잘것없는 제가 책을 썼습니다. 독재 타도와 민주화가 만든 세상은 불의가 사라지고 공정함과 정의로움이 넘치는 곳으로 생각했습니다. 그리고 오늘날 민주주의는 국민 모두에게 최고의 정의로움으로 인식되고 있습니다. 하지만 민주화 시절을 지내오며 과연 우리 사회가 더 나은 세상으로 바뀌었는지에 대해 의문이 생겼습니다. 대한민국은 자유민주주의와 시장경제를 표방하고 있으며, 우리 국민의 최고 가치는 단연코 자유입니다. 그러나 민주가 앞서가고 그것이 심지어 자유를 억압하는 도구로 이용되고 있기도 합니다. 민주주의에 대한 오해는 너무도 커서 모두가 허상 속에서 민주주의의 정의로움을 찬양하고 있습니다.

　민주주의의 의미를 재고하고 민주 앞에서 그저 수식어가 되어버린 자유의 가치를 알리고자 합니다. 자유대한민국 국민으로서 지녀야 할 올바른 이념은 전체가 아닌 개인에 대한 자각을 통한 자유와 그에 따르는 책임, 그리고 개인 존중의 철학이어야 합니다. 민주화와 민주는 선동과 세뇌를 통해 개인을 잃게 만들고 국민을 전체주의 속에 가두었습니다. 그 민주화 세력은 허구의 정의로움을 내세워 새로운 기득권이 되었고, 그들만의 권력을 누리고 있습니다. 이에 바른 생각을 가진 국민 모두의 각성을 촉구하고자 합니다.

1장에서는 민주주의에 대한 오해와 자유와 민주의 모순, 그리고 개인 존중과 자유의 가치에 대한 이해를 구합니다. 2장에서는 민주화 세력이 오랫동안 국민에게 심어온 좌익 사고의 퇴보적 모순과 위선을 비판합니다. 최저임금 문제, 민생지원금, 돈 풀기와 물가, 교육과 부동산, 인간의 자기결정권과 소유권에 대한 침해, 기후 문제에 대한 바른 이해, 21세기의 친일과 반일, 그리고 의료 문제에 이르기까지 우리가 가야 할 올바른 방향을 제시합니다. 특히 의료 사태와 관련해 많은 페이지를 할애해서 의료계에 감히 고언을 드립니다.

마지막 3장에서는 전근대성과 도덕, 12·3 계엄 사태와 관련된 법치 문제와 국민주권에 관해 이야기하고, 야만 감정의 민주화 시대를 비판합니다. 퇴보좌파에 대항해 진보우파가 되어야 하는 이유와 보수 진영의 각성을 촉구합니다. 그리고 진정한 진보를 위한 노력이 무엇인지, 우리의 다음 대통령은 어떤 사람이 되어야 하는지에 대한 현실적 생각을 담았습니다.

민주주의와 민주화에 대해 각성하고 그에 대한 올바른 이해를 통해 우리가 가져야 할 가치를 깨닫는 분이 많아지기를 바라는 마음으로 선하고 훌륭한 대한민국의 모든 국민께 이 책을 올립니다. 출판을 결정해주신 도서출판 미래사 고영래 대표님과 깔끔하고 예쁜 디자인을 해주신 디자이너 임영경 님께 감사의 말씀을 드립니다.

2025년 2월
강준욱

CONTENTS

세상 속 이야기 - 우리의 정의로움

CHAPTER THREE

마음속 이야기 - 민주화 시대의 국민 그리고 정치 현실

시작하며

　나는 MBTI가 INTJ다. 별 의미를 두지는 않지만 대체로 이에 대한 설명과 내 성격이 별반 다르지 않다. 지인들에게 내 MBTI를 이야기하면 다들 꽤 공감한다. 지금 이 책을 읽는 분들도 내가 주장하는 내용에서 그런 느낌을 받을 것이다. 이 책은 따뜻한 감성의 수필이 아니라 대한민국 보통 사람들의 모습에 관한 고찰이며, 오늘 이 사회가 나아가고 있는 방향에 관한 이야기다. 아울러 과거와 현재가 공존하는 사람들의 마음속에서 가장 바람직한 미래를 위한 충심 어린 생각이다.

　INTJ에 대한 분석 그대로 이 책의 내용은 이성적이기만 하다. 따뜻한 감성은 함께 살아가는 공동체 안에서 인간이 꼭 가져야 할 덕목이지만, 감성에 치우친 사고는 언제나 그 따뜻함이 유용한 영역에서만 빛을 발한다. 사람들의 감성은 좋은 의도로 발현되는 경우가 많지만, 이익을 추구하는 인간의 본성에서 목적을 달성하기 위해 나쁜 의도로 이용되기도 한다. 이것은 인간이 개인이 아니라 전체 중 일부가 되고 또 사회적이라는 명분에 설득당할 때 자주 발생하는 일이다. 개인이 개인을 나쁜 의도로 속이고 이용하는 것을 우리는 사기라 하고, 이런 의도로 대중을 이용하면 여론 선동이 된다.

사실 사기와 선동은 본질에서는 차이가 없다. 좋은 의도에서의 대중을 향한 설득이나 계몽은 선동과는 다르다. 사기에서 피해가 존재할 경우, 단시간 내에 명백히 드러난다. 하지만 여론 선동에 의한 결과는 그 피해가 드러나는 데 시간이 오래 걸리며, 심지어 선동과 그 결과라는 인과관계를 입증하지 못하는 경우가 많다. 입증된다고 해도 손해배상이나 처벌은 가능하지 않다. 만약 가능하다면 그로 인한 결과가 다른 어떤 요인에 의해서 이루어졌을 때뿐이다.

여론 선동의 가장 대표적인 영역이 정치다. 정치에서 계몽은 근대의 유물이 되었다. 민주화된 나라에서조차 나쁜 정치인들의 주요 도구가 여론 선동이라는 사실을 부인하기는 어렵다. 하지만 그들 누구도 그 행동을 선동이라 하지 않는다. 그들은 언제나 나라의 주인인 국민의 눈높이에 맞추어야 한다고 말하며, 국민의 뜻을 따르고자 애쓰는 모습을 보이기 위해 노력한다. 그들은 선동을 종종 소통이라는 훌륭하고 따뜻한 단어로 변환해 표현한다. 그들은 소통을 통해 국민을 설득해야 한다고 자주 말하지만, 실상 선동은 있어도 국민 설득은 일부 용기 있는 사람들만이 행하는 흔치 않은 일이다. 그들은 설득의 책임을 언제나 행정부로 떠넘긴다. 그리고 국민의 대표라는 이유로 그들을 설득해보라고 한다.

정치인이나 정당이 여론의 지지를 얻으려 하는 이유는 정권 획득을 위해서다. 이를 위해 국민의 생각을 얼마나 잘 선동하여 자신을 지지하게 만드느냐가 정권 획득 여부를 좌우한다. 그래서 정치인의 선동을 비난할 수만은 없다. 문제는 나쁜 선동, 거짓 선동이다. 그것은 더 나은 세상으로 나아가게 하는 도구가 아니기 때문이다.

소통으로든 선동으로든 그 성공은 국민의 이성적 이해와 감성적 지지를 얼마나 받느냐에 달려 있다. 개개인의 이성적 이해도는 천차만별이다. 자연과학이나 공학을 전공한 사람과 시장에서 장사하는 아주머니의 어떤 현상이나 사실에 대한 이해도는 크게 차이가 난다. 반면 지적 역량이 단순히 가방끈 길이에 좌우되는 것은 아니다. 많이 배우지 못했더라도 세상을 사유하며 그 세상의 참모습을 볼 수 있는 사람은 많이 배우고도 세상을 보는 눈이 협소하고 편협한 사람보다 더 훌륭하다.

하지만 감성은 이성과는 다르며, 개개인의 지적 역량과는 무관하다. 오히려 이성적 사고회로가 강한 사람일수록 감성적 의존성은 옅어진다. 감성에는 강약의 정도 차이만 존재한다. 모든 사람이 다 그렇다. 감성은 뭔가를 배워서 얻는 것이 아니라 결국 느끼는 것이다. 그러하기에 정치에서는 이성적 설득보다 감성적 선동이 훨씬 더 유용하다. 그 '느끼는 것'은 모든 이에게 공통이다. 어떤 사실관계를 다수에게 이해시키는 것은 어렵거나 아예 불가능하지만 느끼게 만드는 것은 그보다 쉽다.

감성 유발로 성공하는 대표적 유형이 연예인이다. 그들은 그런 능력으로 사람들의 마음을 얻어 많은 돈을 번다. 사실을 관찰하고 이성적으로 탐구해서 얻어낸 결과들을 기술로 승화시켜 인간에게 이익을 주고 그에 대한 보상으로 돈을 버는 사람들도 있다. 하지만 사람들을 이성으로 이해시켜 그만큼 많은 돈을 버는 직업은 이 세상에 없다.

비록 돈을 버는 일은 아니지만 권력을 추구하는 정치가 감성에 따를 수밖에 없는 이유다. 다만 강력한 독재자가 국민의 뜻과 관계없이 자기 의지대로 통치하는 국가는 예외다. 대체로 그런 독재자가 모든 국민에게 최고의 이익이 돌아가는 정책을 구현하는 경우는 드물다. 그런 좋은 정책이 나오지 못하는 이유는 대다수 독재자가 오로지 권력욕으로 국민 여론을 선동하며 통치하기 때문이기도 하지만 대부분은 그들이 취한 이념과 체제, 즉 국가 운영 방법론의 실패에 기인한다.

물론 그 방법론을 내세우는 목적이 자신의 권력욕이므로 두 경우의 본질은 다르지 않다. 아주 간혹 그런 독재가 성공할 때도 있는데, 박정희와 리콴유가 대표적인 예다. 대다수 국민의 이성적 이해도를 능가하는 선의를 가진 독재자가 비록 소수를 억누르고서라도 실패할 수 없는 국가 운영 방법론을 강력히 밀어붙여 국민에게 더 나은 세상을 안겨준 경우다.

민주화된 세상은 선의든 악의든 정치인 개인의 독재를 허락하지 않는다. 윤석열 대통령의 기존 계엄령과는 다른 이상한 계엄으로 현실이 되긴 했지만, 그 사건 이전에 민주화의 완성을 그들 성공의 최고 가치와 덕목으로 추앙하던 민주당 국회의원이 계엄이 있을 수 있다고 외쳤던 이유는 지지자들을 감성적으로 선동하기 위해서였을 것이다.

이 책은 그런 정치와 맞닥뜨린 우리에 관한 이야기다. 아울러 여전히 이념적 혼란 가운데 있는 현실에서 우리가 가져야 할 가치와 행동에 관한 이야기다. 자유민주주의를 표방하며 공산주의와 대척점에 서 있는 이 나라 사람들이 사회주의적 제도를 주장하거나 심지어 아무 거리낌 없이 추앙하는 데 대해 자성을 촉구한다. 자유와 민주에 대해서는 고매한 철학자들과 선각자들의 훌륭한 주장이 많지만, 현실 앞에 선 보통 사람들에게는 무척 어려운 이야기다. 그래서 이런 고민을 하는 지식인은 그저 방구석 연구자에 지나지 않는 경우가 대부분이다. 하지만 현실에서 발생하는 우리 주변의 상황을 직시하고 사회와 정치가 추구해야 할 길을 제시한다면, 비록 어려운 이야기라도 선하고 훌륭한 우리 대한민국 국민의 마음에 다가갈 수 있으리라는 믿음으로 이 책을 썼다.

이 책이 정치철학자들이나 현시대 훌륭한 지식인들에게 큰 누가 될지도 모른다는 사실을 잘 알고 있다. 나는 철학자도 아니며, 공학을 전공하고 컴퓨터 정보통신 업계에서 일했으며, 나이 들어서는 교수라는 직업을 얻어 살아가는 존재감 미미한 일개 개인에 지나지 않는다. 나는 세상을 보는 눈과 그것을 느끼는 마음을 훌륭한 선각자들의 말씀을 통해서가 아니라 이 세상의 보통 사람들에게 더 많이 배웠다.

내가 이성적 판단에 기초해서 얻은 지식은 고매한 분들의 그것과는 비교가 안 될 것이다. 어찌 보면 아무것도 아닌 나의 이런 모습이 내게 용기를 주었다는 사실은 나의 자만심일지도 모른다. 하지만 정치와 여론 선동으로 자신을 잃어가는 대한민국 국민에게 개인을 자각하게 하고 자유와 책임, 그리고 진정한 민주화를 알리는 일은 오만하다 비난받더라도 누군가는 반드시 해야 할 의무라고 생각한다. 이 나라 국민인 모든 개인의 풍요와 나라 발전을 위한 충정으로 이 책을 올린다.

CHAPTER ONE

머릿속 이야기
- 이념과 가치

맞음(옳음)과 틀림(그름), 그리고 다름

❝ ....

옳고 그름을 판단하지 않으려는 시도는 언제나 비겁하다. 이것은 타인
의 다름에 대한 존중이 아니라 다름을 내세운 타협에 불과하기 때문이
다. 틀리거나 덜 발전적인 견해는 무지하거나 혹은 이익을 얻기 위한
나쁜 의도에서 나온다. 가치판단에서 눈치 보지 않고 옳음과 맞음을 주
장할 수 있는 지식인이 많은 세상만이 희망이 있다.

.... **❞**

"세상에는 맞는 것도 없고 틀린 것도 없다."

사회과학을 공부한 친구가 자주 하는 말이다. 공학을 전공한 나
로서는 조금 답답한 이야기다. 사실 이 친구 주장의 의도가 무엇인
지 모르는 바 아니지만, 가치 투쟁이 세상을 바꾸려는 의도로 실행
될 때라면 우리는 이런 의식을 경계해야만 한다. 자신의 주장이 논
리적으로 혹은 합리적으로 반박될 때, 심지어 옳지 않음이 설명될
때 논의를 혼동시킬 목적으로 사용하려는 의도가 내포되어 있기 때
문이다. 그리고 이 주장에는 심각한 모순이 존재한다. 세상에 맞는
것도 틀린 것도 없다면 자신의 그 주장도 맞는 것이 아니다. 그리고
이후의 논의는 말장난이 되어버린다.

자연현상이나 눈에 보이는 모습은 고매한 철학적 고찰이 아니라

20

면 모두가 공통으로 인지하는 사실이 존재하고, 맞고 틀림의 판단이 가능하다. 그러하지 못한 사실들도 있는데, 비록 무엇이 맞고 무엇이 틀렸다고 말하지는 못하더라도 '더 나음'과 '못함', 즉 더 나은 방향이냐 아니냐로 판단할 수 있다. 세상 모든 일에 맞고 틀리고가 없다는 식의 주장은 그래서 옳지 않다.

우리나라 사람들은 '틀린' 것을 '다른' 것으로 표현할 때가 많다. 아마 거의 그렇게 하고 있다고 해도 과언이 아니다. 여기에는 상대방에게 반박하는 모습을 보이지 않으려는 의도가 담긴 경우가 대부분이다. 또한 판단하지 않으려는 의지가 개입될 때도 있다. '나는 너와 의견이 달라'라는 표현은 상대방이 짜장면을 먹으려 하고 자신은 짬뽕을 먹고 싶을 때나 하는 말이다. 함께 운동하자고 할 때 상대방은 일요일이 좋다고 하지만 자신은 토요일이 좋다면 그때 이 두 견해는 다른 것이다. 즉, 다름은 우리가 일상에서 행하는 많은 선택에서 존재한다. 그런데 1 더하기 1은 3이라고 주장할 때, 그것이 2라고 주장하는 사람은 견해가 다른 것이 아니다. 그것을 3이라고 주장하는 사람은 다른 것이 아니라 틀린 것이다. 우리가 고매한 철학의 세상에서 이런 주제를 논의하는 것이 아니라면 말이다.

정당의 어떤 정책을 두고 잘하는 것이라는 사람과 잘못하는 것이라는 사람은 서로가 다른 의견일까? 그렇지 않다. 그것은 맞고 틀림, 옳고 그름의 문제이지 서로 다름의 문제가 아니다. 왜냐하면 그 정책이 주는 영향과 결과가 세상의 발전을 위해 도움이 되는 것이라면 더 나은 것이 되고 그 반대라면 더 못함이 되기 때문이다. 이는 맞음과 틀림, 옳음과 그름의 문제다. 더 나은 것이 곧 옳음과 맞음이다.

문제는 맞는(더 나은 결과를 주는) 의견과 틀린(그렇지 못한) 의견이 대립할 때 생긴다. 다른 의견을 가진 사람들이 자기와 다르다는 이유로 공격하는 일은 거의 없다. 문제는 맞고 틀림, 옳고 그름의 논란에서 생긴다. 그런데 대체로 맞는 의견을 제시하는 사람들은 틀린 의견을 가진 사람들을 설득하려 하는 경향을 보인다. 반대로 틀린 의견을 가진 사람들은 맞는 견해를 제시하는 사람들을 감정적으로 공격하는 경우가 많다. 왜 그럴까?

틀린 견해가 올바른 견해를 설득하는 것은 불가능하고, 논리적 근거를 대며 말할 수 없기 때문이다. 심지어 논리에서 억지를 보이거나 근거가 아닌 것을 근거로 주장하기도 한다. 이는 잘 모르기 때문에 그 사실이 틀리지 않다고 생각하는 지식의 역량 문제를 말하는 것이 아니라, 자신이 옳다고 생각하는 사실에 경도된 신념이 작동하는 경우를 말한다. 이런 상황은 대체로 자신이 올바르거나 정의로워야 하는 일이기에 감정이 개입되어 발생한다. 싸우지 않으려면, 불행하게도 틀린 견해가 다른 견해가 되어 인정받는 지점에서 타협해야 한다.

틀린 견해가 다른 견해로 인정되면 안 되는 이유는 명확하다. 틀린 견해를 고집하는 사람들은 논쟁에서 벗어나기 위해 서로 다르다는 점을 고집하고 정당화하는 데 몰두하기 때문이다. 입증되는, 답이 하나인 사실은 틀리거나 맞거나 둘 중 하나이지 결코 어떤 다른 두 가지가 될 수 없다. 이런 대립에서는 맞는 견해가 틀린 견해를 이기기 어렵고, 그래서 세상의 발전은 더딜 수밖에 없다. 궁극적으로 그것이 틀렸다는 게 입증될 때까지 잘못된 혹은 덜 발전적인 길로 가야 하기 때문이다. 하지만 그때가 되어도 그들은 끝까지 인정하지 않거나 침묵한다. 오래전 광우병 파동이나 사드 전자파 문제, 그리고 세월호 침몰에 대한 온갖 거짓 선동들과 최근의 후쿠시마 처리수 문제에 이르기까지 맞고 틀림이 명확한 사실과 관련해 어떤 일이 일어났는지 생각해보면 잘 알 수 있다.

후쿠시마 원전에서 핵물질이 처리된 바닷물에는 오로지 삼중수소만 남고, 배출되는 처리수의 삼중수소 농도는 태평양 바다에 있는 물의 양에 비하면 극미량이다. 28억 톤을 담수하고 있는 충주호를 태평양으로 가정하고 후쿠시마 원전에서 한 번에 배출되는 처리수의 양을 비례적으로 직접 계산해보니 2리터짜리 생수병 2개가 채 안 되는 양이었다. 굳이 과학을 들이댈 것도 없이 충주호에 삼중수소가 포함된 2리터 생수 2병을 섞은들 그것이 도대체 환경에 무슨 영향을 얼마나 주겠는가? 그 삼중수소는 희석되고 시간이 지남에 따라 소멸한다. 아마도 기존의 충주호 물에는 그보다 더 많은 삼중수소가 포함되어 있을 것이다. 그게 자연이다.

더욱이 방류된 처리수는 쿠로시오 해류를 따라 알래스카를 거쳐서 몇 개월 뒤 미국 서부 해안으로 먼저 간다. 물론 그전에 다 희석되기 때문에 미국에서 굳이 신경 쓸 일도 아니다. 이런 상황을 호도하고 국민에게 공포심을 조장하는 것이 우리의 현실이다. 이는 잘 모르는 사람들을 현혹하고 자신들의 정치적 의도를 달성하기 위한 여론 선동에 불과하다. 그리고 국제적으로 이미 선진국인 일본이 해양에 그런 위험을 초래한다고 무조건 믿는다는 것도 이해하기 힘들다. 그 선동가들이 중국 원전이 우리 서해에, 프랑스 원전이 지중해나 대서양에 삼중수소가 더 많이 포함된 처리수를 방류 중이라는 사실을 말하지 않는 것도 그것이 나쁜 선동임을 보여준다.

원자력발전소가 원자폭탄처럼 터지는 것으로 오해하게 만드는 견해는 탈원전을 정당화했고, 비용 대비 효용은 상대적으로 매우 낮으면서 실제로 환경에는 더 나쁜 영향을 미치는(중금속 덩어리, 설치를 위해 멀쩡한 산림 훼손, 경사면에 설치해 홍수나 산사태에 취약) 태양광 발전을 확대하게 했다. 여기에 나쁜 의도가 있었음을 아는 국민은 아직도 많지 않다. 그 결과 한전은 엄청난 적자의 늪에 빠졌고, 그 돈은 국민이 앞으로 부담해야 할 빚으로 남았다. 태양광이나 풍력은 비록 친환경이라 해도 그것을 통한 전기 생산에 적합한 자연환경이 있다. 그런 자연환경의 적합성을 따져볼 때 대한민국에서는 효율이 매우 낮다. 그러다 보니 생산 단가가 높아져 결국 비싼 전기료를 감당해야 한다.

더 크게는 기후변화의 해결 방법으로 제시되는 해법들의 문제다. 아마도 일각의 지식인들은 환경과 관련된 현재의 모든 주장이 어떤 의도로 기획, 선동되고 있음을 잘 알 것이다. 기후변화는 언제나 있었다. 오래전의 빙하기는 인류가 탄소를 급격히 배출해서 발생한 일이 아니었다. 사람들은 자연에 대해 심각하리만큼 오만한 태도를 보인다. '지구를 살리자'라는 구호는 우리가 가능한 한 최선을 다해 자연을 훼손하지 말고 잘 가꾸자는 취지로 이해해야 한다. 마치 인류가 지구를 망치는 것처럼 사람들이 오해하게 해서는 안 된다. 자연은 인류가 망칠 만큼 왜소하지 않다. 이 문제는 다음 장에서 자세히 이야기하기로 한다.

맞음과 틀림, 그리고 다름이 가장 혼동되어 선동되고 이용되는 곳이 정치 영역이다. 정치란 가치를 내세워 권력을 쟁취하기 위한 투쟁이다. 어떤 가치가 그 공동체에 더 낫게 작동할 수 있는지를 두고 치열하게 싸운다. 그렇다면 여기에는 다른 견해가 있을 수 없다. 맞는 견해, 틀린 견해만 존재한다. 더 정확히는 더 나은 견해와 그렇지 못한 견해가 존재한다. 다른 견해라는 표현은 적절치 않다. 불행히도 이런 투쟁을 잘하는 정치인은 틀린 주장을 하는 쪽에 더 많다. 이때 틀림은 전체에서 어느 한 부분의 이익을 대변하거나 혹은 이에 따라 정치인 자신의 이익을 추구할 때 주장된다.

미래의 어떤 결과에 대해서는 얼마든지 논리를 만들 수 있고 그 결과에 책임을 질 필요도 없다. 잘못된 견해에 대해서 미래를 정직하게 예측해 그 견해가 바람직하지 않다고 주장하는 사람들이 반드시 이기는 것도 아니다. 만약 더 나은 주장을 하는 상대에게 자신들의 견해가 반박되고 그것이 더 나은 것이 아니라는 사실이 입증될 위기에 처하면 그들은 언제나 다른 의견이라는 이유로, 그리고 그것을 존중하라고 주장함으로써 상황을 반전시킨다. 이와는 다른 입장에 서면 상대방을 틀림으로 단정하고 비난하면서도 그들은 그렇게 행동한다. 이렇듯 다름은 아주 편파적으로 필요할 때만 이용하는 단어가 되었다.

여기서 가장 큰 문제는 다수의 지지를 받는 정치집단의 견해가 채택될 수밖에 없는 민주주의라는 제도에 있다. 만약 그 다수가 미래 세상을 위해 덜 발전적이고 심지어 퇴보하게 만들 수도 있는 견해를 가지고 있다면 우리의 민주주의는 그런 현실조차 감수해야 한다. 인간 세상이 발전과 퇴보를 반복해온 것은 부인할 수 없는 사실이지만, 그런 퇴보적 견해가 이기는 현실을 막아야 하는 것도 현명한 사람들의 의무다. 그런 노력이 더욱 많아질 때 발전이 퇴보를 앞설 수 있다.

성숙한 민주사회라면 어떤 의견이라도 존중되어야 한다. 하지만 민주라는 이름으로 어떨 때는 틀림이 강요되고, 어떨 때는 다름으로 인정할 것을 요구한다면 민주화된 세상이라 할 수 없다. 특히 목소리가 큰 소수가 침묵하는 다수를 민주주의의 이름으로 공격하고 자신들의 견해를 관철하는 것은 민주주의를 이용한 죄악이라 해도 과언이 아니다.

민주는 우리가 무엇을 함으로써 이룰 수 있는 목적물이 아니다. 그것은 개인의 가치인 자유의 덕목이 실천되는 성숙한 세상에서 자연스럽게 구현되는 결과일 뿐이다. 그러하기에 서로 다름에 대한 존중은 민주의 덕목이 아니라 자유의 덕목이다. 다음에서 민주주의에 대해 생각해보자.

민주주의에 대한 오해

모든 민주주의는 전체주의적이며, 어떤 경우에도 성숙하지도 현명하
지도 않다. 또한 민주주의가 초월적 정의로움으로 인식되고 있다면 그
것은 대중이 미성숙하다는 근거로 충분하다. 그때의 민주주의는 보잘
것없는 개인이 뭉쳐서라도 주인이 되고 강자가 된 기분을 만끽하는 정
신 만족의 도구에 불과하다. 대중에 의한 민주주의는 언제나 정당화된
강요를 수반한다. 그들이 주인이고 강자이기에 그 강요는 언제나 정의
롭다. 민주주의가 지배하는 세상은 필연적으로 퇴행하며, 그 속력은 대
중의 성숙도에 반비례한다. 성숙할수록 퇴행은 느리지만 그 방향은 언
제나 같다. 모든 것은 그렇게 아주 서서히 무너지고, 위대한 선지자가
나타나 또다시 역사는 시작될 것이다. 우리는 궁극에 가서 자연의 섭
리와 만난다.

민주주의를 이념으로 이해하는 사람들이 많다. 그리고 대부분은
민주주의를 그 무엇도 거역할 수 없는 최고의 정의로움으로 인식한
다. 민주주의를 파괴한다느니, 민주주의를 지키느니 등의 말은 소
수 또는 한 사람이 다수의 의견을 무시, 억압할 때나 할 수 있는 말
이다. 하지만 나쁜 정치인들이나 선동가들은 상대의 주장을 비난할

때 주장의 맥락과는 무관하게 이런 말을 자주 쓴다. 소수임에도 자신의 의견이 관철되지 않을 때 이런 주장을 해서 상대방을 마치 정의롭지 않은 사람으로 만들어버리는 것이다. 이는 선동 그 이상도 이하도 아니다. 가장 민주적인 척하며 행하는 이런 선동은 그야말로 비민주적이다. 그 이유는 이 주장이 상대방의 정치적 견해에만 한정되지 않고 많은 이의 생각에 영향을 미치기 때문이다.

영어로 Democracy라는 단어가 번역되면서 '~주의'가 되었다. 이것도 일본인이 번역한 많은 서양 단어 중 하나이고, 최초 번역가의 생각이나 의도는 알 길이 없다. 일각에서는 Democracy를 민주정, 민주정치로 번역하는 것이 옳다고 주장한다. 이런 주장을 하는 사람들은 민주주의가 너무도 크게 오해되고, 전혀 다른 의도로 오용된다는 사실을 알고 있다. 그리고 나도 이 의견에 동의한다. Democracy란 '다수의 의사에 따르는 정치이고 그렇게 결정하자는 방식'이기 때문이다.

이념을 의미하는 '~주의'는 통상적으로 '~ism'이란 접미어가 붙는다. 영어 단어 Democracy에서 보듯 민주주의는 이념이 아니다. 또한 반박할 수 없는 진리나 철학도 아니고, 고매한 사상도 아니다. 민주주의는 한 사람이나 소수가 아니라 다수의 의견에 따라 결정을 내리는 '의사결정 방식'이다. 만약 셋이 모여 어떤 결정을 내려야 하는데 두 명과 한 명의 의견이 다르다면 두 명의 의견에 따르자는 약속일 뿐이다.

문제는 이런 약속이 과연 정의로운가 하는 점이다. 다수가 참여

한다고 해서 그 방식이 독재나 과두 정치보다 더 정의롭다고 할 근 거는 없다. 정의(Justice)는 어떤 결정이냐에 따라 판단되는 것이지, 어떻게 결정하느냐의 문제가 아니기 때문이다. 다수가 결정해도 사안에 따라 정의로울 수도, 그렇지 않을 수도 있다.

예를 들어, 민주주의를 이유로 개인의 어떤 행동을 제약하거나 그렇게 하지 말라고 강요하는 것은 정의로운 일이 아니다. 하지만 현실에서는 개인의 행동과 관련된 많은 일상이 그러하다. 개인의 행동을 제약하는 것이 정의롭지 않은 이유는 개인의 행동은 온전히 그 개인만이 결정할 수 있는 것이기 때문이다.

공동체의 결정에서 정의로움을 따질 수 없는 이유도 마찬가지다. 예를 들어 어떤 공동체에서 공동의 일을 다수결로 결정하기로 했다고 하자. 모두가 합의해 매달 회비를 얼마씩 내기로 하고 회비 사용을 약속된 방식으로 처리한다면 그것은 사전에 모두에게 계약되었으므로 정의에 합치한다. 그런데 공동의 일이라 해도 그들이 미리 한 사람 또는 일부에게 결정을 맡기기로 약속했다면 그 숫자가 과반이 아니라고 해서 정의롭지 않다고 할 수도 없다. 이처럼 정의와 정의롭지 않음의 기준은 '누가', '무엇을' 결정하느냐에 달린 것이지 '어떻게' 결정하느냐에 따라 달라지지 않는다. 민주주의는 사실 숫자 51%와 그 이상에 대한 특혜라고 해도 틀린 말이 아니다.

직접민주주의, 인민민주주의, 민중민주주의, 광장민주주의, 대의제민주주의, 사회민주주의……. 다양한 단어가 민주주의 앞에 자주 등장하는 까닭은 민주주의를 아무 데나 가져다 붙여도 얻을 수 있는 이익이 크다는 의미다. 그만큼 민주주의는 정의로움과 뜻이 같은 단어가 되었다. 아울러 선동을 통해 이익을 얻는다거나, 대부분 나쁜 의도로 계획되는 여론 선동에 민주주의가 동원된다는 사실은 그것이 진리나 이념, 도덕이나 바름 등과는 매우 거리가 멀고 명확한 의미조차 없다는 방증이다. 민주주의는 곡해와 잘못된 인식으로 이미 남용되고 있으며, 심지어 악용되기까지 한다.

예를 들어, '표현의 자유는 민주주의의 소중한 가치'라 하고, '민주주의의 이름으로 퇴진을 요구한다'고 주장하며, '상대의 의견을 경청하는 태도는 민주시민의 기본'이라고 말하고, '검찰 개혁 없이는 민주주의도 없다'고 주장하는 등 민주주의를 자기 마음대로 해석하고 자신의 주장을 마치 민주주의의 정의로움인 양 포장하는 일은 우리의 일상이 되었다.

이런 주장들을 신경 써서 살펴보면 정의로움의 의미가 된 이 단어가 얼마나 오염되었는지 알 수 있다. 우리는 자신이 하고자 하는 표현을 할 때 그것을 '표현의 자유'라고 하지 '표현의 민주'라고 하지 않는다. 표현을 자유롭게 하는 것은 민주주의라는 방법론이 아니라 자유주의라는 이념을 바탕으로 한다. 따라서 이것은 민주주의의 소중한 가치가 될 수 없고(말이 되지 않는다), 자유주의의 소중한 가치다.

누군가에게 퇴진하라고 하는 요구는 그렇게 주장하는 사람들의 요구이지 민주주의가 요구하는 바가 결단코 아니며, 그들이 다수라는 근거도 없다. 자신들이 다수인 양 여론을 호도하려는 목적일 뿐이다. 만약 그 요구가 다수의 견해로 나타나더라도 그 다수가 그렇게 판단을 한 것이 아니라 선동된 다수의 여론에 따른 것일 뿐이다. 모든 대중이 스스로 가치판단을 할 수 있는 세상은 존재하지 않는다. 또한 상대의 의견을 경청하는 태도는 가정교육이나 스스로 체득한 교양에 따른 것이지 민주주의가 가르친 예절이 아니다. 이런 태도는 상대방을 존중하는 개인의 소양에서 나오며, 근간은 개인 존중이라는 자유주의 이념이다.

검찰 개혁과 민주주의를 연관시킨 선동적 구호는 헛웃음을 유발한다. 검찰 개혁과 민주주의는 아무 관련이 없는 독립적 사안이다. 예를 들어 검찰이 잘못하면 범죄 수사나 기소가 안 된다든지 잘못된다든지 하는 상황이 일어나는데, 이것이 다수결과 무슨 관계가 있단 말인가? 다수가 결정한 일이면 범죄도 처벌하지 말아야 한다는 것이 그들이 말하는 정의로운 민주주의일 수는 없다.

민주주의는 '미리 계약한 방식'이 아니라 국민이 주인 되기를 원하는 다수의 요구로 등장한 제도다. 다수가 원했기 때문에 다수결이라는 방식이 채택된 것이다. 그것은 어떤 독재자가 나타나 그렇게 하겠다고 결정하면 독재가 시작되는 상황과 마찬가지다. 이렇듯 민주주의는 독재나 여타의 결정 방식과 다름없이 모순적이다. 다수가 원하는 대로 결정하자는 방식이 다수에 의해 결정되었기 때문이다. 이를 자기 환원이라 하며, 자기 환원은 스스로 설명하고 스스로 정당화하기 때문에 모순이다.

민주주의, 민주사회, 민주시민, 민주공화국, 민주언론, 민주노

총, 민주적 의사결정, '민주주의 만세'에 이르기까지 민주주의는 진리도 그 어떤 정의로움도 아니다. 하지만 현재의 민주주의는 이를 넘어 이제는 종교적 주술이 되어버렸다고 해도 과언이 아니다. 불행하게도 '민주화는 정의로움'이라는 주장에 반박할 대한민국 국민은 거의 없어 보인다. 그런 사람은 여지없이 극우나 적폐로 몰린다. 다수에 의한 강요다.

이 나라가 해방되는 데는 좌우를 막론하고 독립운동가들의 공이 있었다. 그러나 우리가 지금의 자유민주주의 체제를 가질 수 있게 만든 결정적 공로는 오로지 이승만에게 있다. 불행히도 이승만의 주변에는 그의 생각이나 역량을 따를 만한 사람들이 거의 없었던 듯하다. 나라를 제대로 세우고 운영해 나가는 것은 이승만 한 사람의 힘만으로는 불가능했다.

그 당시는 사회적으로 좌우익의 대립이 극심했다. 전 세계적으로 평등을 근간으로 하는 공산주의와 자유를 근간으로 하는 자본주의 자유사상이 냉전이라는 이름으로 대립하던 시기였으므로 우리도 예외일 수 없었다. 그렇기는 해도 정권 획득을 목표로 하는 대한민국 야당 정치인들이 모두 공산주의를 추종했던 것은 아니다. 일부 공산주의자가 있었지만, 반공을 뒤집을 만한 세력은 되지 못했다.

5·16 세력이 정권을 잡은 이후, 야당 정치인들이 내세운 가장 강력한 여론 선동 표제어는 독재에 저항하는 민주화였다. 즉, 자유민주주의 체제하에서 권력자가 민의에 반하는 독재를 하고 있다고 외치는 것이었다. 나라의 주인인 국민이 주인이 되지 못하고 독재에

억압받는다고 주장하며 국민이 주인 되는 세상을 만들자는 것이 그들의 민주화였다. 사실상 그들이 비난한 문제의 본질은 근대화 과정에서 청산되지 못한 권위적 억압이었지만, 그저 정치적인 수사로 독재라는 단어를 이용한 것이다. 선동이 성공하려면 사람들의 마음에 단순하고도 강력하게 꽂히는 명확한 단어가 필요하다. 그것이 '독재'였고, 이 단어는 지금도 상대를 공격하기 위해 빈번히 사용된다.

민주주의를 이해한다면 독재라는 단어를 이용한 이런 공격은 초점이 빗나간 주장이다. 한 사람이 오랫동안 정권을 유지하는 것이 독재이지만, 그것이 민주주의 방법론에 따라 결정되었다면 독재일 수는 없다. 5·16은 기존 권력을 뒤엎고자 한 반역일 수 있지만, 그 이후의 행위 자체가 민주주의에 반한다고 말할 수는 없다. 다수 국민의 뜻이 5·16을 지지했다면 그것의 정당함이나 정당하지 않음과 무관하게 민주주의에 부합한다. 5·16 세력은 법에 정해진 절차에 따라 권력자가 되었다. 그 법이 무효라고 주장한다면 이건 또 다른 이야기다. 하지만 그런 주장은 투쟁의 한 방편일 뿐이다. 어쨌든 힘으로 세상을 뒤집었다 해도 그 사실 자체는 그들이 주장하는 비민주일망정 이후에는 직접적이든 간접적이든 국민의 주권 행사로 모든 것이 결정되었다.

나는 이런 상황이 정의롭다거나 바람직하다고 주장하는 것이 아니다. 이는 민주주의에 대한 오해를 설명하기 위한 것이며, 그 상황에 대한 해석이 어떻든 그것이 정상적으로 작동했다는 사실을 말하려는 것이다. 그런데도 이에 반대하는 정치 세력은 한 사람이 오랫동안 권력자로 군림하는 모습을 부각해 '독재를 타도하자'는 구호와 함께 민주주의가 실패했다고 선동함으로써 민주화가 세상을 바로 세우는 정의로움인 것처럼 국민을 세뇌해왔다.

오늘날 우리의 민주주의는 정의로움 이상의 그 무엇이 된 듯하다. 민주주의 앞에 붙은 자유는 어느 순간부터 별 의미가 없는 수식어가 되었다. 민주가 자유를 그렇게 만들어버렸다. 자유 없는 민주는 필연적으로 다수에 의한 강요, 심지어 폭력이 되어버린다. 다수와 소수는 모두 전체적이다. 개인이라는 소중한 가치는 의미를 잃는다. 무엇이든 다수의 뜻에 따라야 한다면 그것은 소수와 개인에 대한 폭력과 다름없다. 개인주의(비록 민주주의 다음으로 오해를 많이 받는 말이지만, 이 단어는 정말 인간의 소중한 가치이다)는 말살되고, 전체주의 속으로 사람들을 밀어 넣는다.

히틀러의 나치가 그랬다. 비록 공산주의를 경멸했지만, 전체주의와 국가주의에 민족주의까지 결합한 나치즘은 철저히 개인을 말살했다. 여기에는 폭력이 수반된다. 이를 우리는 '극우'라 한다. 불행히도 지금 대한민국에서는 극우가 전혀 다른 의미로 쓰이고 있다. 폭력을 행사하기는커녕 의견 제시만 해도 그것이 자신들의 정의로움과 다르다면 민주주의를 들먹이며 극우로 몰아간다. 극좌는 공산주의를 찬동하면서 전체주의, 국가주의에 민족주의가 결합한 것이다. 극좌는 예외 없이 폭력을 수반한다.

다시 민주화로 돌아와서, 그렇게 쟁취한 민주화가 만든 세상은 과연 독재니, 권위주의니 하는 것들을 얼마나 타도했을까? 한 개인의 강력한 통치 역량은 의미 없는 세상이 되었지만, 국민이 선출한 권력자들이 정말 민주적으로 정치를 잘하고 있을까? 민주화를 통해 정치적 발전을 해온 점을 완전히 부인할 수는 없지만 꼭 그렇지만은 않다고 이야기하면 고개를 끄덕일 사람들이 많을 것이다.

지금 대한민국에서는 민주화를 외치던 사람들이 국민이 준 권력을 내세워 그들만의 정치를 하고 있다. 지지하는 국민에게는 그들의 권력을 이용해 이익을 보장함으로써 결속을 강화한다. 그들이 내세우는 따뜻한 감성은 착하고 정의로워야 하는 사람들의 본성을 자극해 이성을 마비시키고 인지부조화로 사람들을 묶어둔다. 그런 지지를 기반으로 그들은 자신의 신념이나 이념 반대쪽에 있는 사람들을 죄인으로 만들기도 했다. 대표적인 사건이 그 유명한 '적폐 청산'이다. 이는 독재자들이 저항 세력을 탄압하는 모습과 전혀 다르지 않다. 이것이 민주화와 민주주의의 본질이고 정당하다면 그런 민주주의는 폭력일 뿐이다.

애초에 민주주의가 문제라고 말할 수는 없다. 다수의 뜻에 따른 결과 우리의 모습이 이러하다면, 문제는 민주주의가 아니라 그 세상에 사는 사람들의 생각과 그 생각의 미성숙함이다. 단지 방법론일 뿐인 민주주의가 정의로움으로 오해되는 이유는 사람들의 사고가 미성숙하기 때문이다.

우리는 민주주의라는 제도를 통해 좀 더 나은 세상을 만들 수 있어야 한다. 그러려면 민주주의가 정의로움이 아님을 인식하고 그

제도 아래서 선출된 사람들을 제대로 판단할 줄 알아야 한다. 일단의 정치인들은 언제나 여론몰이를 통해 사람들을 곡해하게 하고 잘못된 판단을 유도한다. 이런 판단에는 자신의 신념에 몰입해서 잘못인 줄 알면서도 부인하는, 인간의 인지부조화 심리도 크게 작용한다. 내심으로 아닌 줄 알면서도 그렇게 주장했다가는 정의롭지 못한 사람이 되어버리는 주변 분위기에 대한 두려움이 인지부조화를 초래한다.

가장 대표적인 인지부조화 사례는 '강남좌파'라 불리는 사람들에게서 극명하게 나타난다. 그들은 약자를 위해야 한다는 정의로움에 반대할 명분을 찾지 못한다. 그들은 부자이고 강자지만 약자들을 위하는 주장이나 의견에 적극 찬성하는 모습을 보임으로써 비난받을지도 모르는 위치를 스스로 모면하려 한다. 만약 자신이 그에 반하는 모습을 보인다면 돈 많은 부자가 나쁘기까지 하다는 비난을 피할 수 없다는 사실을 잘 알기 때문이다. 그렇게 그들은 더욱 적극적으로 약자를 위한 주장에 찬동하고, 자신을 세뇌하며 마음속에서 그것을 신념으로 강화한다. 비난을 피하고 자신이 정의로운 사람이라는 것을 다른 사람들에게 증명하기 위해 이런 모습을 나타내는 것이다.

인지부조화는 극복하기 힘든 인간의 병적 심리 중 하나이며, 인간이 오로지 독립된 개인으로서 타인을 의식하지 않고 우뚝 설 때만 해결할 수 있다. 아울러 인지부조화를 이겨내려면 자신이나 자신이 속한 공동체의 이익을 위해 거짓이나 잘못을 모른 척하지 않

는 용기가 필요하다. 이런 의지와 자세가 정의로움이며, 진정 민주
화된 세상의 주인 된 성숙함이다.

자유민주주의에 내포된 모순

> " ....
> 자유와 민주가 붙어서 하나의 이념적 실체를 표현하는 조합이 된 이유
> 는, 자유는 구현되어야 할 인간의 가장 소중한 가치이고 그 자유를 통
> 해 이루어지는 것이 민주 세상이기 때문이다.
> .... "

　　정치와 관련된 수많은 단어 중 가장 어색한 단어의 조합이 '자유
민주주의'일 것이다. 자유와 민주는 근본적으로 상충한다. '자유가
완벽히 구현된 세상이 민주 세상'이라는 사실을 인정하지 않는다면
이 상충하는 결과를 설명할 방법이 없다. 사실 자유가 실현되면 실
현될수록 다수결로 결정하자는 방법론인 민주주의는 의미를 잃는
다. 자유는 개인의 덕목이지 전체의 덕목이 아니기 때문이다. 개인
의 생각은 자발적 계약이 아니라면 통일될 이유가 없고 개별적으로
존중받으면 될 일이다.

　　국가의 요구로 발생하는 의견 통일에 대한 강요가 다수가 아닌 소
수를 무시하거나 포기하도록 만든다면 그런 견해를 통일시키는 상
황을 줄여 나가는 것이 바람직하다. 하지만 국민이라는 전체를 봐
야 하는 정부는 또 다른 방식의 해결책을 합의라는 명목으로 내세
우고, 결국 시간을 두고 하나로 통일하려고 한다. 그것이 문제를 완

벽히 해결하는 것이라면 지지할 만하다. 하지만 결코 그렇지 못하다. 그것은 상황의 변화에 따라 언제나 다른 문제를 다시 발생시키기 때문이며, 전체주의나 전체가 내포한 문제의 본질이기도 하다. 개별과 개인이 존중되는 사회라면 이 문제가 해결될 수 있지만 현실에서는 불가능한 이야기다.

민주가 실현되면 인간 개인의 자유가 충만한 세상이 될까? 민주화를 주장하는 사람들에게 동의한 이유가 독재 따위에서 자유를 얻기 위해서였다면 너무 크게 오해한 것이다. 민주화는 민주주의의 충실한 구현에서 시작된다. 자유를 얻기 위한 노력과는 정반대의 방향이다. 개인의 의견보다 집단의 의견, 그것도 다수의 의견에 따르는 것은 개인의 자유에 대한 침해가 될 수 있으며 심하게는 말살이라 해도 과언이 아니다. 그런 민주화된 세상이 진정 모든 문제를 잘 해결하고 있느냐는 질문에 그렇다고 대답할 사람은 별로 없을 것이다.

노동조합은 자신들의 이익을 위해 투쟁한다. 최저임금법을 이야기하는 다음 장에서 이야기하겠지만, 그들은 다른 이들의 이익에는 관심이 없다. 심지어 자신들이 약자라고 주장하며 자신들보다 더 약자에게는 아무런 관심도 없고, 그 약자들을 위한다는 명분을 자신들의 이익을 얻기 위한 투쟁 도구로 이용하기까지 한다. 민주화된 세상의 문제점은 의사라는, 대한민국 최고의 지성 집단에서도 예외 없이 발현된다. 다만 의사들은 이성적 지성인이기에 약자를 이용하거나 자신들의 이익을 위해 다른 사람들을 짓밟는 행동을 하지 않는다는 사실만 다를 뿐이다.

어떤 단체든 자신들의 이익을 실현하기 위해 투쟁하는 것을 비난할 수는 없다. 하지만 민주화가 정의로움이 되고 민주주의가 정착된 세상에서는 이렇듯 자유보다 전체의 입장이 앞서고 또 전체가 되어야 이익을 얻을 수 있는 투쟁의 장이 되어버린다는 사실은 민주주의를 다시금 생각하게 한다. 이런 세상에서 자유는 점점 약해지고 의미를 잃어갈 수밖에 없다.

지금 우리 현실에는 민주만을 외치는 정치 세력과 자유민주주의를 외치는 정치 세력이 있다. 민주만을 외치는 것이 왜 문제인지는 이미 설명했다. 그렇다면 민주만을 외치는 세력에 대항해 자유민주주의를 외치는 것이 과연 최선일까 하는 의문이 든다.

앞에서 언급한 대로 자유와 민주는 상충할 수밖에 없는 단어다. 이론적이기는 하나 자유가 충실하면 민주주의는 의미를 잃는 것처럼 보인다. 반면 민주주의가 충만하면 자유가 억압받는 세상이 되어버린다. 이는 현실에서 인간들의 행동에 따른 필연적 결과다. 이 둘이 조화를 이루고 모순이 없게 만드는 길은 무엇일까?

해답은 자유의 충만한 구현에 있다. 민주주의는 그것이 정의로움으로 강조될수록 자유를 약화하는 도구가 될 뿐이기 때문이다. 더불어 사람들의 성숙한 의식이 바탕에 있어야 한다. 민주화의 문제, 민주주의가 필연적으로 내포하고 있는, 그래서 극복하기 힘든 문제를 해결하려면 개인의 성숙함이 무엇보다 중요하다. 그 성숙함은 자유를 인지하고 개별적 주체로서 개인이 스스로 자유에 대한 책임을 다하는 자세에서 나온다. 이제 자유를 억압하는 전체주의의 문제와 개인의 자각을 통한 자유 가치의 구현에 관해 이야기해보려 한다.

전체주의와 개인

> " ....
>
> 전체주의는 개인의 자유를 압살하고 자유의 개별 주체로서 인간이 가
> 져야 할 책임 의식을 가볍게 만든다. 이는 개인을 망각하게 하며 개인
> 존중이라는 인간 사회의 기본 가치조차 부정하는 세상으로 귀결된다.
> 전체주의 사회에서 개인은 사회의 부속품이 되어버리며, 인간의 가치
> 는 궁극적으로 소멸하고야 만다.
>
> .... "

　　우리는 국가라는 사회조직 속에서 알게 모르게 전체주의적 사고
에 빠져 살아간다. 일상생활에서도 그렇고, 정치에 관심을 가지는
경우 진영으로 나뉘어 싸우기도 한다. 이것은 대부분의 정치화된
거의 모든 사건이나 상황에서 보편적으로 나타나는 현상이다. 북한
을 전체주의 국가라고 하며 문제의 심각성을 인식하면서도 우리 스
스로가 그런 문제를 안고 살아간다는 사실은 잘 모르거나 모른 척한
다. 전체주의는 우익과 좌익을 구분하지 않고 나타난다.

　　현대 역사에서 가장 대표적인 우익 전체주의는 극우라 불리는 히
틀러의 나치이고, 좌익 전체주의는 세계대전 이후 나타난 공산주의
국가들이다. 초기 공산주의 국가들을 우리는 극좌라 부를 수 있다.
극우와 극좌는 필연적으로 전체주의에 종속적이다. 이들은 민족주

의와도 결합하는데 이는 우익 전체주의 국가에서 더 두드러지게 나타났다. 극좌 집단의 예로는 예전 일본의 적군파를 들 수 있다. 이들은 폭력을 통해 세상의 변화를 추구한다는 점에서 히틀러의 극우와 같았다. 비록 일단의 조직으로서 그들의 이념이 민족주의를 넘어서다 보니 극우보다 그 경향성은 약해 보이지만 공산주의 국가 체제에서는 다시 상당 부분 발현되고 강조된다. 국민의 감정을 자극하는 데 민족주의만큼 훌륭한 도구도 없기 때문이다.

불행히도 민족주의와 결합한 전체주의적 특성은 공산주의 국가에서뿐 아니라 자유민주주의 국가에서도 똑같이 존재한다. 전체를 보고 뭔가를 설명하거나 해결책을 찾아야 하므로 민주주의도 전체주의에서 독립적일 수 없다. 이렇게 우리가 택한 민주주의조차 전체주의와 함께할 운명이다. 또한 전체주의는 국가주의적 사고에서 필연적이다. 국가라는 단위로 나뉘어 있는 세상에서 국가를 중심에 두는 사고는 모두에게 보편적이기까지 하다.

현실에서 그 사례는 수없이 많다. 한 예로 소설가 한강의 노벨문학상 수상에 대한 국민의 반응에서 이런 모습이 아주 잘 나타난다. 대체로 많은 사람이 축하하는 일이지만 이를 지지하는 사람들의 메시지는 모두 국가의 영광으로 수렴된다. 한마디로 대한민국의 영광이자 자랑이다. 이것이 국가적 차원의 기쁜 일이라면 매우 전체주의적이다. 개인을 이해하는 측면에서 보면 이는 한강이라는 작가의 영광이지 결코 국가의 영광일 수 없다.

고매한 철학적 담론이지만, 사실 국가란 허상일 뿐 실체를 지칭하는 단어가 아니다. 실체적 존재는 정부이기 때문이다. 하지만 사람들은 그런 허상을 대입하는 데 무척 익숙하고 또 자주 사용한다. 이유는 명확하다. 허상은 허상으로서 그것을 언급하는 사람들에게 모호함을 통해 정당성을 부여하기 때문이다. 이 책에서는 그런 철학을 이야기하려는 것이 아니므로 이에 대해서는 더 이상 언급하지 않기로 한다. 어쨌든 노벨상 수상이 소설가 한강 개인의 영광이라는 언급을 찾아보기 힘들다는 사실은 슬픈 일이다.

놀랍게도 한강 개인에 대한 언급은 이를 비난하는 사람들에게서 나오는데, 거의 모든 비난에서 대한민국이라는 전체는 언급되지 않는다. 대표적인 비난은 한강의 소설이 역사를 왜곡했다는 주장이다. 왜곡 여부에 대한 이야기는 전체주의적 사고를 말하려는 본 주제와 맞지 않으므로 논하지 않겠다. 지지하는 견해는 국가적이며 전체주의적이지만 비난하는 견해는 지극히 개인에게 초점이 맞추어진다. 비난의 이유를 전체주의적 사고에서 판단해보면 국가(비록 이 단어가 허상이지만)가 잘못한 일이 맞다. 4·3 사건이나 5·18과 같은 일은 국가가 잘못한 것이라고 하지 않았던가? 그렇다면 그런 역사 왜곡 소설을 쓴 한강은 국가의 잘못을 지적한 것일 뿐이다. 전체주의적 입장에서는 한강의 잘못이 아니다. 그런데 왜 지지하는 견해는 하나같이 국가를 중심에 두고, 비난하는 견해는 개인에게 중심이 있는 걸까?

전체주의적인 모습에서 자유민주주의를 표방하는 서구 사람들과 대한민국 사람들을 비교할 때 차이 나는 부분이 있다. 오래전 버지니아공대에서 한국계 학생이 20명이 넘는 미국 학생들을 총기로 살해한 사건이 발생했다. 이 사건에 대해 많은 한국인이 마치 자신이 죄를 지은 것처럼 미안해하는 모습을 보였다. 심지어 한국 외교부 장관은 유감 메시지를 내기까지 했다. 이는 우리나라 사람, 우리 민족이라는 동질성으로 인해 사건 당사자를 자신에게 대입시키는 것을 당연시해서 생긴 현상이다. 당시 미국인들이 왜 한국 국민이 미안해하고 사과하는지 몰라 어리둥절했다는 이야기는 우리에게 명확히 시사하는 바가 있다. 그것은 개인과 전체를 구분하지 못하는 감정의 문제다.

대한민국 국민에게는 이런 일체감이 매우 보편적이다. 어떤 연예인의 동생에게 불미스러운 일이 있다는 의혹이 생기면 그 연예인에 대한 반감을 표출하고 싸잡아서 비난한다. 문제를 일으킨 의혹이 있는 당사자의 가족이라는 이유 때문이다. 일반인이라면 그 집안이 어떠니 하는 뒷말이 있기는 해도 그렇게 가족까지 공개적으로 싸잡아 비난하는 경우는 별로 없다.

근로자가 사망한 사업장의 근로 환경 관련 증언을 위해 국회에 출석한 대기업 임원이 다른 사안으로 출석한 아이돌그룹 멤버와 웃으며 사진을 찍었을 때, 그 부적절한 태도에 대해 비난받아야 할 사람은 그 임원이지 대기업이 아니다. 그런데도 그 대기업은 대표이사 명의의 사과문까지 발표했다. 더 황당하고 놀라운 일도 있다. 한 치킨 프랜차이즈 가게를 운영하는 주인이 아무 이유 없이 길거리에서 여고생을 살인하는 사건이 일어나자, 사람들이 그 프랜차이즈 본

사까지 비난하는 바람에 회사가 사과했던 일이다. 이런 사례는 수없이 많다. 우리 마음속에 개인을 전체에 대입시키려는 전체주의적 사고가 깊이 박혀 있기 때문이다.

역사적 사실과 관련해 이루어지는 다른 국가에 대한 비난은 사실상 정치적 견해의 다름에서 오는 감정 소모가 전부다. 무엇이 옳은지 그른지 해답이나 결론이 존재하지만, 정치적으로 종결되지는 않는다. 힘 있는 쪽의 주장이 언제나 정의로움이나 선의로 포장된다. 불행하고도 역설적인 사실이지만, 옳은 주장이 힘이 더 셀 경우에만 제대로 역사적 평가가 이루어질 뿐이다. 어쨌든 사람들은 그렇게 전체주의적이고 또 국가주의적이다.

나라를 위해서라면 개인이 희생되어도 된다는 생각, 일본이 우리를 침략했기 때문에 일본인과 일본 기업을 배격해야만 한다는 생각, 중국에서 코로나가 발생했으니 중국인 전체의 입국을 막아야 한다는 생각도 모두 전체주의적이거나 혹은 민족주의에서 발현된 바람직하지 못한 사고다. 개별이 아니라 전체를 보고 판단하는 오류를 범하고 있기 때문이다.

모두가 차이 없이 잘살아야 한다는 이유로 더 잘사는 자에게서 빼앗는 것도 정의로움이 된다. 예전에 일본이란 나라가 조선이란 (우리) 나라를 식민 지배했기에 일본을 증오하고 싸우는 것도 정의로움으로 인식된다. 중국에서 전염병이 생겼다고 그 나라(사람들)를 배격하고 '감염되었든 아니든' 그 나라, 중국을 막아야 한다는 생각이 옳다고 여겨지는 것도 모두 전체주의적이고, 민족주의적이며, 국가주의적이다. 극단적이지만 이런 생각이 강화되면 강화될수록 언젠가 우리도 히틀러의 독일 국민처럼 괴물이 되어버릴지도 모른다.

비록 전체주의적 사고가 국가 단위로 이루어진 세계질서 속에서 사라질 수는 없다 하더라도 이것이 더 강화될수록 자유와 개인, 그리고 그 개인의 책임 의식은 약화될 수밖에 없다. 자유와 민주를 함께 붙여서 더 나은 세상을 만들어보려는 우리의 노력은 그래서 험난하기까지 하다.

앞에서 민주주의에 대한 이해를 기대하며 그 본질을 언급했다. 하지만 전체주의에서 도저히 독립적일 수 없는 민주주의와 우리가 지향해야 할 최고 가치인 자유를 어떻게 잘 조화롭게 구현할 것인가? 이제부터 그 해답을 찾아보기로 한다.

개인 존중과 자유의 가치

> 66
>
> 개인 존중, 영어로 'Respect for the Individual'이라는 말은 한때 세계 1위 IT 기업이었던 IBM의 사훈 중 첫 번째 항목이다. 그리고 IBM뿐 아니라 이 문구를 사훈으로 채택한 미국 기업이 많다. 자유의 가치로 건국한 미국에서 개인에 대한 이해가 높은 것은 당연하다. 수준 높은 철학적 논제가 아니라 일반 기업의 사훈에서도 개인에 대한 존중이 맨 앞에 나온다는 사실은 그 나라와 그 나라 사람들의 생각의 바탕을 이해하기에 부족함이 없다.
>
> 99

'진영', '진영 논리'라는 말은 우리 주위에서 흔히 쓰인다. 주로 정치에서 나오는 말인데, 대표적으로 '여당'과 '야당'이 그러하고, '친문'이니 '친명'이니 '친윤'이니 '친박'이란 말이 그러하다. 본래 진영이라는 말은 전쟁에서 같은 편 무리나 위치를 말하는 것이고, 싸움을 전제로 하는 단어다. 정치와 관계없는 상황에서도 사람들은 자신도 모르는 사이에 이런 진영의 틀에 들어가게 된다. 결국 같은 생각이나 동감하는 비슷한 생각이 무리가 되어 진영을 이루는데, 이때 다른 진영에 대한 이해와 화합은 고려 대상이 안 될 때가 많다.

이렇게 무리가 되고 나면 대체로 논쟁이나 투쟁의 모습을 보인다. 둘만 있어도 다른 존재인 것이 인간인데, 비슷한 생각이 모이고 그들 간에 생각 차이가 생기는 것은 자연스러운 일이다. 여기서 생각 차이가 큰 각각의 다른 진영이 존재하게 되고, 진영의 이익이 개입되면 각 진영 내에서는 일체감이 발현되며, 진영 간에는 논쟁이나 심지어 싸움이 발생한다. 인간의 무리 지음이 초래하는 현실은 이러하고 이것이 갈등으로 번지는 것은 당연하다. 각 개인이 다른 이에 대한 배려와 존중의 마음을 가질 수는 있지만 무리 간에는 쉬운 일이 아니다.

그런 진영의 틀에 들어가고 싶지 않은 어떤 사람이 있다고 가정해보자. 그 사람은 그저 남들에게 피해 주지 않고, 도울 수 있으면 돕고, 정당한 거래를 하면서, 사람들과 좋은 관계를 유지하고, 자기가 하고 싶은 것을 하며 살고 싶을 뿐이다. 이런 생각을 하는 사람이 사실 많지만, 주변 상황이나 현실은 이를 허락지 않는다. 함께 살아가야 하는 세상에서 자기 생각대로만 사는 것은 불가능하기 때문이다. 하지만 모든 사람이 이렇게 생각할 수 있다면 이것도 가능하게 되고, 아울러 좋은 세상이 될 것이다. 실상 가능하지도 않고 무척 비현실적인 이런 이야기를 먼저 꺼낸 이유는 개인과 자유의 고귀한 가치를 언급하기 위해서다.

세상을 함께 살아가면서 개인의 중요성은 아무리 강조해도 지나치지 않다. 국가나 사회의 중요성에 매몰돼 개인을 보는 사람들의 시각과 정도에 상당한 오류가 존재한다는 사실은 부인할 수 없다. 우리는 미처 느끼지 못하는 사이에 '우리 모두를 위하여'라는 명분으로 많은 개인의 희생을 강요하고 있다. 그런 환경은 여러 가지 요소로 만들어진다. 만약 그것이 문제이고, 또 합리적이지 않으며, 조금이라도 더 나은 방향으로의 발전이 필요하다고 생각한다면 각 개인이 바뀌어야 하고, 그 개인이 바뀔 수 있는 여건이 마련되어야 한다.

개인을 바꾸는 길은 여러 가지가 있다. 최선의 길은 자신을 자각하는 것이지만, 사실 이것은 쉽지 않다. 특히 성인이 되고 난 뒤에는 스스로 생각을 바꾸는 것이 불가능에 가깝다. 그만큼 인간은 겸손하지 못하다. 겸손은 오로지 도덕으로 강요된 예절로서만 발현된다고 해도 과언이 아니다. 한번 자신이 믿고자 했던, 그래서 믿었던 사실이 틀렸을 때 그것을 인정하는 일은 무척 어렵다.

그러하기에 개인을 바꾸는 최선의 길은 성인이 된 뒤의 공부나 누군가의 설득, 혹은 가르침이 아니라 어릴 때의 교육에 있다. 애초에 신념이나 믿음이 생기기 전에 올바른 교육을 통해 개인이라는 주체적 존재를 자각하게 만드는 일이다. 그렇게 자신을 자각할 줄 아는 사람으로 교육된 개인은 잘못된 신념이나 믿음에서 벗어나는 데 큰 어려움을 느끼지 않는다. 이 교육에서 기본적인 핵심은 전체가 아닌 개인에 대한 자각과 상대방에 대한 존중이다.

전체에 대한 사람들의 존중 의식은 대단하다. 전체에 대한 존중은 사실상 복종이다. 반면 전체에 대해 복종과 반대되는 비난도 만만치 않다. 그리고 전체에 대한 비난의 강도는 복종의 강도보다 훨씬 강하다. 어쨌든 전체에 대한 존중 의식은 무의식중에 교육되고 경험된 일에서 발현되는 것으로 보인다. 반면 전체에 대한 비난을 거리낌 없이 감행하는 용기는 자신이 전체 중에 숨어 있다는 안도감에서 나온다. 여기에서 개인에 대한 자각과 주체성은 어디에도 존재하지 않는다. 사회적 동물이라는 인간의 본질적 특성상 어쩔 수 없는 현실이지만, 우리가 이를 극복하려는 노력조차 하지 않는다는 사실은 세상을 염려한다면 결코 바람직한 일이 아니다.

나라마다 개인에 대한 국민의 자각 정도가 모두 다르겠지만, 근대적 자유 이념을 일찍 교육하고 경험한 미국이나 일본의 경우는 우리보다 상대적으로 나아 보인다. 미국에서는 근대 보수주의와 자유주의 이념에 입각한 자유와 개인에 대한 사고가 어릴 때부터 애국이라는 전체주의 의식과 함께 교육된다. 하지만 그 애국의 명분은 결코 전체인 국가에 있지 않다. 거기에는 나와 가족, 시민들의 자유를 위한다는 개인에 대한 명확한 존중이 있다.

일면 전체주의적 특이성이 커 보이는 일본인들에게도 오래전부터 개인에 대한 각성이 촉구되고 있었다. 이번에 바뀌긴 했지만 1만 엔 지폐의 얼굴이었던 일본의 교육 선각자 후쿠자와 유키치는 200여 년 전 자신의 저서 『학문의 권장』에서 '일신독립 일국독립(一身獨立 一國獨立)', 즉 '개인이 바로 서야 나라가 바로 선다'고 설파했다. 후쿠자와 유키치에게 영향받은 일본 근대화의 주역들을 보면 상류 지식인들에게서 개인에 대한 자각 개념이 일찍이 형성되었다는 사실을 잘 알 수 있다. 하지만 대한민국에서는 21세기에 들어선 지 사반세기가 되는 현재까지도 이런 교육을 찾아보기 힘들다.

개인에 대한 이해가 높은 MZ세대가 스스로 느끼고 변화하고 있는 것만이 긍정적이다.

개인 스스로에 대한 자각은 전체가 아닌 개인에 대한 존중이라는 의식과 배려의 근간이다. 자기 스스로 자각하지 못하고 전체 속에서 하나의 개체로만 복속되는 극단적 경우를 우리는 북한 사회에서 본다. 국가가 국민을 그렇게 세뇌하는 것이다. 그런 국민은 쉽게 국가의 노예가 된다. 개인과 자유의 말살이다.

자유를 앞세우는 국가라면 개인의 자각과 존중, 자유 가치에 대한 인식과 그에 따르는 책임에 관한 교육이 필수적으로 이루어져야 한다. 하지만 이런 교육은 이루어지지 않고 사회적으로 전체를 앞세운 가치가 우선되는 경우가 여전히 많다. 자유민주주의에서 민주주의가 곡해되고 과하게 해석될 뿐 아니라 자유는 민주를 수식하는 수준의 단어가 되어버린 것이 현실이다. 이러한 현실은 경제 선진국 대열에 합류한 대한민국으로서는 참으로 안타까운 일이다. 우리가 표방하는 체제의 이념적 근간이 너무도 허약한 것이다. 성숙한 사회는 물질적 풍요만으로 이루어지지 않는다. 정치가 반성해야 하는 이유도 여기에 있다.

친구에게서 들은 일화 하나를 소개한다. 오래전 대학 시절 하숙집에서 함께 지낸 일본인 학생이 느낀 한국인의 개인 존중에 대한 이야기다. 하숙집에서 식사 시간에 하숙생들이 모두 모여 밥을 먹는데, 하숙생 둘이 내가 옳다, 네가 옳다 하며 싸웠다. 그 모습을 본 일본 학생은 '내일부터는 저 두 사람이 다시는 보지 않겠구나' 생각했는데, 다음 날 식사 시간에 그 둘이 다시 만나 또 똑같이 싸우더란다. 굳이 싸우느니 보지 않으면 될 일이고, 다시 볼 수밖에 없으면 싸울 필요가 없는 일이다. 일본 학생으로서는 그 모습이 도무지 이해되지 않았던 모양이다.

이 일본 학생이 한국인을 이해하지 못한 이유 중 하나는 일본인 고유의 인내하는 성향 때문이다. 모두 그런 것은 아니지만 일본인은 대부분 일단 참는 모습을 보이는 경우가 많다. 한 사람이 참으면 다툼이 잘 일어나지 않는다. 참을성이라는 마음 자세의 본질은 어렸을 때부터 몸에 밴 타인에 대한 배려다. 그저 내 느낌에 불과하지만, 일본인들은 보통 타인에 대한 배려, 그것도 세심한 배려가 몸에 배어 있는 듯하다. 밥상 앞에서 싸우는 두 한국 학생을 보고 '내일부터는 저 두 사람이 다시는 보지 않겠구나' 생각한 것도 어찌 보면 일본인으로서는 당연한 일이다. 그 정도로 싸운다면 인내와 배려의 끝이라고 생각했을 것이다.

우리는 이런 점에서 매우 약하다. 이는 배려와 그 배려의 성숙함의 문제다. 이러한 배려는 개인 존중이라는 자유 철학이 알려주는 인간의 자세다. 성숙한 배려가 있다면 이 세상이 훨씬 나아질 것이라는 사실을 부정하는 사람은 없을 것이다.

개인 존중이란, 자신의 견해에서 포용한 타인에 대한 이해라고 할 수 있다. 이는 자신의 견해가 타인의 그것과 다르거나 심지어 틀릴 때조차 상대를 존중하며 이견을 조율하고자 하는 의지와 자세를 말한다. 물론 자신만 그런 자세를 가진다고 해서 조율되는 것은 아니고, 상대도 똑같이 그런 자세를 가져야 한다. 그래서 어렵기는 하지만, 그렇다고 해서 불가능하다고 생각한다면 스스로가 개인 존중의 자세를 갖추려는 마음이 부족하다는 것을 뜻할 뿐이다. 타인이 행동하지 않는다 해도, 상대방이 실천하지 않는다 해도 자기 스스로 먼저 실천하는 모습을 보이는 것이 진보적이고 올바르다. 이쯤 되면 반은 이루어진 것이고, 그래야 타인도 한 사람, 두 사람 그렇게 행동하게 되는 것이다.

　타인에 대한 배려로 나타나는 개인 존중의 자세는 공동체에서 사회적 신뢰로 귀결된다. 사람은 모든 면에서 다르며, 단 하나도 똑같은 사람은 없다. 각 개인의 모습뿐 아니라 지식과 능력의 차이가 갈등을 키우는 요인이 되지만, 그 차이를 인정하고 갈등을 해결하는 길은 오로지 개인에 대한 존중이라는 명제에 있다.

　자유는 개인의 덕목이다. 그리고 그 자유에는 책임이 따른다. 미국에서 맹견 핏불테리어가 노인을 물어서 사망하게 한 사건이 있었다. 미국 법원은 맹견 관리의 책임을 물어 핏불테리어 주인 부부에게 각각 징역 18년, 15년을 선고했다. 키우던 개를 잘 관리하지 못했다는 이유로 받은 형량치고는 매우 높고, 대한민국에서는 상상도 할 수 없는 엄벌이다. 이런 형량은 자유와 상대방에 대한 침해, 그리고 그에 따른 책임이라는 가치에서 나온다. 자유와 책임 의식은 그렇게 상호 종속적이며, 책임은 자유와 방종을 구분 짓는 요소가 된다. 내가 내 마음대로 하는 행동은 자유가 아니다. 더욱이 그 자유에는 상대방에 대한 어떤 침해도 허락되지 않는다.

　진정한 '자유'는 '타인에 대한 (개인) 존중'으로 자신의 자유가 가장 자제되고, 각자의 책임 의식이 충만한 세상에서 구현될 수 있다. 이런 모습이 자유의 가치이자 본질이다. 그리고 스스로가 개별적 주체인 개인이라는 자각, 그런 자각에 따른 타인에 대한 존중, 자유에 따르는 책임이 인식되고 구현된 세상이 진정 민주화된 세상이다. 민주는 그렇게 자유가 구현된 결과물이며, 자유가 바르게 구현되지 못한 민주화는 결코 정의로울 수 없다. 그만큼 자유의 가치는 소중하고 인간의 삶의 근본이자 최고의 덕목이다.

　개인과 자유는 국가를 앞세워서는 결코 얻어질 수 없으며, 국가 단위로 판단될 수 있는 것이 아니다. 자기 스스로와 가족, 동료, 함께 사는 모든 이와 그들의 자유를 위해 봉사하고자 하는 자발적 마음만이 우리가 그토록 사랑하는 우리나라를 제대로 세울 수 있다. 전체주의는 개인들이 행동으로 구현하는 자유의 가치 속에서만 바른 빛을 발한다.

자유와 소유권

개인의 자유가 기본 가치로 인정받지 못하는 세상이라면 소유권의 개념은 사라진다. 극단적으로 노예 세상에서는 소유권이 존재하지 않는다. 자유가 구속되고 압박받으면 '타인의 것'에 대한 약탈은 정의로움이 되기까지 한다. 이는 자유의 가치를 바탕으로 하지 않는 미성숙한 민주사회의 모습이기도 하다. 자유와 소유권은 인간의 존재가치 그 자체다.

『훈민정음해례본』 상주본을 한 개인이 집수리하다가 발견했다고 하는데, 아직 세상에 나오지 않고 있다. 그는 이 상주본의 가치가 1조 원이 넘는다고 주장하며 1천억 원을 주면 정부에 내놓겠다고 한다. 정부는 소송을 통해 이 물건이 국가 소유 문화재라는 판결을 받고 그에게 내놓으라고 했지만 아직 받지 못한 상태다. 대법원 최종 판결까지 나왔지만, 소유자가 내놓기를 거부하고 있기 때문이다. 이 소식을 전한 기사의 댓글들을 보면 예외 없이 『훈민정음해례본』을 소유하고 있는 사람에 대한 비난 일색이다. 국가 문화재를 개인이 소유해서는 안 된다는 주장을 비롯해 애국심이라고는 하나도 없는 사람, 쓰레기, 돈에 환장한 사람이라는 비난에다 심지어 징역을 살게 하라는 폭언까지 보인다. 『훈민정음해례본』이 문화재급이라는 이유로 이 사람이 가진 것을 국가가 빼앗는 것이 과연 옳은 일일까?

국민 다수가 그렇게 생각한다면 이 사람이 물건을 내놓는 것이 옳은 일이라 할 수 있다. 민주주의가 정의로운 세상이니 우리는 이 결정을 인정해야 한다. 하지만 자유주의가 정착된 세상이라면 그래서는 안 된다. 『훈민정음해례본』 상주본이 애초부터 문화재였던 것은 아니다. 그것의 문화재급 가치는 이후 세월이 흐르며 생긴 것이다. 문제는 그동안 이것이 어느 개인의 집에 있었고, 그 개인이 발견해 소유하게 되었다는 사실이다.

애초에 문화재급 가치가 있는 정부 소유의 물건이 정상적인 상거래로든 약탈로든 누군가에게 이전된 것이라면 정부의 주장이 일견 일리가 있다. 하지만 이 경우는 다르다. 그만큼의 가치가 있는 물건을 어느 개인이 자기 집에서 발견했을 뿐이다. 그래서 이 물건은 그것이 지금 문화재급 가치를 지닌다고 해서 정부 소유가 될 수는 없다. 더더욱 그런 이유로 한 사람의 소유권을 다수가 민주주의 원칙에 의해 침해하는 것은 자유 세상에서는 있어서는 안 될 일이다.

앞에서 이미 언급했듯이 자유와 민주는 매우 상충하는 개념이다. 민주의 개념을 자유가 충만히 구현된 결과물로 정리하지 않는 한 우리는 모순 속에서 살아갈 수밖에 없다. 사실 민주를 내세워 자유를 선제적으로 속박하는 경우는 매우 많다. 이것은 대부분 타인의 자유로운 행동으로 인해 나에게 돌아올지도 모르는 피해를 미리 막으려는 생각 때문에 발생한다. 다음 주제에서 이야기할 마약이나 음주 운전, 도박에 대한 처벌이 모두 그러하다. 이를 위해 법은 개인의 자유를 구속하도록 명시하고, 우리는 그것을 정의로움이라 여기고 있다. 법은 약속일 뿐 진리도 아니며 정의로움도 아니다. 민주 세상은 그렇게 자유를 억압하면서 만들어진다.

민주가 다수의 이익을 위해 개인의 소유권을 억압하면 할수록 공공의 영역은 끊임없이 확장된다. 공공은 그 자체로 선일 수 없고, 결과적으로 더 큰 문제를 일으키는 요인이 되기도 한다. 거의 모든 도로가 공공의 영역이다. 개인이 소유한 도로는 작은 골목길 외에는 존재하지 않는다. "만약 모든 도로에 소유권이 있으면 차량 정체는 생기지 않는다"라는 명제는 공공의 문제를 잘 보여주는 한 예다. 현실에서 이런 이야기는 거센 저항을 불러일으키지만, 이성적으로 판단한다면 이해할 수 있는 이야기다. 도로에 소유권이 있으면 도로 사용자는 그에 대한 대가를 지불해야 한다. 지금도 우리는 세금이라는 이름으로 대가를 지불하고 있지만, 아무도 돈을 내고 도로를 다닌다고 생각지 않는다.

모든 도로를 누군가가 소유하고 지금의 민자 고속도로처럼 요금을 징수한다면 어떤 일이 생길까? 시장을 아는 사람이라면 궁극적으로 도로를 이용하는 차량의 분산이 가장 완벽한 평형상태를 이루게 된다는 사실을 이해할 것이다. 만약 모든 도로가 유료인데 어느 한 도로만 무료라면 거기에서 정체가 생기기는 것은 당연하다. 하지만 정체가 싫어서 요금을 지불하고 다른 길로 가는 사람도 있

을 것이므로 어느 선에서는 평형을 이룬다. 물론 여전히 무료도로
가 붐빌 테지만 그 정도는 유료도로의 요금에 따라 달라진다. 궁극
적으로 모든 도로의 교통량과 요금은 어느 지점에서 평형상태가 된
다. 이를 이해한다면 모든 곳에서 완전한 소유권이 존재하는 세상은
결코 공공이 지배하는 세상보다 못하지 않다는 사실을 알 것이다.

소유권과 자유의 확립은 그래서 중요하다. 하지만 이런 주장을
하면 돈 없는 사람들만 더 힘들어지지 않느냐고 반문하는 사람들이
많다. 그렇지 않다. 공공의 지배력이 약하거나 거의 없고 개인의 소
유권이 완벽히 확립된 세상에서는 그런 사람들이 일해서 돈을 벌 기
회가 비교할 수 없을 만큼 많아진다. 규제나 제약이 적은 사회는 자
유로운 생산 활동을 더욱 자극하게 되고, 일자리와 생활 여건은 좋
아질 수밖에 없다.

자유시장에서의 평형상태를 절대적으로 좋은 것과 나쁜 것으로
판단할 수는 없다. 그것은 상대적일 뿐이지만 인간 세상에서 이보
다 최선은 존재할 수 없다는 사실은 진리다. 공공이 개입하는 순간
문제로 여겨졌던 것들이 해결되는 듯 보이지만 그것이 궁극적으로
또 다른 문제를, 심지어는 더 나쁜 문제를 초래한다는 사실을 아는
사람은 많지 않다.

소유권의 명확한 확립과 존중은 세상의 발전을 위해서 정말 중요
하다. 남의 것을 다수의 힘으로 빼앗는 일은 어떤 이유로도 정의로
움이 될 수 없다. 남의 자유를 다수의 주장으로 침해하는 것도 선이
될 수 없다. 세금은 국가라는 형태의 공동체 사회의 존립을 위해 필

요하지만, 그것이 본질적으로 개인에 대한 침해라는 사실을 부정하기는 어렵다. 우리가 어쩔 수 없이 살아가야 하는 세상의 모습이 이러하기에 받아들여야 하고 또 모두 그렇게 하고 있지만, 가능하면 그것을 최소화하는 방향으로 노력해야 한다. 세금이 많아지고 그만큼 공공이 강화된다는 것은 개인의 자유와 소유권이 그만큼 더 침해당한다는 것을 의미한다. 소유권이 말살되고 공공이 지배하는 사회가 어떤 사회인지 우리는 잘 알고 있다. 공산주의 사회가 바로 그것이다. 우리가 그런 사회를 원하는 것은 아니지 않은가?

자유에 반하는 세상의 현실, 그리고 공공의 문제

> 66
>
> 공공은 언제나 누군가에 의한 누군가의 침해를 낳는다. 그것이 비록 모두의 이익을 위해 필요하다는 정당성으로 인정된다 해도 개인에 대한 존중에 역행하며 자유의 가치를 훼손하는 일이다. 현실에서 공공의 문제는 인간 세상의 모순을 이해하는 좋은 예다. 나와 우리 모두를 위해 어쩔 수 없이 타인의 자유를 구속하는 일은 이제 필요악이 되었다. 하지만 그것이 아무리 '필요'하다 해도 '악'이 '선'이 되는 것은 결코 아니다.
>
> 99

타인에 대한 침해를 이해하고 올바른 인식을 촉구하기 위해 현실과 괴리된 주장을 할 때마다 심각한 저항을 받곤 한다. 그저 무엇이 옳으냐는 견해를 밝히는 것임에도 무지막지한 반박에 놀랄 때가 많다. 비현실적이라며 비난하는 사람들의 반응이 그러하다. 그렇다 해도 이성적으로 이해하는 사람들이 많아지기를 바라는 마음에서 이 내용을 쓰기로 결심했다.

내가 현실을 모르는 것은 아니다. 또한 법으로 정해진 것이라면 충실히 따르는 것이 국민의 도리다. 하지만 현실의 벽에 막혀 세상의 모순에 대한 비판과 발전적 견해의 제시조차 못 한다면 지식인의 올바른 태도라고 생각지 않는다. 무엇이 옳고 무엇이 바른길인지 인식하는 것은 지식인뿐 아니라 인간의 기본 도리이며 우리에게 꼭 필요한 일이다. 유교적 가치관의 도덕과 예의범절은 그렇게도 따지면서 이성적 판단으로 옳고 그름을 판단하는 문제를 비현실적이라는 이유로 배척하는 것은 결코 바람직하지 않다.

다음에 다루는 내용은 모두 자유와 개인, 그리고 개인에 대한 침해가 어느 정도 용인될 수 있는지에 대한 숙제를 준다. 이에 대한 판단은 각자의 몫이다. 물론 마약이나 음주 운전, 도박을 용인하자는 주장이 아님을 분명히 밝혀둔다.

마약　　　　　　　　우리는 너나없이 마약을 참 무서운 것으로 여긴다. 사람들은 마약을 했다는 이유만으로 처벌된다. 공동체의 약속인 법이 그렇다면 그래야 한다. 하지만 법이 정의로움은 아니기에 법의 단죄가 정의의 구현은 아니라는 사실을 전제해야 한다. 마약을 하고 다른 사람을 폭행했다든지 살해했다면 폭행죄와 살인죄로 처벌하는 것이 지극히 당연하다. 그런데 현실에서는 법으로 처벌되지만, 만약 집에서 방에 혼자 처박혀 마약을 하고 다시 깨어날 때까지 아무 일도 없었던 사람을 처벌하는 것은 옳은 일일까?

지금은 법 이야기를 하는 것이 아니다. 인간의 자유가 타인에 의해 제약되는 것이 옳은지에 대한 이야기이고, 처벌은 어떤 경우에 해야 하느냐는 질문에 대한 답을 말하는 것이다. 또한 다른 사람과 무관하게, 다른 사람에게 어떤 간섭도 초래하지 않는 어떤 일을 한다고 해서 처벌하는 것이 과연 옳은 일인지에 관한 질문이다. 혼자 마약을 한 사람의 행동은 아무에게도 피해를 주지 않았다. 그렇다면 그것이 혹시라도 다른 사람에게 피해를 주거나 간섭을 초래할 수 있다는 이유로 처벌하는 것은 옳지도 정의롭지도 않다. 이는 타인의 자유에 대한 간섭이며, 신체에 대한 강요된 구속이기 때문이다. 굳이 그 사람을 그런 아픔 속에서 구하려는 따뜻한 마음이 있다면 재활을 권고하고 설득해서 치료받을 수 있게 하는 것이 옳다.

판단하기 어려운 상황도 있기는 하다. 마약을 하고 길거리 벤치에서 정신 못 차리고 횡설수설한다거나 누워 있는 경우는 과연 어떨까? 이 경우는 물리적으로 다른 사람들에게 간섭이나 피해를 초래하지는 않았더라도 영향을 주는 행동이기는 하다. 그런 모습이 보기 싫다는 사람이 많을 것이다. 그렇다고 해도 그저 자기 혼자 그렇게 행동한다는 이유로, 그래서 그것이 보기 싫다는 이유로 처벌하는 것은 옳은 일이 아니다.

마약과 관련된 것이어서 이 주장에 동의하지 못하는 분들이 많겠지만, 꼭 마약이 아니라도 그렇게 보기 싫은 모습은 매우 흔하다. 술 마시고 비틀거리는 사람, 밤에 무리 지어 고성방가하는 사람들, 어두컴컴한 곳에서 소변보는 사람, 유흥가 골목 구석에 테이크아웃 커피잔을 그냥 버리고 가는 사람이 있는가 하면, 서울역에서 거의 오물을 뒤집어쓴 상태로 살아가는 노숙자들도 있다. 대부분 이런 모습을 보기 싫어할 테지만 사람들은 그들을 처벌하라고 하지는 않는다. 즉, 보기 싫다는 것이 그 정도에 따라 판단되는 것도 아니고(사실 정도에 관한 판단은 대단히 주관적이다), 선별적으로 처벌되어야 할 이유도 없다. 따라서 타인에 대한 직접적 침해가 없는 한 처벌을 해서는 안 된다. 자유가 핵심 가치인 공동체라면 더 그렇다.

마약 근절은 어제오늘의 이슈가 아니다. 그런데도 근절은커녕 마약 복용자가 더 늘어나고 있다. 그렇게 단속이 강화되고 계몽도 이루어지는데 왜 마약 유통 및 범죄가 사라지지 않을까? 상황이 이렇다면 마약 단속도 의미 없는 일이 아닌가?

우리는 마약 소비자의 측면에서만 유인 요인을 보고 공급자의 측면에서는 이를 보지 않는다. 마약 공급자 측면에서의 참여 유인은 딱 하나, 가격이다. 마약 제조나 유통은 한 번의 시도만 성공해도 큰 돈을 벌 수 있는 일이다. 단속당해서 처벌받을 위험을 능가하는 수준의 돈을 벌 수 없다면 아무도 그 일을 하지 않는다. 지금은 마약 한 알 팔아서 수십만 원이 남는데, 만약 천 원만 남는다면 누가 그 일을 하겠는가? 즉, 마약을 막고 단속하고 처벌하는 상황이 시장에서 마약 가격을 높이고 있다. 그러니 영원히 근절되지 않는 것이다.

당장 현실에서 모든 마약을 허용할 수는 없겠지만, 신경안정제 수준의 마약류와 대마 같은 것은 허용을 고려할 필요가 있다. 이를 허용한다고 해서 사람들이 마약에 취해 세상이 망할 것으로 생각한다면 오해다. 허용된 마약류는 지금보다 가격이 훨씬 떨어질 것이고 이에 따라 지하 공급자들은 사업성을 잃게 된다. 물론 수요가 늘어나겠지만 공급에 제약이 없으므로 궁극적으로는 이른바 박리다매 상품이 된다. 꼭 필요한 사람들에게는 좋은 일이고, 일확천금을 노리는 공급자들에게는 구미가 떨어지는 일이다.

극심한 불면증에 시달리는 사람에게 처방되는 약도 마약류다. 이런 마약의 유통도 규제가 풀리면 약국에서 쉽게 살 수 있을 것이다. 이 경우 또 다른 부작용이 생길 수도 있지만 불면증 환자들에게는 좋은 일이다. 이렇게 마약의 허용이 사회 전반에 꼭 부정적 측면만 있는 것은 아니다. 다만 마약에 취해 타인에게 위해를 줄 경우 지금보다 훨씬 엄격한 법으로 처벌하는 것이 옳다. 물론 계몽은 영원히 계속되어야 할 숙제이기는 하다.

음주 운전

음주 운전도 마찬가지다. 술을 마시고 집으로 잘 운전해서 간 사람을 처벌하는 것이 옳은 일일까? 집에 잘 도착해서 주차장에 차를 세우고 내린 사람을 처벌한다면 법에 규정되어 있어 정당하다 해도 이는 옳지 않다. 우리는 왜 죄(형법에 규정된 범죄를 말하는 것이 아니다)를 짓지도 않은 사람을 처벌하려고 할까? 차를 몰고 아무 문제 없이 목적지까지 간 사람이다. 누구에게도 어떤 문제도 일으키지 않았지만, 법으로는 처벌한다.

이유는 잘 아는 바와 같이 음주로 인해 사고를 낼 수도 있고, 그래서 다른 사람이 피해를 입을 수 있다는 점 때문이다. 솔직히 말하면 자신이 그런 사고의 피해자가 될 수도 있다는 두려움에 대한 공감대 때문이다. 다른 보기 싫은 모습은 다수의 인내 범주 안에 있지만 음주 운전은 특별하다고 여긴다. 그래서 음주 운전을 처벌한다. 하지만 이는 분명 타인에 대한 침해다. 이쯤에서 이 글을 읽는 분들이 불편해하지 않기를 바란다.

어떤 이유로도 음주 운전은 하지 않는 것이 바람직하다. 하지만 어떤 사람이 자신이 먹은 술의 양을 인지하고 이 정도면 정말 아무 문제 없이 집까지 잘 갈 수 있겠다는 판단과, 만약 사고가 나면 자신이 모든 책임을 지겠다는 생각이라면 그 이후 모든 것은 그의 자유의지에 맡기는 것이 정의롭다. 자신의 자유와 책임 의식하에 판단한 일이므로 누구도 이를 간섭해서는 안 된다. 만약 사고가 난다면 모든 책임은 그 사람에게 있다. 그리고 그에 대한 처벌은 (자유가 제대로 구현된 세상이라면) 지금과는 비교가 안 되게 상상을 초월할 만큼 엄격해야 한다.

그만큼 개인의 책임에 대해 엄격한 것이 자유다. 나의 개인적 견해로는 만약 음주 운전을 해서 사망사고를 일으킬 경우, 법에서 정한 가장 큰 형벌을 내리는 것이 정의롭다고 생각한다. 하지만 현실은 (예방을 목적으로 한다는 명분에서) 음주 운전 자체는 처벌하면서 정작 음주 운전 사고의 피해 정도를 다른 사건과 비교할 때 상대적으로 처벌이 무겁지 않다. 처벌에 있어서 개인의 책임에 대한 인식을 묻는 정도가 매우 약한 것이다. 음주 운전이 근절되기는커녕 늘어나는 데는 약한 처벌 수위도 큰 영향을 미친다. 또한 이는 우리가 사는 세상에서의 자유 구현 정도가 미약하다는 의미이기도 하다. 대부분의 사람이 그만큼의 책임감을 느끼지 않는다는 사실이 음주 운전에 대한 우리의 현실을 잘 보여준다. 자유가 제약된 만큼 개인의 책임도 희박해진다.

음주 운전은 처벌하지만, 음주 보행은 처벌하지 않는다. 음주 자체에 대한 처벌은 애초에 없다. 얼마 전 순천에서는 술을 마시고 길을 가다가 무고한 여학생을 살인하는 일이 발생했다. 이 외에도 음주 이후 생기는 사건, 사고는 셀 수 없이 많다. 대부분은 술을 마시더라도 사고를 일으키지 않지만, 그런 사고가 생길 수 있다는 이유로 음주를 처벌하지는 않는다. 이 일은 그 시절, 그 세상을 사는 모두의 판단 문제이고, 이를 인정한다면 음주 운전을 그 자체로 처벌하는 것도 마찬가지로 이 순간 세상을 살아가는 사람들의 판단 문제일 뿐이다. 그러나 이 판단이 음주 운전 자체를 처벌할 수 없다는 명제를 능가할 수는 없다. 이 명제는 시간의 흐름이나 공간의 상황에서 독립적인 세상의 보편적 진리에 해당하기 때문이다.

이 명제가 말하는 바는 명확하다. 음주 운전은 처벌해서는 안 되며, 음주 운전 사고는 엄격히 처벌해야 한다. 나는 이 주장이 어마어마한 저항과 비난을 감수해야 한다는 사실을 잘 안다. 그렇다 해도 옳은 것은 옳은 것이다. 현실로 돌아와서, 당장 사고 없는 음주 운전은 처벌하지 않겠다고 할 경우, 비록 음주 운전 사고에 대한 처벌이 상상을 초월할 만큼 엄격해진다 해도(음주 운전 사망사고는 무조건 사형, 상해는 최고 무기징역, 인명 피해 없는 차량 손상이라도 징역형) 음주 운전은 지금보다 늘어날 것이다.

결국 의식의 문제다. 이제까지 경험해보지 않았고 누군가에 의해 제약되었던 자유가 일순간 풀릴 때 생길 수 있는 방종이다. 이는 그만큼 오랜 시간 제약과 규제의 일상에 길든 사람들의 관성 때문이다. 하지만 이런 방종이 이성적 판단의 올바름을 부인할 수 있는 이유가 되지는 못한다.

나는 현실에서 음주 운전을 처벌하지 말자고 주장하는 것이 결코 아니다. 법률에 따른 규제보다는 자유와 개인의 책임을 인식하고 구현하는 세상이 되어야 한다는 점을 강조할 뿐이다.

도박　　　　　　　　도박은 음주 운전과는 또 다르다. 음주 운전은 아무리 책임 의식이 있어도 불가피하게 사고를 유발할 수 있지만, 도박은 자신의 손실 외에는 타인에게 피해를 줄 가능성이 매우 낮다. 도박으로 손해가 생긴다면 그것은 오롯이 자신의 손실일 뿐이다. 도박이 인간을 피폐하게 만들고 또 사회적으로는 다른 사람들에게까지 영향을 줄 수 있다는 이유로 도박 행위를 처벌하는 것은 마찬가지 이유로 옳지 않다. 도박 빚을 갚지 않거나 사기를 친 경우라면 당연히 처벌될 수 있지만 단순히 도박을 했다고, 그것이 미풍양속을 해쳤다고(얼마든지 비난은 할 수 있다) 처벌하는 것은 현대 자유 세상에서는 인정되어선 안 되는 일이다.

도박은 모든 것이 자기 책임 아래서 이루어지는 인간의 행동이다. 타인에게 어떤 피해를 주는 것도 아니다. 어느 한쪽이 도박을 통해 이익을 얻었다면 손해 보는 사람이 있겠지만 이는 철저히 상호 간에 계약된 규칙에 따른 행위일 뿐이다. 그래서 법이 개입해 처벌해서는 안 된다. 한 집안의 가장이 도박에 빠져 집안을 망하게 할 수 있다는 것을 걱정하는 것도 걱정에서 멈춰야 한다. 그리고 그 사람을 잘 일깨워 그런 일이 없게 하는 것이 그 경계여야 한다. 만약 여기에도 반론을 제기한다면 그 가족에 대한 안타까움이 이내 전 국민에 대한 안타까움으로 확대되는 것에도 할 말이 없다. 가족과 모르는 사람이 어떻게 같을 수 있느냐고 하겠지만, 몇 촌까지가 경계인지를 우리가 정할 수 없고 또 개인에 따라 이 경계는 주관적이다. 아마도 10촌쯤 가면 전 국민이 친족이 될 것이다.

　무엇보다 도박 관련 처벌과 명확히 모순되는 사례는 국가에서 허락받고 운영하는 강원랜드다. 도박 행위를 처벌하면서도 국가의 허가가 있다는 이유로 강원랜드 내 도박은 처벌하지 않는다. 도박이 처벌받을 행동이라면 강원랜드는 지금 당장 없애는 것이 옳다.

동성애 퀴어 축제

마지막으로 사회 소수자들이 자신들의 자유를 주장하는 퀴어 축제 같은 경우의 문제다. 동성애를 비판하는 사람들이 내세우는 이유는 여러 가지인데 자연의 섭리, 즉 하늘이 내려준 섭리를 거역하는 행동이라는 이유가 가장 대표적인 비판이다. 이 비판에는 종교가 개입돼 종교적 신념이 큰 역할을 한다. 종교적 이유로 타인의 행동을 비판하는 것은 비록 그럴 수 있다고 해도 바람직한 일은 아니다. 그런 종교적 신념이 없는 타인에 대한 존중을 찾을 수 없기 때문이다.

　세상의 어떤 사람들은 그럴 수도 있다는 사실을 인정하는 것이 존중이다. 사람들은 그렇게 모두 다르다. 자신의 종교적 믿음 때문에, 다른 사람의 행동이 그 믿음에 배치되기 때문에 비판하는 일은 비록 그렇게 할 수 있다 하더라도 지양하는 것이 옳다.

　문제는 그들의 행동이 그것을 바라보는 다른 사람들의 권리를 침해하느냐 아니냐 하는 점이다. 자신들의 성향이 그렇다는 이유로 그것을 보기 싫어하는 사람들 앞에서 그런 행위를 하는 것은 마찬가지로 타인에 대한 존중이 없는 것이며, 심지어 방종에 이르기까지 한다.

　그렇다면 어떻게 하는 것이 답이 될까? 아니, 답이 존재하기는 할까? 도박이나 마약은 혼자 혹은 소수의 무리가 타인을 침해하지 않고도 할 수 있는 행위지만 퀴어 축제 같은 행사는 대규모로 이루어지기 때문에 그와는 다르다. 여기에는 공공의 문제가 개입된다. 그들이 하는 행동이 잠실체육관이나 큰 스타디움같이 폐쇄된 공간이 아니라면 언제나 그렇다. 소유권에 대해 이야기할 때 언급했던 바와 같이 그들의 소유권이 있는 공간에서라면 우리는 그들의 자유를 억압할 수 없다. 하지만 공공장소에서 그런 행사를 진행하는 것은 다른 사람들의 권리를 침해하므로, 비록 그것이 물리적으로 피해를 주지 않는다 해도 바람직하지는 않다. 조금 지난 이야기지만, 퀴어 축제에 대한 홍준표 대구시장의 방침은 그래서 현실적으로 틀리지 않았다.

공공의 문제　　　　　　공공의 문제에 대해서는 많은 철학적 견해가 있는데, 현실에서 우리가 경험하는 사례로 이 문제를 고찰해보려 한다. 나의 주장은, 공공의 영역이 과연 어느 지점에서 사적 영역과 경계를 이루는 것이 최선인지에 관한 견해다.

앞에서 도로 소유권을 이야기하며 공공의 문제를 제기했다. 사적 소유권에 대한 침해까지는 아니더라도 공공은 언제나 문제를 내포한다. 그 이유는 명확하다. 전체를 대상으로 하기 때문이다. 아울러 공공은 개인의 책임 의식을 무디게 만든다. 사적 소유가 아닌 모두가 소유하는 공간이나 물건을 아끼거나 잘 이용하기를 기대하기는 어렵다. 이는 인간 세상의 모습이자 인간의 본성이기도 하다. 그만큼 더 나은 세상을 위해서는 사적 소유권이 바람직하다.

공공은 없고 오로지 사적 소유권만 존재하는 세상에서는 소유한 것이 없거나 적은 사람들과의 갈등이 염려될 수도 있다는 사실이 결코 사적 소유권을 부정하는 이유는 될 수 없다. 사적 소유권이 명확하고 공공의 소유에 비해 크면 클수록 그 사회는 발전할 수 있는 동인을 더 크게 얻는다. 그렇게 발전된 사회는 가진 것이 적은 사람들에게도 더 많은 기회를 제공한다. 또 비록 그로 인해 가진 사람들과 가지지 못한 사람들 간에 격차가 크게 벌어지더라도 공공이 지배하는 사회의 못 가진 사람들보다는 사적 소유권의 영역이 큰 사회의 못 가진 사람들이 더 풍요로울 수 있다.

이는 세상을 더욱 발전시켜서 가장 아래에 속하는 계층의 절대적 삶이 얼마나 풍요해질 수 있느냐를 보는 것이 사람들 간의 차이를 줄이는 것보다 중요하다는 주장이다. 모두가 똑같이 잘살 수 있다면 반론이 있을 수 없다. 하지만 모두가 똑같이 못 사는 세상은 있어도 모두가 똑같이 잘사는 세상은 존재할 수 없다.

물가가 많이 올랐다. 식당에서 1만 원 이하로 한 끼 식사를 하기도 쉽지 않다. 그러다 보니 공공기관 식당이 인기다. 지금은 달라졌을지 모르지만, 서초동 국립중앙도서관 구내식당의 밥값이 5천 원이라고 한다. 내가 근무하는 대학의 학생 식당 밥값이 6천 원이니 그보다 싼 셈이다. 그러다 보니 도서관 직원들이나 도서관을 방문한 사람들 외에도 외부인이 많이 찾고 있다. 공공의 문제를 이야기하면서 이 식당 사례를 언급하는 이유는 공공이 제공하는 이런 서비스가 다른 한편으로는 사적 시장에 영향을 준다는 사실을 이야기하기 위해서다. 물론 공공도 시장 참여자라고 주장한다면 내 견해는 의미가 없다. 하지만 지금은 공공의 문제를 이야기하고 있으므로 공공이 사적 시장에 미치는 영향에 주목하기를 바란다.

공공이 나서서 하는 이런 서비스는 근처 외부 식당에 타격을 준다. 공공이 제공하는 식사 비용에는 규모의 경제가 작용하기도 하지만, 이윤 문제를 고려하지 않기 때문에 싼 가격을 제시할 수 있다. 공공이 이윤을 고려하지 않아도 되는 이유는 명확하다. 사실상 원가가 없는, 정부에서 받은 돈으로 운영하거나(세금이라면 원가가 없다) 그것이 아니라면 공공기관 식당에서는 이윤을 남기지 않겠다는 결정을 할 수 있기 때문이다. 사적인 영역만 존재하는 세상이라면 결코 있을 수 없는 일이다. 공공이 그 자체로 선이 될 수 없는 이유는 공공의 선이 어떤 이들에게는 악이 될 수도 있기 때문이다. 공공 영역의 식당이 많아질수록 사적 영역의 식당은 줄어들 수밖에 없다. 이렇게 공공의 영역이 확장될수록 많은 사람이 공공에서 일하게 되고, 그러면 공공 운영을 위한 세금 부담도 커진다. 궁극적으로 공공만 남는 세상이 얼마나 최악인지는 굳이 설명할 필요가 없을 것이다.

공공의 문제를 호도하고 필요성을 옹호하는 경제학자들이 많다. 사실 개인적으로 내가 만나고 접한 경제학은 대체로 본류가 사회주의적이다. 좋게 이해하자면 현실에 충실하다고 말할 수도 있겠고 또 이 세상의 모습이 그러해서일 수도 있겠지만, 자유시장을 설명하면서도 분석과 해답의 포인트가 맞지 않는 경우가 많다. 그중에서 매우 자주 이용되는 오해는 '시장실패'라는 표현이다. 이 표현은 공공의 불가피성을 정당화하고 정부의 개입을 요구하기 위해 사용되는데, 이런 분석이나 주장에는 심각한 오류가 있다.

다음은 구글링을 통해 발췌한 자료로 원출처가 어딘지는 알지 못한다. 블로그나 심지어 여러 교과서에서까지 자주 인용되는 문장이어서 출처는 구글(Google)이라고만 밝힌다. 시장실패 때문에 정부의 개입과 공공이 불가피하다는 주장은 심지어 고교 교과서에서도 일반적인 듯하다.

"국방서비스를 민간 기업이 담당한다고 하자. 이 기업은 국민에게 국방서비스의 비용을 지급하도록 요구할 것이다. 그렇지만 비용을 내지 않아도 국방서비스의 소비가 가능하다면(비배제성) 누구든 공짜로 이용하려 할 것이다. 실제로 특정 계층을 국방서비스에서 배제할 마땅한 방법을 찾기도 어렵다. 이런 사실이 알려진다면 이미 값을 치른 사람들은 괜히 억울한 생각이 들고, 심지어 값을 치르는 사람이 바보라는 생각까지 할 것이다. 결국 비용을 지급하지 않는 사람들이 늘어나 국방서비스를 제공한 기업은 이윤 확보에 실패해 도산하고, 국방서비스 공급은 중단될 것이다. 이처럼 공공재의 비배제성 때문에 공짜로 이용하려는 무임승차(free ride) 문제가 발생하는데, 이는 시장실패로 볼 수 있다. 마찬가지로 치안 서비스, 도로, 다리, 등대, 가로등과 같은 시설들도 민간에 맡길 때 무임승차 문제가 발생하기 때문에 안정적 공급이 제한될 수 있다. 이런 이유로 시장실패의 치유 차원에서 정부가 대신 나서 공공재를 공급하는 경우를 흔히 볼 수 있다.”

무임승차는 외부효과(externality)와 관련된 하나의 현상이다. 외부효과에는 긍정적 효과와 부정적 효과가 있는데, 무임승차 현상은 대표적인 부정적 외부효과다. 그런데 부정적 외부효과가 시장실패라면 긍정적 외부효과는 시장성공일까? 시장실패라는 말은 언제나 즐겨 쓰면서 시장성공이란 말을 쓰는 것은 보지 못했다. 국방서비스를 시장에 맡겼을 때 무임승차가 생긴다고 해서 시장실패라고 말하는 것은 옳지 않다.

다음은 강태영의 저서 『좌파 탈출하기』의 일부분이다.

“외부효과란 ‘한 사람의 행위가 제3자의 경제적 후생에 영향을 미치고 그에 대한 보상이 이루어지지 않는 현상’을 말한다. 자신의 비용으로 전염병 예방주사를 맞으면 비용을 들이지 않은 다른 사람의 발병 가능성을 낮추어 긍정적인 외부효과를 만들어내고, 양봉업자의 꿀벌이 근처 과수원의 수분을 촉진한다든지, 소음이나 공해를 배출하는 사람은 타인에게 의도하지 않은 손실을 입힌다는 것 등이 외부효과의 예이다. 밀턴 프리드먼은 빈곤층에 대한 선별적인 복지정책이 그들을 그대로 방치했을 때 발생할 수도 있는 높은 비율의 범죄와 같은 부정적 외부효과를 차단하는 이점이 있어 소득 이전이 정당화될 수도 있다고도 했다. 이처럼 외부효과는 국가의 존재를 정당화하는 근거로 언급되므로 이 주제는 정치철학적이다.

모든 인간의 행동은 외부효과를 발생시킨다. 외부효과를 발생시키지 않는 인간의 행동은 없다. (이게 핵심이다.) 가령 배용준이 일본에서 드라마로 인기를 끌면 그를 보기 위해 단체로 몰려드는 일본 관광객들을 위한 숙박업소나 음식점 그리고 남이섬과 같은 유명 촬영지에서 개인 사업을 하는 사람들에게 큰 이득을 준다. 물론 배용준은 이런 효과를 의도하지 않았다. 아인슈타인이나 스티브 잡스와 같은 사람들의 노력과 생각이 만들어낸 긍정적 외부효과와 마르크스(지금도 얼마나 많은 사람들이 사적유물론과 잉여가치설에 빠져 있는가?)나 테러리스트(지금 이 순간에도 항공 여행객들은 공항 보안검색대 앞에서 맨발로 줄을 서 있다)들에 의한 부정적인 외부효과도 어마어마하다.

조금만 생각하면 흥미로운 외부효과는 일상생활에서도 얼마든지 찾을 수 있다. 식당에 와서 컵이나 식탁에 묻은 작은 먼지도 따지는 까다로운 고객은 공급자의 행동을 변화시켜 상대적으로 그런 것에 무딘 다른 손님들에게 공짜 이득을 주고 있고, 지나치게 권위적인 손님들이 많아질수록 그런 행동이 서비스 업종 공급자들의 과잉 친절을 유발해 무릎을 꿇고 서빙을 한다든지, '김밥 나오셨습니다'와 같은 문법에 맞지 않는 멘트로 생각이 다른 사람들을 오히려 불편하게 만들기도 한다. 그것이 경제적인 행동이든 아니든 외부효과가 없는 행동은 있을 수 없고, 그렇다면 외부효과는 정부개입의 타당한 이유가 결코 될 수 없다."

무임승차와 같은 부정적 외부효과가 시장실패라면 시장에서 일어나는 행위로 인한 부정적 외부효과는 모조리 시장실패가 되어버린다. 따라서 무임승차가 정부개입의 이유가 될 수는 없다. 또한 정부개입의 명분이 시장실패 때문이라고 말하는 것은 오해 중에서도 큰 오해다. 시장은 실패하지도 성공하지도 않는다. 실패와 성공은 시장 참여자가 하는 것이기 때문이다. 그러므로 이런 왜곡되고 오해를 일으키는 용어들로 문제를 해결하려 하는 것은 무언가 잘못을 면피하거나 어떤 상대에게 그 잘못의 책임을 지우려는 시도에 지나지 않는다. 이런 측면에서 정부의 통제 정책이 언제나 필요하고 또 그것을 옹호하는 전문가들이 자유시장을 인정하지 않는 것은 어찌 보면 당연하다. 그들은 정부 정책을 통해 일반 국민을 통제해야만 위상을 유지할 수 있는 사람들이기 때문이다.

공공은 최대한 줄여 나가는 것이 옳다. 그 대신 사적 영역이 커질수록 풍요로움에 가까워진다. 공공은 정부의 영역이다. 자유를 강조하는 사람들이 작은 정부를 주장하는 이유도 여기에 있다. 사람들 간의 격차를 이야기하며 그 차이로 인한 질투와 평등을 강조함으로써 갈등을 유발하는 행동은 모두를 하향 평준화시키는 결과만 낳는다.

　지금까지 마약과 음주 운전, 도박, 그리고 퀴어 축제를 예로 들어 자유와 개인 존중 및 자유에 대한 책임에 관해 이야기했다. 또한 사적 소유권의 축소와 공공의 확장이 가져오는 문제점도 지적했다. 이런 이야기들은 현실에서 구현되기에는 불가능에 가까운 어려움이 많다. 자유에 대한 제약에 쉽게 동의하는 우리 인간은 그렇게 자신을 방어하기 위해 타인의 자유를 침해할 수밖에 없는 존재인지도 모른다. 어느 선에서 자유가 침해되어도 용납할 수 있을지, 어느 선까지 인간의 자유가 보장되어야 하는지에 대한 결론은 없다. 다만 무엇이 옳은 일인지에 대한 판단과 인식을 바르게 가지는 것은 매우 중요하다. 그리고 그 어떤 경우에도 자유와 개인의 가치가 더 확장되는 방향으로 가는 것이 옳다.

　우리의 자유가 끊임없이 위축되고 정부가 규제하는 방향으로 간다면 우리가 걱정한 방종으로 인한 위험은 더욱 커질지도 모른다. 속박과 규제 속에서 인간은 본능적으로 자유로움을 갈망할 수밖에 없기 때문이다. 아마도 그 부작용은 자유를 용인하고 책임을 강조했을 때보다 더 크게 나타날 것이다. 우리의 의식이 시간이 흐르면서 점점 더 성숙해지고 발전될 것을 믿는다면 자유와 이에 따른 개인의 책임이 더 강조되는 방향으로 가는 것이 옳다.

　공공에 의한 개인의 소유권 침해가 축소될수록 사회는 더 나아질 것이다. 공공은 그 자체로 사적 소유권에 대한 침해로 작용할 수 있으며, 사람들의 자유로운 경제활동에 피해를 주는 요소다. 공공이지만 군대나 경찰, 소방 같은 데서는 그런 침해가 일어나지 않는다. 찐 자유주의 철학에서는 이론적으로 군대나 경찰, 소방 같은 공공도 사적인 영역에서 얼마든지 수용할 수 있다고 주장하지만 여기까지 논의를 확장할 생각은 없다. 군대, 경찰, 소방은 공공이 하면 된다. 하지만 밥 먹는 일까지 공공이 관여해서 식당이라는 사적 사업 영역까지 피해를 준다면 결코 권장할 수 없는 일이다.

헤겔은 '합리적인 것은 현실적이다'라고 말했다. 우리가 헤겔을 부정하지 않는다면, 이것은 '합리적이며 비현실적인 것은 없다'라는 말이 된다. 모순 없는 자유 철학이 합리적이라면 그것은 현실적이다. 그것이 비현실적으로 여겨지는 이유는 우리가 합리적이지 않기 때문일 것이다.

세상 속 이야기
- 우리의 정의로움

의료 사태 - 국민과 싸우는 의사들

> 노인인구 증가에 따른 의료 수요의 확대와 전공 분야별 의사 수급의 불균형, 그리고 의사 공급 확대 문제로 인해 생긴 의정 간 갈등은 대한민국 의료 체제가 안고 있는 근본적 문제를 솔직하게 인식해야만 해결 방법을 찾을 수 있다. 대한민국 의료시스템은 몇몇 진료 분야와 일부 진단 분야를 제외하고는 사회주의 계획경제의 전형이며, 의료보험을 국가가 강제하고 독점한다. 국민연금과 마찬가지로 정치가 개입된 국가의 독점 통제는 필히 비용의 문제를 초래하며 결코 성공할 수 없다. 지금 의사들은 정부와 싸우는 것이 아니라 국민과 싸우고 있다.

이 책에서 이야기하려는 주제 가운데 가장 먼저 의료 사태를 언급하지 않을 수 없다. 의대 정원 증원 시도는 사실 어제오늘의 일이 아니지만, 언제나 시도와 절충으로만 끝났다. 이 문제를 제대로 보기 위해서는 '왜?'라는 질문에 대한 대답에 솔직해야 한다. 그리고 이 솔직함에는 의료 소비자인 자신의 이익은 물론이고 의사를 바라보는 눈, 자신이 지지하는 정치 진영이냐 아니냐와 무관할 수 있는 용기가 필요하다,

불행히도 나는 그런 사람을 거의 찾아보지 못했다. 윤석열 대통

령을 지지한다는 이유로 무작정 의대 정원 증원을 찬성하거나 의사 친구가 있다는 이유로 무작정 정부를 비난한다. 의사가 늘어나면 좋은(?) 일이라고 찬성하거나, 전공의들의 사퇴로 응급실 뺑뺑이가 일어나는데(사실 응급실 뺑뺑이는 언제나 존재한다) 정부가 해결하지 못한다고 욕하거나, 돈 잘 버는 의사들이 자기 이익만을 위해 의료 현장을 떠났다고 의사들을 욕한다. 그 어떤 이유에도 자신의 관점에서 유리하거나 자신이 좋아하는 쪽에 대한 지지, 그 반대를 향한 비난만 존재할 뿐이다.

먼저 윤석열 정부에 의해 초래된 의료 사태의 본질을 살펴보자. 정부가 내놓은 명분은 노인인구의 급증으로 인한 의료 수요의 증대다. 노령화로 노인인구가 늘어나고 세계 최저 출산율로 인해 인구 감소 속도가 가팔라지고 있다. 노인인구가 늘어나면 의료 수요가 반드시 늘어날 것이고, 그래서 의사가 많아져야 한다고 한다. 그러지 않으면 비록 응급실 뺑뺑이니 하는 긴박한 의료 수요가 아니더라도 결국 의료 공급이 노인들의 의료 수요를 따라가지 못할 것이라고 한다.

이렇게 의사 수를 늘리면 산술적으로는 의료 수요에 대응할 수 있을 것이다. 하지만 우리는 이런 변화에 따른 의료비용 문제도 함께 고려해야 한다. 노인인구가 늘어나고 전체 인구가 감소하는 상황에서 현재의 국민건강보험제도는 유지하기가 더욱 어려워진다. 국민건강보험제도는 대체로 건강한 젊은 층이나 부유층이 부담하는 보험료로 노년층과 약자들의 의료비를 감당하는 구조이기 때문이다.

노인인구의 증가에 비례해 의사 수도 그만큼 증가한다고 가정할 때 현재의 수가대로라면 산술적으로 의사들은 딱 지금만큼의 수입을 얻을 수 있다. 물론 건강보험료는 그만큼 더 징수해야 한다. 의사들의 입장에서 보면 의사 수가 늘어난다 해도 수입이 더 줄거나 늘지 않는다. 늘어난 의료 수요자인 노인들의 비용 부담률이 매우 낮은 상황에서 늘어난 비용을 보상하기 위해 건강보험료 인상이 불가피하다. 결국 인구가 점점 줄어드는 젊은이들과 소수의 고소득자, 부유층이 그 부담을 떠안게 된다.

또 다른 문제는 그렇게 늘어난 의사들이 모두 노인 질환과 관련된 분야로 가느냐에 있다. 수입이 만족할 만한 수준에 못 미칠 경우 절대 그렇게 되지 못한다. 결국 노인 질환에 대한 가격 상승(수가 인상)이 의사들을 유인할 만큼의 수준이 되지 않는 한 의사 수를 아무리 늘려도 이 문제를 해결하기는 어렵다. 지금도 비급여 대상이 많은 의료 미용 부문(피부과나 성형외과)으로 의사들이 몰리고, 의료 사고 위험이 상대적으로 적은 영상의학과 같은 곳이 인기가 높다. 수술이 필요한 외과나 진료 위험도가 높은 산부인과, 이대목동병원 사태로 의사를 악마화한 이후 지원자가 줄어든 소아청소년과, 그리고 레지던트 수련 기간을 3년으로 줄인 내과도 현재 심각하게 지원자가 부족한 상황이다.

아울러 수도권, 특히 서울로의 의료 수요 집중화 문제는 필연적으로 의료 공급의 수도권 집중화를 초래한다. 큰 병이 아니어도 지방에서 KTX 타고 서울의 종합병원으로 몰리는 것이 현실이다. 그 이유는 명확하다. 모든 병원의 진료비가 차이가 없기 때문이다. 하지만 이를 지적하는 사람은 아무도 없으며, 결국 수요가 없는 지방에서 개업하는 의사는 계속 줄어들 것이다.

지금 우리 의료시스템에서 의료 가격은 시장원리, 즉 수요와 공급에 따라 결정되는 것이 아니라 정부가 정한다. 정부가 의료 가격을 정하는 것은 자유시장경제라 할 수 없다. 사회주의 정부가 통제하는 경제다. 유독 의료만 이런 상황이다. 사회주의 의료시스템에서는 동일 질환에 대해 병원마다 진료비가 다른 것을 용인하지 않는다. 서울 종합병원과 지방 병원의 의료비가 같을 수 없는데도 정부가 이를 강제하고 있다. 만약 서울 종합병원의 의료비가 훨씬 비싸다면(얼마나 비싸야 하는지는 오로지 시장만이 안다) 지금처럼 모두가 서울로 몰리는 문제는 자연히 해결된다.

간단한 병이나 질환의 경우 지금도 동네 병원에서 진료받는 시간은 3분에서 5분을 넘지 않는다. 질환에 대해 진료 시간과 무관하게 가격이 정해져 있는 경우 의사들은 환자를 보는 시간을 최대한 줄여야 수입을 늘릴 수 있다. 지금 의사들의 진료 행태가 이러하고, 저렴한 자기 부담금으로 인해 생긴 의료 가수요가 의사들의 수입을 지탱하고 있다. 의료비가 비싸거나 자기 부담금이 많으면 병원에 안 가거나, 혹은 두 번 갈 것을 한 번만 가게 된다. 하지만 의료 수요가 반으로 줄어든다고 해도 의사들이 진료 시간을 두 배로 늘릴지는 확신할 수 없다. 수입은 똑같은데 환자를 보는 노동의 강도가 줄어드니 의사들에게 좋은 일이긴 하지만, 더 열심히 해서 수입을 늘릴 여력이 있음에도 여유 있게 좀 더 적은 수의 환자를 진료할 의사는 그리 많아 보이지 않는다.

앞에 언급한 문제들은 근본적으로 대한민국 국민 대부분이 좋다고 인정하는 우리의 의료시스템이 사회주의 계획경제를 바탕으로 운영되고 있기 때문에 발생한다. 사실 세계 많은 나라의 의료시스템이 사회주의 계획경제를 기반으로 설계되어 있다. 다만 얼마나 시장경제적 요소를 가미했느냐의 정도만 다를 뿐이다. 사회주의 의료시스템의 문제는 옛 소련이나 쿠바에서 현실적으로 입증되었다. 그들의 의료시스템은 붕괴했고, 쿠바의 의사들은 거의 외국으로 나갔다고 한다. 그런 극단적 경우까지는 아닐지라도 사회주의 계획경제가 해결책이 되지 못한다는 사실은 우리 모두가 잘 알고 있다. 그런데도 우리는 국가가 독점하는 건강보험제도와 이에 따른 의료시스템을 아주 좋은 것으로 인정한다. 왜 그럴까?

그 이유는 명확하다. 자기 돈을 적게 내고도 원할 때 원하는 만큼의 진료를 받을 수 있기 때문이다. 심지어 건강보험료를 한 달에 수백만 원씩 부담하는 고소득 직장인도 자기 어머니가 암 수술을 받고 치료비를 얼마 내지 않았다며 우리나라 의료시스템이 참 좋다고 말한다. 본인이 이제까지 낸 보험료를 생각하면 그 어머니는 억대의 비용으로 수술을 받은 것이지만, 이를 인지하지 못하거나 부인한다.

자신의 책임으로 민간 보험에 가입하면서 그런 위험을 예상해 큰 비용을 감수하더라도 큰 보상이 있는 보험을 선택했다면 자신의 선택에 만족할 수 있을 것이다. 하지만 소득에 따라 강제된 비싼 보험료를 내면서도 싸게 치료받았다고 인식하는 것은 그만큼 자기 책임에서 해방된 만족감이 아니라면 설명하기 어렵다.

　사회주의 계획경제가 근간인 의료시스템에서 경제학적으로 생산성을 높이는 방법은 별로 없다. 의료는 다른 어떤 경제활동과 마찬가지로 사람과 사람 사이의 경제적 행위이기 때문이다. 의료 수요가 늘어난다 해도 의사 수가 급격히 증가하면 의사들의 이익은 줄어들 수밖에 없다. 만약 수가를 현재 의사들의 이익이 보존되는 수준으로 올린다면 의사들의 반발을 그나마 잠재울 수 있을 것이다. 하지만 어떤 정부가 현재 의료수가를 갑자기 그렇게 올릴 수 있겠는가? 국민이 하루아침에 지금보다 몇 배나 많은 돈을 내면서 치료받아야 한다면 그 좋았던 우리나라 의료시스템은 순식간에 좋지 않은 것이 되어버린다. 민주화가 된 나라에서 국민 저항을 무시하고 국민의 금전적 이익에 반하는 정책을 밀어붙일 정부는 없다. 결국 정부는 일반 국민의 부담금을 올리지 않거나 아주 조금 올리고 그 대신 고소득자들에게 더 부담시키려는 방향으로 움직일 것이다. 이것은 정의롭지 않다.

　우리나라 사람들이 대한민국 의료시스템이 세계 최고라고 말하는 이유는 단순하다. 저렴한 비용으로 언제나 원하는 진료를 불편 없이 받을 수 있다고 생각하기 때문이다. 외국에서 한국을 방문한 외국인이 이런 의료시스템을 체험하고 환호하는 유튜브 콘텐츠도 심심찮게 보인다. 대한민국 의료시스템이 최고라는 이 주장은 과연 맞을까?

솔직하고 이성적인 사람이라면 결코 동의할 수 없는 주장이다. 이유가 무엇이든 저렴하고 빠르게 치료받는다고 좋은 일은 아니다. 그 '저렴'하고 '빠른' 의료 행위에는 그에 상응하는 비용이 포함되어 있다. 그리고 그것이 어디에서 갑자기 뚝 떨어져서 모두에게 축복인 일 또한 결코 아니다. '세상에 공짜란 없다'는 말이 틀리지 않다는 것을 모두가 잘 알고 있다. 우리는 이 저렴하고 편리하다고 여기는 의료시스템에 그것을 채워주는 축복이 있다는 사실을 이해해야 한다. 그것은 의사들의 노동에 대한 고정된 가격과 그만큼의 비싼 비용을 부담하는 사람들이 주는 축복이다.

사람들이 '우리나라 의료시스템이 최고'라고 말하면, 나는 '최고가 아니다'라고 말한다. 보험이란 것은 본래 미래에 발생할 위험에 대해 그 비용을 상호 부조하는 것이다. 그 비용은 온전히 자기 책임과 판단으로 결정하고 그에 대한 보상도 비용에 비례한다. 여기서 자기 책임이란 자기가 내는 만큼 보상을 받겠다는 뜻으로 자기 비용 자기 부담 원칙이 가장 정의롭게 지켜지게 된다. 위험이 발생하지 않아 보상받지 못한다고 손해가 아니며, 위험이 발생해 자신이 부담한 금액보다 큰 보상을 받는다고 해도 이익이 아니다. 스스로 판단하고 결정한 일이기 때문이다. 비용 부담은 결정에 대한 책임에서 나온 것이지 소득이 높아서 나온 것도, 마음이 따뜻해서 나온 것도 아니다.

대한민국 건강보험제도에서 보험 가입자인 국민은 어떤 책임 의식도 가질 필요가 없다. 그저 정부가 정해주는 비용을 그대로 내면 되고 정부가 정해준 대로 치료받으면 된다. 그 비용은 오로지 소득에 의해 차등 징수된다. 책임은 물론이고 자기 비용 자기 부담의 원칙이 지켜지지 않는 제도다. 자신을 위한 비용은 자신이 부담하는 것이 정의롭다. 인정할 수 있는 타인에 의한 부담은 누군가가 자발적으로 자신을 위해 그 사람의 돈으로 도움을 주는 경우뿐이다. 이는 매우 따뜻하고 훌륭한 일이다. 하지만 정부의 강제력에 의해 다른 이의 돈으로 자신이 이익을 얻는 일은 정의롭지 않다.

우리의 건강보험제도는 국가 독점 강제 보험이다. 국민 개개인이 자신의 판단과 결정으로 가입하는 자발적 보험이 아니다. 고소득자들은 많은 보험료를 강제로 징수당한다. 이때 보험료는 자신이 얼마나 자주 병원에 가느냐와는 무관하다. 가장 높은 소득을 얻는 직장인의 한 달 보험료는 현재 400만 원 정도이며, 2025년부터는 월 450만 원 정도가 되었다고 한다. 이런 사람들은 1년에 자기 보험료만 5,400만 원을 낸다. 도대체 얼마나 아파야 이 돈만큼 치료받을 수 있을까? 반면 보험료를 거의 내지 않고 자기가 내는 돈의 수 배, 수십 배의 진료를 받는 사람들도 있다. 대체로 노인들의 경우 일부 건강한 사람 그리고 부유한 사람들을 제외하고는 거의 모두 이런 혜택을 누린다. 그런데 그런 노인들이 앞으로 점점 더 늘어난다는 이야기다.

그렇다면 정부는 의사 수를 늘리는 일뿐 아니라 늘어나는 비용을 감당할 정책적 해결 방안도 함께 내놓아야 한다. 우리의 그 좋은(?)

건강보험제도 하에서 해결 방안은 국민 모두에게 건강보험료를 더 징수하는 것뿐이다. 하지만 어떤 정부도 이 일을 대놓고 할 수는 없다. 민주화된 사회에서 국민 저항을 감당할 정부는 없을 것이기 때문이다. 그런 정권은 다음 선거에서 필패다. 그래서 비용 이야기에는 매우 소극적이다.

그러다 보니 정부의 의료 개혁은 의료계에 대한 보상 없이 공급만 늘리겠다는 것이 되고 이에 의료계가 반발하는 것은 당연하다. 의사들이 자신들의 미래 이익이 줄어드는데 반발하지 않는다면 그것이 이상한 일 아니겠는가? 의사들에게 지금도 많이 버니 그러지 말라고 하는 것도 사실 미안한 일이다. 많고 적고는 그렇게 주관적으로만 판단할 일이 아니기 때문이다.

이성적으로 판단할 수 있는 사람이라면 우리 건강보험은 경쟁을 없애버린 시장에서 오로지 정부가 독점 운영하는 사회주의 계획경제 정책이라는 사실에 동의해야 한다. 성형외과나 피부과, 정형외과는 시장에서의 수요 공급에 따르는 비급여 진료가 있지만, 대부분의 진료는 정부가 계획해 결정하고 각 세부 진료의 가격을 정한다. 정부는 언제나 수요를 살펴서 이를 바꾸는 일을 해야 하고 의사 수를 늘리는 것도 그 일 중 하나다. 우리가 사회주의 의료시스템을 가지고 있다는 사실을 인정한다면 슬프게도 정부가 의사 수를 늘리는 데 반대할 명분은 없다.

가격이 정해진 시스템에서 의사들은 어쩔 수 없이 최대한 환자를 많이 보기 위해 애쓴다. 한 명의 환자라도 더 보는 것이 수익 극대화를 위해 필요하다. 완전한 공산주의 체제하의 의료시스템이라면 그냥 월급만 받고 이런 노력을 할 필요가 없겠지만, 가격을 정해 주고 알아서 먹고살라고 하니 의사가 한 명의 환자라도 더 진료하려 드는 것이다. 한편, 이런 정부 정책은 의료비를 적게 부담하는 사람들에게는 축복이다. 돈 몇천 원이면 감기도 금방 치료받고 신경통으로 아픈 몸도 시원하게 나을 수 있다. 이게 실제로는 몇만 원, 몇십만 원이지만 자기가 내는 돈은 몇천 원일 뿐이니 싸다고 생각하는 것이다.

대한민국 의료의 근간이 사회주의 시스템이지만 사회주의적 요소가 초래하는 문제를 어느 정도 해결하기 위해 시장경제적 요소를 가미했다. 계획은 정부가 하고 가격도 정부가 고정했지만, 한편으로는 그 시장 내에서 고정되지 않은 가격을 일부 허용하고 의사들 사이의 경쟁도 허용한다. 그러다 보니 이제는 분야별 공급의 불균형이 생긴다. 계획이 불균형을 만든 것이다. 세상에 완벽한 계획이란 없으며, 따라서 계획에 따른 결과가 최선일 수도 없다. 완벽한 결과는 오로지 인간들의 자유로운 경제적 행동에서만 나온다.

'내외산소(내과·외과·산부인과·소아청소년과)' 같은 비인기 분야에는 의사들이 부족하다. 시장에서 자유롭게 경쟁할 수 있는 피부과, 성형외과는 시장 규모만큼 지원자가 존재하지만 의료사고나 이해의 문제로 인해 위험이 큰 분야는 피하려는 동인이 생긴다. 아울러 지역별로 공급이 균등하게 배분되지도 않는다. 아예 정부가 완전한 사회주의 계획으로 지방마다 병원을 직접 운영하고 월급 의사를 뽑아서 고용하지 않는 한 이런 공급 불균형을 해소할 수는 없다. 그렇게 한다 해도 우리가 옛 소련이나 쿠바에서 보았듯이 이 문제는 절대 해결되지 않는다. 고정 월급자인 의사가 열심히 자기 몸을 갈아넣어가며 환자를 볼 리 없기 때문이다. 지역별 의사 공급의 불균형으로 인한 문제는 의료의 질을 급격히 떨어뜨리고 사람들은 제때에 치료받기 어려워진다.

자유시장경제 체제를 표방하는 나라라면 의료 가격을 정부가 정해서는 안 된다. 시장에서 자신이 파는 물건, 자신이 파는 서비스 가격을 자기가 정하지 못하는 유일한 분야가 의료다. 또한 그 시스템을 위한 공급 역시 정부가 통제한다. 비용 부담은 참으로 불공평하다. 아픈 사람이 진료받은 만큼 부담하는 것이 아니다. 돈을 많이 벌면 치료받는 것과 무관하게 큰 비용을 부담해야 하고, 돈을 못 벌면 치료를 아무리 많이 받아도 작은 비용만 부담한다. 세상에 이런 불공평이 어디 있는가?

돈 없어도 아픈 사람은 치료받아야 한다는 생각에 반대할 사람은 별로 없을 것이다. 그렇다면 그 돈은 누가 부담해야 할까? 나는 이 질문에 명확한 답을 제시할 수 있다. 이 비용은 '돈 없어도 아픈 사람은 치료받아야 한다고 생각하는 사람'이 부담해야 한다. 예를 들어, 가난한 사람이 돈이 없어서 치료를 못 받는다고 하자. 이때 그런 사람은 없어야 한다면서 치료비를 내주는 사람은 너무도 훌륭한 사람이다. 하지만 그 가난한 환자 앞에서 '돈 없어도 아픈 사람은 치료받아야 한다'고 말만 하는 사람이 있다면 그의 행동은 위선이다. 자신은 행하지 않으면서 가난한 사람을 위하는 척만 하고 있기 때문이다.

이는 극단적으로 '나는 돈을 못 내겠지만 당신들 누군가가 돈을 내라'는 주장과 같다. 사실 이런 모습이 인간 세상의 현실이다. 그리고 그런 위선이 모여서 이루어진 시스템이라면 결코 영속성을 가질 수 없다. 자유시장경제와 사회주의 계획경제를 이해하는 사람이라면 이런 제도가 변함없이 잘 유지될 수는 없다는 점을 이해할 것이다.

국가의 통제는 어쩔 수 없이 받아들이고 살아가야 한다. 의료 통제 속에서 모든 의사가 동일한 대우를 받고 있다. 자유롭게 경쟁하는 의료 시장이라면 의사들이 각자의 역량만큼 보상받으며 살아갈 것이다. 어떤 식당은 맛집으로 소문나서 대박이 나고 어떤 식당은 파리 날리다 폐업하는 것처럼 의료서비스도 차별화되고 그런 가격에서 균형을 이루게 된다. 많은 사람이 의료는 특별하다고, 그래서 다르다고 한다. 그렇지 않다. 우리의 건강을 다루는 일이고 심지어 목숨까지 다루는 일이라서 특별한 것은 아니다. 다만 가장 중요한 일일 수는 있다. 하지만 중요하다고 해서 이렇게 강제해도 되는지는 생각해봐야 한다.

의료 개혁은 단순히 의사 수를 늘리는 것만으로는 안 된다. 의료 시장에서 공급을 늘리겠다는 정책 하나가 어떻게 개혁의 전부가 되겠는가? 그런데도 그렇게 늘리는 의사 수가 적정하니, 아니니 하면서 싸우기만 한다. 적정한 의사 수를 도대체 누가 결정한단 말인가?

그렇게 늘린 의사들이 개업해 진료하기 시작하는 시점에 필요한 의료 수요를 누가 판단할 수 있다고 지금 몇천 명을 늘리겠다고 하는가? 그저 최선의 예측이자 계획일 뿐이다.

의료 시장도 시장이고 경제의 한 부분인데, 추측하고 예측해서 계획하고 있다. 우리가 매번 잘못이라고 배우고 또 오래전에 실패가 입증된 계획경제, 사회주의를 선택한 나라에서 계획하는 경제, 바로 그 계획경제를 국민은 세계에서 가장 좋은 시스템이라고 찬양한다. 또한 의사들은 정부가 그런 최고의 시스템을 붕괴시키고 있다고 비난하고, 정부는 미래의 공급부족에 대비하기 위해서는 의사 수를 늘려야 한다며 밀어붙인다.

한국의 의료시스템에 대한 일반적 견해 하나를 살펴보자.

"한국의 의료체계는 의사 등 의료인은 물론 해외 유수 제약사의 이익을 제한하면서 거둔 성공이다. 문제는 이제 한계에 이르렀다는 것이다. 지속 가능한 성공을 위해선 수가 정상화와 함께 건강보험의 보장 범위 제한 혹은 보험료 인상이 불가피한데, 한국 정치인 중에 이 일을 할 수 있는 사람은 없다. 또한 지금의 시스템이 최고라고 여기는 국민을 고려하면 더더욱 이는 불가능한 일이다."

의료시스템 문제에 대한 현실적 고찰이다. 그런데 윤석열 정부가 그 고양이 목에 방울을 달려고 했고, 현재 건강보험 체제의 유지라는 전제하에 방울을 다는 것이라면 이는 성공할 수 없다. 이제 위

견해의 각각의 문장에 관해 이야기해본다.

1. 의료인과 제약사의 이익을 제한했다?

맞다. 현실에서 대한민국 정부가 그렇게 했다. 하지만 이익에는 적정함이라는 말이 어울리지 않는다. 얼마만큼의 이익이 적정한가는 사람에 따라 모두 다르고 주관적이다. 그래서 사실은 이익이 제한된 것이 아니라 시장이 그 이익을 결정하지 못했다는 표현이 더 정확하다. 국가 독점 건강보험 체제하에서 참여자는 어떤 경우에는 시장에 맡겨두었을 때보다 더 큰 이익을 얻기도 하고, 어떤 경우에는 그 반대일 수도 있다. 사실 그 반대의 경우가 훨씬 많다. 어떤 의료인이나 제약사는 건강보험제도 덕분에 자기 역량 이상의 이익을 얻고, 다른 어떤 이들은 자기 역량 이하의 이익을 얻는다. 의료인이나 제약사의 역량이 시장에서 소비자들에 의해 판정되지 않기 때문이다.

가격을 정부가 정하는 체제에서는 모든 공급자의 역량을 동일하게 간주한다. 따라서 의료인과 제약사의 이익을 제한했다는 표현은 정부가 가격을 통제했다는 의미일 뿐이다. 이익이 적정하다는 것이 주관적 판단이라는 사실을 이해한다면 의료비가 싸다고 생각하는 것도 주관적이다. 하지만 거의 모두가 대한민국 의료비가 싸다고 생각하는 데는 다른 이유가 있다. 앞에서 예로 들었듯이 본인부담금만을 의료비라고 보니 싸다고 생각하는 것인데, 실제로는 타인의 부담금이 매우 크다는 사실을 인지하지 못한다. 정부의 통제는 결국 비용을 적게 부담하고 진료는 그보다 많이 받는 사람들에게만 혜택을 주는 불공평한 결과를 낳았다. 실제로 의료비는 지금보다 훨씬 더 높아야 한다.

2. 눈부신 성공?

우리 시스템이 눈부신 성공을 이루었다면 그 과실은 줄곧 병원 다니는 사람들에게 돌아갔다. 그들을 제외한 나머지, 특히 50대 이하의 건강한 일반인으로서 자기 소득이 있는 사람들이 세금처럼 다른 사람의 의료비를 내주고 있으니 사실 성공이라는 표현은 '돈 적게 내고도 치료 잘 받을 수 있었다'는 의미 이상도 이하도 아니다. 건강보험료를 많이 내면서도 병원은 가지 않을 사람들에게 이런 시스템이 무슨 눈부신 성공이란 말인가? 소득이 높다고 한 달에 수백만 원씩 건강보험료를 부담한 사람들에게는 이것이 눈부신 성공일 수 없다.

3. 수가 정상화?

주관적인 표현이나 판단에 객관성을 부여하려는 시도는 언제나 다수가 원하는 방향으로 결론을 내기 위한 수단이 된다. 수가란 정부가 정하는 가격으로, 그것이 적정한지는 아무도 모른다. 의료인들은 적다고 느낄 수 있고 국민은 많다고(비싸다고) 느낄 수 있다. 즉, 수가에 정상화된 가격은 존재할 수 없다.

국가가 결정하는 사회주의 계획경제 시스템에서 '적정'이라는 단어는 그저 정해주는 가격 이상도 이하도 아니다. 도대체 얼마가 적정한 가격일까? 적정가격은 사람마다 다르므로 그 '적정'은 오로지 그 누구의 간섭도 없는 시장에서만 결정될 수 있다.

4. 건강보험 보장 범위 제한, 보험료 인상

현실적으로 건강보험 재정 문제를 고려한다면 단계적으로 그렇게 해야 한다. 하지만 이는 결코 궁극적인 해결책이 되지 못한다. 소득이 높은 사람들에게 돈을 조금 더 내도록 해서 해결될 문제라면 그냥 눈감고 감사하며 이 체제를 유지하는 것도 방법이다. 하지만 전체가 개입된 인간 본성은 결단코 이를 허용하지 않는다.

다수에 의한 소수의 약탈은 인류의 보편적 도덕심이다. 국민이 주인인 민주사회에서는 심지어 정의로운 일이기도 하다. 어렵고 가난하고 아픈 약자들을 구호하는 일이 어찌 정의롭지 않겠는가? 그래서 국가라는 존재(그 실체는 정부다)는 이런 감정을 자극하고 있다. 어쨌거나 해결책은 무엇일까? 계획경제 시스템인 국가 독점 건강보험 체제하에서는 해결책이 없다. '적정'한 그 무엇도 존재하지 않기 때문에 언제나 해결할 문제만 존재할 뿐이다.

결론은 명확하다. 진정으로 의료 문제를 해결할 의지가 있다면 사회주의 계획경제에서 벗어나야 한다. 의료도 시장에서 가격을 결정하게 해야 한다. 미국을 예로 들면서 의료민영화 상태에서는 엄청난 비용을 부담하는 것은 물론, 진료를 받으려면 몇 달을 기다려야 한다면서 민영화를 악마화하는 주장이 있다. 미국은 비용 부담의 원천인 의료보험이 사보험이라는 점이 우리의 국가 주도 건강보험과 다르다. 그러나 이것만으로 의료민영화라고 말할 수는 없다. 미국에서의 의사 공급도 자유시장에서 아무런 제약 없이 이루어지지는 않기 때문이다.

미국도 의사 수를 늘려야 하는 상황이다. 하지만 전공의들을 수련시키는 데 드는 비용을 연방정부가 부담하게 되어 있어 예산의 제약으로 의사 수를 늘리는 데는 제한이 있다. 즉, 의대 정원을 아무리 늘려도 수련 전공의를 받아줄 곳이 (예산 문제로) 없다면 아무 의미가 없다. 이유만 다를 뿐 현실 상황은 비슷하며, 그나마 우리나라에서는 비록 전공의들을 갈아 넣더라도 의대 졸업자를 거의 전부 수련시키고 있다는 점만 다르다. 어쨌든 미국은 의료민영화가 되어 있고 대한민국은 아니라는 주장은 옳지 않다.

만약 정부가 의료 가격을 결정하고 의사 수를 정하는 일에서 손을 뗀다면 문제는 해결될 수 있다. 물론 하루아침에 될 일은 아니다. 의료 수요와 공급이 완전히 일치하는 지점까지 가는 긴 시간 동안 고통을 감수해야 한다. 의료 수요에 맞는 공급을 찾는 방법은 정부가 의료시장을 계획하는 일을 하지 않는 것이다. 수요와 공급은 가격에 따라 조정된다. 가격은 수요와 공급에 따라 변동하며 항상 균형을 찾는다. 그렇다면 의료 자원의 공급은 어떻게 이루어져야 할까?

의사의 예를 들어보자. 어느 정도의 의사가 적정한지를 아는 사람은 세상에 없다. 신도 모를 것이다. 만약 지금부터 의사를 의과대학이 있는 종합병원에서 키우고, 면허도 그 의사가 교육받고 수련한 대학의 종합병원에서 발급해줄 수 있다면 궁극적으로 적정한 의사 공급 문제는 해결될 수 있다. 즉, 지금처럼 대한민국 정부(보건복지부 장관) 명의의 의사면허가 아니라 삼성병원장, 아산병원장, 성모병원장 명의의 의사면허가 발급되는 것이다. 그 병원들은 의료의 미래 수요를 예측해서 그에 따라 교육 및 수련을 위한 투자를 할 것이다. 만약 의료 공급이 향후 수십 년 동안 터무니없이 모자란다고 예상한다면 그 투자는 최대가 될 것이다.

지금처럼 노인인구의 급증이 예상되는 경우, 노인 진료과에 대한 투자는 상대적으로 더 늘어난다. 의료 가격은 이런 공급과 수요가 균형을 이루는 지점에서 결정된다. 만약 어떤 분야에서 의료 공급, 즉 의사가 의료 수요인 환자보다 부족하다면 가격이 무척 비싸질 수 있다. 이런 상황은 신규 의사들이 그 분야로 가는 동인이 될 뿐 아니라 민간 보험회사들이 돈을 벌 보험상품을 내놓게 하는 이유가 된다. 또한 이런 상황에서는 치료비가 비싼 진료과의 질환이 우려되는 사람은 그 보험에 가입하기를 주저하지 않을 것이다. 그리고 돈이 된다는 사실은 의사를 키워내는 병원들이 이 분야의 의사를 더 많이 길러내게 할 것이다.

즉, 시차는 있지만 공급이 증대되는 것이다. 이는 가격을 하락시키는 요인으로 작용해 결국 어느 지점에서 균형을 이룬다. 그 지점의 의사 숫자가 진정 적정한 의사 수이며, 그 지점의 가격이 가장 정의롭다. 소아청소년과나 산부인과는 태어날 아이들 숫자를 예상해 공급될 것이고, 또 의료사고나 법적 분쟁에 대한 비용도 가격에 반영될 것이다. 그래야만 이 분야의 의사들이 사라지지 않고 존재할 수 있다. 그리고 의사 공급은 수요와 맞물려 끊임없이 균형을 찾아가는 과정에서 계속 변화할 것이다.

지역별 의료 공급의 불균형 문제도 가장 정의롭게 해결할 수 있다. 지방의 의과대학과 종합병원에서 수련받은 지방 병원장 명의의 의사가 모두 지방에서 진료할 것이라는 보장은 없지만, 가격이나 서비스로 수도권 시장과 차별화해 지방 의료시장도 그 균형점에서 살아남을 수 있게 된다. 서비스나 진료의 질 측면에서 서울 종합병원과 큰 차이가 없고 가격이 싸다면 지방 병원도 경쟁력을 갖출 수 있다. 물론 그렇지 못한 병원은 사라지게 될 것이다.

사실 이런 경제 논리는 알 만한 사람들은 다 안다. 하지만 나의 주장을 대하는 많은 사람은 이런 주장이 비현실적이라는 이유로 콧방귀를 뀔 것이다. 그래서 어떻게 하는 것이 현실적인 해결 방법이냐고 다시 물으면 명쾌한 대답을 내놓을 사람도 없다. 어쨌거나 이런 의료민영화나 자유시장으로의 접근법은 아니라고만 할 뿐이다.

세상 누구도 해보지 않은 일이다. 그리고 민주화된 세상에서는 정부라는 존재도 감히 시도하기 힘든 일이다. 하지만 이것 외에는 달리 방법이 없다. 현재의 시스템을 유지하며 의사 수를 늘리면 반드시 수가도 높아져야 한다. 아니라면 의대 열풍도 미래의 어느 순간에 사라질 것이고, 의료시스템은 진정한 붕괴를 맞이할 것이다.

결국 모든 국민이 비용 부담을 감수해야 한다. 고소득자에게 더 부담시키는 데도 한계가 있다. 민주 정부는 사회적으로 부담해야 할 비용을 끊임없이 고소득층에게서 더 거두어들이는 데만 열중한다. 정부가 그렇게 하지 못한다면 다른 지출을 줄여서라도 현재 시스템을 유지해야만 한다. 결국 의료 개혁은 국가 독점에서 민간으로 하나씩 이양하는 것 외에는 방법이 없다.

다른 이야기지만, 예를 들어 대학에 지원되는 막대한 비용을 줄일 수 있다. 대학도 대학 간의 경쟁 체제로 생존해야 한다. 학령인구의 감소로 지방대학은 이제 언제 사라질지 모르는 운명에 놓여 있다. 이런 지방대학

뿐 아니라 많은 대학이 지탱할 수 있는 이유는 정부의 지원금 때문이다. 지방을 살린다는 명분으로 지방대학을 대상으로 한 '글로컬 대학 육성 사업'을 하면서 대학당 5년 동안 1,000억씩 지원한다고 한다. 10개 대학이면 1조인 셈이다. 전부 세금이다. 10개 대학에 1조를 투입해서 얻어지는 결과가 얼마나 효율성이 있을까? 그렇게 돈을 뿌리면 그 대학들이 살아남을 수 있을까? 삼성전자나 현대자동차, 포항제철에서 징수할 법인세 1조를 감세해주고 그 돈을 대학과의 산학협력, 즉 연구개발이나 학생교육지원비로 쓰게 하면 훨씬 더 효율적인 결과가 나오지 않을까?

의대 정원 증원 시도로 초래된 의료 사태는 본질적으로 정부를 중간에 끼워놓고 의료 공급자인 의사들과 의료 수요자인 국민이 벌이는 싸움이다. 의사들은 자신들의 서비스에 대한 보상을 더 이상 양보하지 못하겠다고 하고, 국민은 지금보다 더 낼 수 없다고 한다. 비용의 추가 부담이 보장되지 않는 한 현재 의료시스템은 지속 가능성이 없는데 이를 해결하기 위한 진정한 의지와 노력은 보이지 않는다. 정치권의 눈치 보기는 민주 세상의 문제점을 그대로 보여준다. 국민의힘 한동훈 전 대표는 의정협의체를 구성해 방법을 찾아보자는 원론적 자세로 일관하면서 정부와 차별화하고 자신들은 국민을 위한다는 모습을 보이고자 했다. 전공의 대표는 그의 진정성을 의심했고 전공의들은 전혀 관심이 없었다. 아마 그들은 그런 정치권의 태도가 자신들의 문제를 해결해줄 수 있는 모습이라고 믿지 않았을 것이다.

야당인 민주당은 사실상 의사 증원 같은 정책에 더욱 동조하고 있다. 그래서 원론적으로는 윤석열 정부의 시도에 찬성한다 해도 전공의들이 거의 나가버린 상황에서 이를 해결하지 못한다고 정부의 무능만 비난했다. 진정으로 문제 해결을 위해 노력하는 것이 아니라 자신들의 정치적 이익을 위해 입으로만 외쳤을 뿐이다. 정부가 할 일이기에 오로지 정부만 온갖 비난을 무릅쓰고 개혁을 추진했다. 나는 그 상황이 개혁이라는 데 동의한다. 그 이유를 지금부터 이야기하고자 한다.

의대 정원 증원이 초래하는 미래　　　　　정치철학자

루트비히 폰 미제스가 쓴『인간행동』이라는 책은 인간이 자신이 처한 상황에서 경제적 방식으로 행동하는 것을 고찰하고 있다. 인간 본성에 대한 이해의 측면보다는 경제적 유인이나 상황에 따른 인간의 행동을 잘 분석하고 묘사한다. 인간의 행동을 선험적 방식으로 추론해 예측하는 그의 견해는 대단하다는 말만으로는 부족할 정도다. 또한 이성과 합리를 기반으로 추론하고 예상하는 미래 상황에 대한 이해는 놀랍기 그지없다.

　의대 정원 증원을 추진한다는 발표가 나오자, 일단의 눈치 빠른 사람들은 이것이 의료민영화를 위한 시작이라고 의미를 분석하며 비난했다. 그러잖아도 건강보험 재정은 국민연금처럼 고갈되어갈 수밖에 없다. 인구가 줄어드는데 노인인구는 상대적으로 늘어나는 상황에서는 어떤 사회 부조 제도도 유지할 수 없다. 돈을 내는 사람보다 그 돈을 쓰는 사람이 많아지면 건강보험 재정의 타격은 필연이며, 재정의 고갈 속도는 더욱 가속화된다. 건강보험료를 올리지 않고는 늘어난 의사들의 수입을 보전할 수 없다. 극단적이지만 의사 수를 늘려도 보험급여에서 부담하는 수가를 올리지 못한다면 그 분야는 의사 수가 원하는 만큼 늘어나지 않을 수도 있다. 이런 상황에서는 건강보험이 보장하는 영역, 즉 급여 영역이 상대적으로 줄어들 수밖에 없고 비급여 영역이 늘어난다. 이렇게 비급여 부분이 늘어나서 의료비가 비싸진다는 것이 의료민영화를 우려하는 사람들의 주장이다.

결과적으로 공공부조의 성격을 띠는 현재의 건강보험제도가 상대적으로 약해지고 민간 보험 시장이 커지게 된다. 이 방향은 의료가 민영화된다는 의미가 맞고, 이를 나쁜 시스템으로 생각하는 사람들이 매우 많다. 의료 소비자인 국민의 의료비 부담이 큰 의료시스템이기 때문이다. 정확히는 자기 돈이 많이 드는 의료시스템이지만, 사람들은 그렇게 솔직하게 말하지 않고 의료비가 비싸지니 나쁜 시스템이라고만 한다. 다른 사람의 돈으로 편하고 싸게 진료받기를 원하기 때문이고, 정부가 알아서 그렇게 해주면 자기의 도덕적 부담도 없기 때문이다. (사실 실제로는 어느 정도 이상의 수입이 있는 사람들이나 일정 수준 이상의 재산을 보유한 은퇴자들이 자신이 내는 건강보험료를 잘 생각해보면 지금도 우리나라 의료비용은 절대 싸지 않다.)

실제로 이런 예측, 즉 민영화로 가는 길이라는 예측이 맞을 수 있다. 인간 행동의 측면에서 전부는 아닐지라도 상당수의 전공의는 전공의 과정은 포기하더라도 의사로서의 삶을 포기하지는 않을 것이다. 어렵게 의대 공부를 마치고 수련 과정에 있던 의학도들이 의학을 버린다면 무엇을 하겠는가? 다만 필수 의료 전공의들의 경우 그들의 길을 바꾸거나 하루라도 빨리 전공을 바꾸고 개업해서 현업 전선에 뛰어들 수는 있다. 새롭게 전공을 정하는 의대 졸업생들은 비용(수가)의 개선이 없는 한 경쟁을 각오하고라도 피부과나 성형외과 같은 비급여가 많은 분야로 진출하거나, 상대적으로 위험도가 낮은 영상의학과나 노인 진료 수요가 큰 정형외과 같은 분야로 진출할 것이다.

정부는 이런 불균형을 조정하기 위해 수가를 높일 곳은 높이되 건강보험 재정에 따라 현재의 급여 부분을 조정해 비급여를 늘릴 수밖에 없다. 이렇게 된다면 사실상 정부의 의료 개혁은 그야말로 바람직한 (대부분은 이것을 바람직하다고 생각하지 않겠지만) 방향으로 가게 된다.

나는 윤석열 정부가 이를 예상하고 의도적으로 그렇게 했다는 데 대해서는 판단을 유보한다. 하지만 자유를 이해하고 있는 듯 보였던 윤 대통령이라면 미래의 의료 수요에도 대처하고 국민 저항을 시간 축에 따라 분산할 수 있는 이런 개혁 방식 외에는 방법이 없다고 판단했을지도 모른다.

만약 윤 대통령의 생각과 의지가 그러했다면 좀 더 나은 세상을 만들어 나가기 위한 의료 개혁은 비록 실행 방법에서 문제가 있었더라도 올바른 일임을 부인할 수 없다. 만약 그런 의도가 아니었다 해도 결과가 그렇다면 다행인 일이다. 박정희 시대라면 몰라도 민주화된 시대에는 개혁을 대놓고 있는 그대로 말하고 설득하는 것이 가능하지 않다. 그것이 옳은 일이라면 언젠가는 알아주리라는 마음으로 욕을 먹더라도, 그리고 우회 방법을 택하는 한이 있더라도 해야만 하는 것이 이 시대 진정한 정치지도자의 의무다.

공산화보다 더 무서운 민영화

민영화, 특히 의료민영화라고 하면 이를 반길 사람은 거의 없을 듯하다. 대부분의 국민이 공산주의가 절대 답이 아니며, 모든 사회주의 국가가 실패했고, 자유시장경제만이 번영을 누릴 수 있게 해준다는 사실을 부인하지 않으면서도 왜 의료민영화는 반대하는 것일까? 자유시장경제 속에서도 공공이라는 것이 필요하고 의료가 민영화되어서는 안 된다면, 반대로 왜 의료는 완전한 공공시스템이 되지도 못하는 것일까? 이런 질문을 하면 열에 아홉은 '돈 없어도 치료받을 수 있어야 하지만 그렇다고 공산주의 의료시스템을 택할 수도 없기 때문'이라고 대답할 것이다. 이는 민영이 이익이 되는 곳이라면 민영을 해야 하고, 공공이 이익이 되는 곳이면 공공을 해야 한다는 생각이다. 여기에서 사람들의 솔직한 이기심이 드러난다.

공공은 언제나 사람들을 자신의 책임에서 벗어나게 하고 또 타인의 돈으로 이익을 주는 존재다. 자유시장이라 해도 만약 공공 요소가 필요한 부분이 의료이고 그것이 최선의 결과를 가져온다면, 비록 공공의 본질이 다른 사람 돈으로 또 다른 사람에게 혜택을 주는 것이지만 반대하지 않을 수도 있다. 하지만 공공이 개입된 시스템이 그럴 수 없다는 사실은 현재 우리나라 의료시스템의 문제를 보면 잘 알 수 있다. 그래서 의사 수를 늘리거나 뭔가를 바꾸려고 하는 것이다. 정부가 주도하는 계획경제 속의 의료시스템이지만 공공을 내세우지 못하는 이유도 공공 의료시스템만으로는 망한다는 교훈을 모두 잘 알기 때문이다.

민영화도 그러하다. 사람들은 모두 의료가 민영화되면 의료비용이 엄청나게 비싸질 것이라고 믿지만, 이것은 사실이 아니다. 민영화가 되었을 때 가격이 비싸진다면 어떤 다른 요인으로 시장이 왜곡되기 때문이지 민영화 자체가 가격을 높이는 요인은 아니다. 사실은 비싸야 하는 서비스가 어떤 다른 요인에 의해 현재 싸게 제공되고 있었을 뿐이다.

어떤 상품이나 서비스의 가격이 비싸다면 그런 상품과 서비스를 제공하는 다른 공급자가 반드시 나오게 되어 있다. 다만 거기에는 시간이 필요한데, 사람들의 인내심은 그것을 기다릴 만큼 강하지 못하고, 이런 점을 보면서 비싼 가격을 비난하는 사람들이 생긴다. 만약 그런 공급자가 나오지 않는다면 여기에는 어떤 제약이 있어서다. 가장 대표적인 이유가 공급의 제한이다. 정부가 의사를 비롯한 의료 자원의 공급을 제한하지 않는다면 가격이 내리지 않을 이유가 없다. 돈이 되는 진료에 의사가 몰리는 것은 부인할 수 없는 사실이기 때문이다. 아울러 의대 정원도 의대를 설립한 대학에 일임하고 정부는 손을 떼는 것이 맞다.

완전한 자유시장이라면 의료 가격이 터무니없이 높아지는 일은 절대 없을 것이다. 사람들은 자신의 미래 위험에 대비해 민간의료보험에 가입할 것이다. 지금의 실손보험이 모든 의료 범위로 넓어지는 것이다. 또 보험회사들은 서로 경쟁하며 보상 범위가 다른 보험상품을 많이 만들어낸다. 그렇게 모든 것이 자유로울 때 형성되는 가격이 가장 정의로운 가격이다.

자유로운 의료시장에서의 가격이 지금보다 비쌀지 아니면 저렴할지는 개인에 따라 다르다. 아마 직장에 취업한 20대, 30대, 40대는 질병이나 사고 위험이 낮다고 생각해서 보상이 상대적으로 낮고 보험료는 저렴한 보험상품을 선택할 것이다. 결과적으로는 지금 국가가 주도하는 건강보험의 보험료보다 더 낮은 비용의 의료비만 부담하게 된다. 반면 건강에 자신이 없는 사람이나 노인들은 지금보다 더 높은 비용을 부담해야 한다. 이것은 모두가 각자의 책임과 판단으로 결정된다.

비용이 더 비싸냐 아니냐의 논쟁은 이기적이다. 자신의 판단으로 결정된 보험료는 높지도 낮지도 않고 적정하다. 만약 그 비용이 국가 주도 건강보험 보험료보다 높다면 그 사람은 이전에 국가가 다른 이에게서 강제로 징수한 보험료로 의료혜택을 받았다는 뜻이고, 반대로 낮다면 자신이 낸 비용으로 다른 이들이 치료를 받았다는 이야기가 된다.

따뜻한 마음으로 반대한다고 해서 정의로움이 정의롭지 않은 것이 되지는 않는다. 우리는 그런 세상에 살고 있지만, 민영화가 결코 비용을 높이지 않는다는 사실만은 변함이 없다. 의료가 공공이어야 하는 이유는 정말 돈이 없어서 치료받지 못하는 사람들을 위해서이며, 그 공공은 최소한으로 운영되어야 한다. 그리고 이때 필요한 재원은 국가가 주도하는 건강보험이 아니라 세금으로 충당하는 것이 현실적으로 옳다.

사람들은 의료민영화를 공산화보다 더 두려워하는 것 같다. 의료는 사람 목숨이 달린 일이고 자신도 예외일 수 없다는 이유 때문이다. 하지만 완전한 민영화는 지금 우리가 고민하는 문제를 모두 해결할 수 있는 유일한 길이며, 치료받지 못해 죽는 사람을 지금보다 줄일 수 있는 길이기도 하다. 아울러 비용이 더 비싸지는 것도 결코 아니다. 물론 현재 시스템에서 완전 민영화로 가는 과정이 험난하기 짝이 없으리라는 점은 부인하지 않는다. 자기 책임 의식을 정부에 의탁한 사람들의 관성이 하루아침에 바뀔 리 없기 때문이다. 또한 자신의 건강에 얼마만큼의 위험이 있을지 책임 의식을 가지고 이성적으로 판단할 만한 사람도 많지 않다.

여기에 더하여 관련 계약이나 법적 문제를 지원하기 위한 변호사 시장도 커지게 된다. 즉, 여러 가지 파생적 상황이 생기고 세상이 더욱 복잡해지는 듯 보이지만, 그로 인해 의료민영화가 불가능한 일이 되는 것은 아니다. 현재의 문제점들은 하나하나 고쳐나가야 하고, 그렇게 하다 보면 결국 민영화 외에는 답이 없기 때문이다. 시간이 무척 오래 걸리겠지만, 서로가 이익을 위해 투쟁하고 한편으로 협의하며 해답을 찾는 과정을 거치다 보면 민영화가 해답이라는 사실을 모두 알게 될 것이다. 공산화는 모두 함께 망하는 길이고, 민영화는 궁극적으로 모두에게 공정한 의료혜택을 제공하는 길이 된다. 따라서 민영화를 두려워할 이유는 어디에도 없다.

의료계에 드리는 고언

의사들은 종종 스스로를 '의노'라고 한다. 의사 노예라는 뜻이다. 정부가 수가로 가격을 강제하는 의료시스템을 거부하지 못한 채 그 한계 속에서 자신의 서비스로 최대한 이익을 얻기 위해 노예처럼 일한다고 해서 나온 말로 이해한다. 만약 그런 노예라면 그 노예 상태에서 해방되기 위해 노력하는 것이 옳다. 의사들이 주장해온 건강보험 당연지정제 폐지 노력이 곧 노예해방 운동이다.

불행히도 '당연지정제'라는 말은 일반 국민이 이해하기 어려운 정책 용어다. 그리고 언론의 문제일 수 있겠지만 매번 수가를 올려달라는 의료계의 주장만 보인다. 진정 노예 상태에서 벗어나려면 수가를 올려달라고 주장해서는 안 된다. 이는 노예들이 해방을 외치는 것이 아니라 밥그릇을 더 채워달라고 요구하는 것과 같다. 노예 상태에서 벗어나고 싶다면 당연지정제같이 어려운 말을 쓰기보다는 의사들도 자유시장에서 공정하게 경쟁하고 시장에서 결정되는 가격에 따라 서비스하겠다는 의지를 표명하는 것이 더 적절하다. 즉, 의료서비스도 다른 모든 서비스와 같이 자유시장에서 경쟁해야 하며, 의사들도 그런 의지를 가져야 한다. 그게 아니라면 자신을 의노라고 자책할 이유는 없다.

사실 이런 주장을 한다 해도 현실에서 정부가 받아들이기는 어렵겠지만, 지금처럼 크게 마음에 와닿지도 않고 이해하기 힘든 의사 수 증원 반대라는 주장만 되풀이하는 것은 답답한 일이다. 의사들의 이익을 위해서는 국민이라는 의료 소비자들을 설득해야 한다.

민주화된 시대, 집단이 되어버린 국민이 자신의 이익에 정의로우리라고 생각한다면 순진한 것이겠지만 그렇지 않을 것이라는 이유로 포기한다면 의사들도 결코 원하는 것을 얻기가 어렵다.

언제나 그렇지만 사실상 의사들의 싸움 상대는 의료 개혁을 시도하는 정부가 아니라 국민이다. 그래서 이 싸움에는 정의로운 주장으로 국민을 설득하려는 노력이 필요하다. 집단의 손실에 반발하고 이익만 좇는 이기적 모습으로 비치면 절대로 국민의 이해를 얻을 수 없다. 극히 일부지만 천 명이 죽어 나가야 한다느니 하는 극단적이고 감정적인 언사를 내뱉는 일은 의사들이 얻고자 하는 것을 얻는 데 독이 될 뿐이다.

의사들도 식당 주인들처럼 자유시장에서 경쟁하는 서비스 공급자다. 의사들도 경쟁해야 하고, 경쟁에서 도태되면 망할 각오도 해야 한다. 정부의 적절한 보호막 아래서 뼈를 갈아 넣는 노동이지만 망할 위험 없이 안주하겠다는 생각을 버리지 않는 한, 세상은 결코 의사들의 뜻대로 되지 않는다. 아니, 된다 해도 아주 먼 훗날의 일이 될 것이다. 완전한 민영화가 이루어지는 그날 말이다.

최저임금법 - 노동자의 탐욕, 약자를 힘들게 만드는 악법

> **"**
> 최저임금은 그 임금 이하로 일하고자 하는 사람을 실업자로 만든다. 최저임금이라는 경계선은 세상 모든 사람 가운데 가장 마지막 약자들의 발아래 그어진 선이 아니다. 그것은 최저임금보다 더 많이 받을 수 있는 사람들을 위한 든든한 보루일 뿐이다. 최저임금이 만드는 수혜자는 최저임금 이상의 역량과 경쟁력을 가진 일반 노동자들이다.
> **"**

요즘은 잘 보이지 않지만, 사회적 발언을 자주 하던 한 방송인을 기억한다. 이 방송인의 정치 발언에 대해 반대 진영 사람들이 비난하는 것도 보았다. 모 가수도, 모 개그우먼도 그러하고 그런 연예인들은 많다. 나는 이 사람들의 그런 생각이 틀렸다는 것을 이성적으로 이야기할 수 있지만 이들의 마음이 나쁘다고 생각하지는 않는다. 따뜻하고 온정적이고 또 이타적인 그들의 마음이 정작 다른 사람들의 눈에 보이는 본인들의 모습과 배치된다는 사실은 위선이지만, 군이 유명인이 아니더라도 보통의 따뜻한 마음을 가진 사람들도 대체로 그러하고 스스로의 위선을 자각하지 못한다.

그 방송인은 최소한의 인간적 삶을 호소하며 최저임금에 대한 자신의 소신을 강하게 이야기하곤 했다. "최저임금 만 원. 그것도 주지 못합니까?"라는 그의 외침은 아무리 그래도 그 정도는 주어야 사람이 살 것 아니냐는 호소다. 단순히 생각하면 선하고 정의로운 주장이지만, 이 주장은 결코 그가 안타까워하는 약자들을 위한 일이 되지 못한다. 최저임금이라는 경계선은 세상 모든 사람 가운데 가장 마지막 약자들의 발아래 그어진 선이 아니다. 그의 발언이 틀린 이유 중 첫 번째는 그 최저임금으로 인해 실업 상태에 놓일 수밖에 없는 그보다 더 힘없는 약자들을 생각지 못한 경솔한 발언이기 때문이다.

"최저임금은 그 임금 이하로 일하고자 하는 사람을 실업자로 만든다."

이것은 시장과 임금에 관한 정치철학에서 대표적인 명제다. 우리는 최소한의 인간적 삶을 보장해야 한다는 이유로 최저임금이 존재해야 한다고 생각하지만, 실상 최저임금으로 인해 그 최소한의 삶이 부정당하는 사람들이 있다는 것을 잘 알지 못한다. 동네 과일가게 앞에서 매일 나오는 종이 박스를 수집하는 할머니는 하루 종일 일하고 얻는 수입이 시간당 3,000원이 안 된다. 물론 폐지를 수집하는 사람의 능력에 따라 수입은 달라지지만, 그래도 현재의 최저임금만큼 벌기에는 역부족이다. 그 할머니는 최저임금 1만 원을 받을 만큼의 경쟁력이 없기에 폐지 수집 외에는 할 것이 없다.

만약 최저임금이 없다면 이 할머니는 아마 지금보다 더 많은 돈을 받고 (예를 들어 시간당 5,000원을 받고) 식당에서 설거지를 할 수도 있다. 즉, 우리가 약자를 위해 존재해야 한다고 믿는 최저임금과 그 법이 실제로는 최저임금만큼의 경쟁력이 없는 사회 최하위 약자들을 실업으로 모는 안타까운 법이고, 그런 약자들을 고용해 사업 경쟁력을 가질 수 있는 사업가들의 경쟁력을 약화하는 요인으로 작용한다.

또한 최저임금 상승은 서비스의 무인화나 로봇을 사용한 자동화를 촉발하고, 이는 약자들의 실업을 그만큼 더 유발하는 원인이 된다. 이제는 키오스크를 통한 주문이 일반화되었다. 사업자들은 그렇게 경쟁력을 갖추어야 생존할 수 있다. 최저임금을 받을 만한 사람들조차 일자리 찾기가 더 어려워졌다. 무인화나 로봇 같은 기술의 발전이 그 기술이 적용된 제조업이나 관련 서비스업의 발전을 촉진하고, 이에 따라 고용도 늘어날 수 있겠지만, 여전히 경쟁력이 없는 사회 최하위계층 약자들의 수가 최저임금 상승으로 인해 더 늘어날 수 있고 삶의 어려움도 가중된다.

최저임금이 만드는 세상의 수혜자는 최저임금 이상의 역량과 경쟁력을 가진 노동자들이다. 사실상 최저임금이 그들의 임금 기준이 되기 때문이다. 자본가의 저임금 고용이 약자를 착취하던 근대 세상에서 이제는 상위 노동자가 하위 노동자와 사회의 맨 아래 약자들을 실질적으로 착취하는 세상이 된 것이다.

정치인들은 자신의 득표에 가장 이득이 되는 다수를 대상으로 마케팅에 열을 올린다. 그들이 목표로 하는 대중에게 초점을 맞추는 것은 당연하다. 대중민주주의가 만든 대표적 현실이다. 사실 최저임금은 하위 노동자들에 대한 상위 노동자들의 약탈이라고 해도 과하지 않다. '하위 노동자들의 임금은 최소한의 삶을 보장해야 하는 것이어야 한다'와 같이 따뜻한 감성으로 포장돼 관철되면, 그 위 노동자의 임금은 바로 그 최저임금에 의해 함께 높아지고 또 그보다 더 위의 노동자, 그 위의 노동자로 도미노처럼 영향을 준다. 그렇게 상위 노동자의 임금이 올라가고, 임금 상승률은 상위 노동자로 갈수록 더욱 커진다. 최저임금을 받는 약자들에게 시급 얼마를 더 주는 것이 상위 노동자들의 몇만, 몇십만 원이 되는 것이다.

기업의 경쟁력에 영향을 주는 요소에는 여러 가지가 있지만, 그 중 노동의 생산성은 중요하고도 큰 요인이다. 어느 기업에 고용된 사람의 생산성이 자신이 받는 임금보다 낮다면 그 기업의 경쟁력에는 손실로 작용한다. 이는 대기업보다는 작은 사업장에서 더욱 두드러진다. 대기업에서는 소수의 뛰어난 역량을 지닌 인재들이 수 배에서 수십 배의 생산성을 올리고 그로 인해 기업의 경쟁력이 좌우되는 경우가 많지만, 중소기업이나 자영업자는 대부분 그렇지 못하기 때문이다.

그 외에도 대기업은 주요 경쟁력 요소인 기술력이나 마케팅, 경영 역량 등과 같은 생산성 요인이 노동에서의 생산성 부족을 상쇄할 수 있지만, 중소기업이나 자영업자들은 거의 노동생산성에만 영향을 받는다. 사람들은 최저임금이 최하위 사업자들과 그곳에서 일하는 근로자들만의 문제라고 생각하겠지만, 그것이 기준이 되어 노동생산성 외에도 경쟁력을 갖출 역량이 있는 그보다 상위의 중소기업, 그리고 그보다 더 위에 있는 대기업 근로자들에게 더 높은 임금 혜택을 주게 된다.

급여가 오르는 것은 좋은 일일까? 자기의 급여만 오르고 다른 모든 것에 변화가 없다면 당연히 이득이다. 만약 모든 사람의 급여가 함께 오르고 다른 상황의 변화가 없다면 어떨까? 그 또한 급여가 오른 사람들에게는 이득이다. 그런데 모든 사람의 급여가 오르면 반드시 다른 가격도 오르게 된다. 급여가 오르면 생산을 위한 자원의 수급 비용이 오르고, 이런 요인들은 관련된 모든 비용의 상승을 유발한다. 시차는 있지만 그렇게 비용 상승이 발생하면 기술이나 생산성으로 감쇄되는 부분만큼을 제외한 수준에서 물가가 상승하고, 애초에 임금이 오른 만큼의 효과가 일정 부분 사라지게 된다.

그나마 오른 임금을 누리는 노동자에게는 별 문제가 없다. 이 경우 최저임금도 못 받는 약자들은 더 나락으로 떨어지고 만다. 양극화를 대단한 죄악인 양 주장하는 사람들이 이런 상황을 악화시키면서도 오로지 따뜻한 마음으로 약자들을 위하는 척 행동하는 것은 위선의 극치다. 사실 양극화를 무슨 악덕인 양 외치는 사람들은 양쪽을 보지 않는다. 부자가 되는 사람들만 볼 뿐이다. 그래서 그 외침은 부자들에 대한 질투심 이상도 이하도 아니다.

2024년 중반, 필리핀 가사도우미 100명이 한국에 왔다. 필리핀 가사도우미라고 최저임금을 적용하지 않는다면 정의롭지 않은 일이다. 그들도 똑같은 노동자이고 사람이기 때문이다. 그러나 문제는 다른 데 있다. 그들은 100만 원을 받고도 일하려고 하는데 238만

원을 지급해야 한다는 법이다. 가사도우미 147명이 일하기 시작했다는 뉴스가 나왔다. 만약 그들의 임금이 100만 원이었다면 1,470가구에서 1,470명의 가사도우미를 고용해 아이 양육과 살림에 도움을 받았을지도 모른다. 아울러 이런 상황은 한국에서 가사도우미로 일하고 싶어 하는 더 많은 필리핀 여성이 실업 상태에서 벗어나 일할 수 있게 했을 것이다. 인력난을 겪고 있는 조선소의 외국인 노동자도 마찬가지다. 최저임금법은 조선소가 경쟁력을 갖추는 데도 장애가 된다. 한국의 최저임금보다 적게 받고도 일할 사람은 외국에서 얼마든지 구할 수 있기 때문이다.

최저임금은 입법부의 문제이며, 선거에 따라 구성되는 입법부는 국민의 생각에 충실할 수밖에 없다. 나는 많은 국민의 생각이 바뀌어 우리 모두를 위해 더 풍요롭고 정의로운 세상을 만들어 나갈 수 있기를 바란다. 최저임금법은 결코 모든 이를 위한 정의가 아니다. 고용주가 자신이 원하는 역량을 갖춘 사람을 고용하고 그와 합의된 임금을 지급하는 것이 가장 정의롭다. 이 과정에서 발생하는 계약을 비롯한 여러 문제는 노동 변호사나 중재 기관들이 관리할 수 있다. 필요하다면 정부가 나서서 지원해도 좋다. 모든 고용과 그 가격은 고용하려는 사람과 고용되기를 원하는 사람의 합의에 따라 이루어지는 것이 가장 정의롭다.

싱가포르에는 최저임금 제도가 없다. 이는 싱가포르 국민에게도 똑같이 적용된다. 우리나라 노동운동가의 관점에서 보면 싱가포르의 최하층 노동자들은 최소한의 인간적 삶도 보장받지 못하는 돈을 받고 일한다. 하지만 '최소한의 인간적인 삶을 보장하는' 임금은 이 세상에 없다. 그것은 매우 주관적이며, 심지어 감성적 호소에 불과하다. 그들에게 그 최소한을 보장함으로써 그보다 능력 있고 경쟁력을 가진 노동자들의 임금이 높아진다면 사실상 약자를 위한다는 명분으로 그들 자신의 이익을 추구하는 행동이 될 뿐이다.

최저임금의 지속적 상승은 다른 측면에서 사회의 약자들을 괴롭히는 악순환을 유발한다. 앞에서 언급했듯이 생산에서의 경쟁력, 즉 생산성이 상쇄하는 정도를 넘어서는 임금의 상승은 물가상승의 직접적 요인이 된다. 물가상승은 최하층 노동자들부터 영향을 미친다. 보통의 중간 혹은 상위 노동자들도 마찬가지다. 하지만 부자들에게 미치는 영향은 적다. 물가상승은 돈의 가치 하락을 부르고 자산 가격의 상승 요인이 된다.

집값이 미친 듯이 오르는 이유도 물가상승이 큰 원인이다. 부자들은 대부분 자산이 많다. 물가상승으로 소비에서 부담을 느끼는 것이 부자에게는 별일이 아니다. 그들은 이런 상황으로 인해 자산에서 더 많은 이익을 얻을 수 있기 때문이다. 집값이 오르면 집 없는 서민들과 그 이하의 삶을 영위하는 사회약자들만 더 힘들어지는 이유다.

뒤에서 다시 이야기하겠지만, 복지를 위한 정부의 무분별한 돈 풀기는 결코 약자를 위한 정책이 아니다. 좌파적 감성, 약자를 위한다는 마음이 이런 방식의 정부 시혜로 나타난다면 궁극적으로는 약자들을 더 힘들게 하는 요인이 되기 때문이다. 당신이 진정 선한 사람이라면, 그래서 약자를 위하는 진심이 있다면 정부의 복지정책에 비판적 시각을 가지는 것이 옳다. 그리고 약자를 위하는 그 따뜻한 마음에서 위선을 삭제해야 한다.

민생지원금이라는 돈 뿌리기 - 양극화

> 66
> ···
>
> 민생을 지원한다는 명분으로 정부가 서민들에게 돈을 주는 것은 그 돈
> 이 열심히 일하는 다른 사람들의 호주머니에서 나온 세금이라는 정의
> 롭지 않음을 외면하더라도 지원받은 서민들에게조차 이익이 되지 않는
> 다. 서민들은 그 순간 그 돈으로 무언가를 얻을 수 있겠지만, 궁극적으
> 로 그 돈으로 인해 그들의 미래 부담이 늘어나기 때문이다. 정부의 돈
> 풀기는 언제나 양극화를 재촉하는 악덕이다.
>
> ···
> 99

 경제가 어려울 때 민생지원금을 지급하자는 주장이 나오는 것은
어제오늘의 일이 아니다. 멀리 갈 것 없이 코로나 팬데믹 시절 국민
의 생활이 어렵다는 이유로 어마어마한 돈이 거의 모든 국민에게 지
급되었다. 사업자 중에서도 자영업자들이 가장 어렵다고 특별히 그
들에게 많은 돈이 지원되었다. 민주당은 기본소득이라는 무지막지
한 공짜 돈 뿌리기를 아무렇지도 않게 말하고, 민생이 어렵다고 국
민 1인당 25만 원씩 지급해야 한다고 주장하기도 했다.
 최저임금법에서와 마찬가지로 여기에도 따뜻한 감성이 이성을
누른다. 자유주의 정치철학에서는 세금은 근본적으로 정부에 의한
약탈이므로 그런 세금으로 누군가를 돕는 것은 정의로운 일이 아니

라고 말한다. 이성적으로 틀린 말은 아니다. 하지만 누군가가 어려운 사람들을 도와야 한다면, 그리고 누구도 자발적으로 돕지 않는 것이 인간 세상이라면 정부가 나서서 돕는 것이 불가피하다. 비록 이 돈은 자발적으로 동의하지 않은 많은 사람의 세금이지만 그 따뜻함에 동의하는 것으로 간주하고 만다. 그렇게 해서라도 어려운 사람들이 도움을 받을 수 있다면 그만큼의 감성에는 동의해야 한다.

문제는 그 의도가 우리가 원하는 만큼의 좋은 결과로 이어지지 못한다는 데 있다. 정부가 뿌리는 돈의 원천은 세금이지만, 그 양은 고정되어 있지도 제한되지도 않는다. 경제의 발전에 맞춰 화폐가 발행되고 그 한도 내에서 정부의 지출이 집행된다면 세상은 분명 우리의 따뜻한 의도만큼 좋아질 것이다. 그러나 정부의 지출은 언제나 경제가 커지는 것보다 더 크다. 어떤 정부든 많은 빚을 내서라도 민간경제에 개입하는 것이 일반적이다. 그렇게 화폐발행은 많아지지만, 세상에 나온 그 돈을 다시 거둬들이는 경우는 드물다. 결국 인간의 경제활동으로 창출된 모든 자산의 가치는 늘어난 화폐만큼 커진다. 자산이 있는 사람들만 부를 늘리게 되는 것이다.

하루하루 벌어 먹고사는 형편인 사람이 자산을 많이 가지고 있을 리 만무하다. 자산이란 대체로 부자들과 삶에 여유가 있는 사람들이 가지고 있다. 정부의 돈 뿌리기로 인해 그들이 가진 자산의 가치는 늘어나지만, 그렇다고 이런 사람들이 그만큼 더 부자가 되는 것도 아니다. 화폐가치의 하락으로 자산가치의 상승이 일정 부분 상쇄되기 때문이다. 모든 상황이 다 그렇지는 않더라도 전체적으로는 세상이 발전한 만큼, 그 부가가치만큼 더 이득이 된다.

　문제는 자산을 적게 보유했거나 보유하지 못한 사람들에게서 생긴다. 대부분이 민생지원금의 대상이 되는 사람들이다. 그들은 현금 복지라는 이유로 그 돈을 받는 순간, 잠시 그만큼의 여유는 가질 수 있지만 그것도 그 돈을 소비하는 순간뿐이다. 소비된 돈은 교환된 물품의 생산자와 유통업자가 나누고 또 다른 가치 교환을 통해 돌게 된다. 그렇다면 그 돈은 궁극적으로 어디에 가서 안착하게 될까? 그 돈이 남아도는, 즉 여유가 있는 데서 저축된다. 결국 그것은 부자들의 자산이다.

　사실 정상적인 자유시장이라면 저축된 돈은 다시 투자돼 시중에 나와서 돌게 되지만, 정부의 간섭이나 규제가 많은 현실에서는 과감한 투자를 할 부자가 줄어들 수밖에 없다. 투자해서 망할 위험이 크다면 그냥 아파트나 상가를 사두고 월세 받는 것이 나은 결정이기 때문이다. 예전부터 대한민국에서 사업하는 사람들이 진정한 애국자라는 말이 있었던 이유도 이것이다.

　이런 상황은 자산 가격 상승의 근본 원인이 된다. 아파트와 같은 부동산의 상승 원인에는 여러 가지가 있지만 가장 근본적인 원인은 시장에 대한 정부의 간섭이다. 부동산 정책이라는 명분의 직접적 간섭도 있지만, 시장에 무분별하게 뿌리는 돈으로 인한 화폐가치 하락과 부자들의 사업 의지 및 투자 결정을 고민하게 만드는 정부의 온갖 규제가 함께 만든 결과이기도 하다.

　감성적으로 따뜻하기 그지없는 우리의 민생지원금은 결국 부자들이 소유한 자산의 가치 상승을 지원하는 돈이 된다. 코로나 시절 많은 나라에서 엄청난 돈을 뿌려댔다. 거기에는 여러 가지 복합적 요인이 있지만, 그 결과가 우리가 지금 목도하는 물가상승이라는 점을 부인하기는 어렵다. 다른 나라도 별반 차이가 없지만, 대한민국은 유독 부동산이라는 자산가치의 상승에 돈이 더 몰렸다. 이게 어떻게 어려운 사람들을 위한 정책인가?

부모에게 물려받을 재산이 있는 사람들을 제외하고 요즘 젊은이들은 대부분 집 사는 것을 아예 포기한다고 한다. 모 지방대학의 교수에게 들은 이야기로는 정부의 현금 뿌리기 복지가 아이러니하게도 지방 인구의 감소를 걱정하지 않게 만들 수도 있다고 한다. 괜찮은 지방대학 출신 젊은이들이 더 이상 서울이나 수도권으로 가려고 하지 않기 때문이란다. 지나치게 오른 집값이 지방 젊은이들을 지방에 묶어두는 형국이다. 미제스가 말한 인간 행동을 이해한다면 충분히 선험적으로 그렇게 되리라고 예상할 수 있다. 어쨌든 현금 복지는 이렇게 양극화의 원흉이 된다.

우리는 양극화 문제를 주장하는 것, 가난한 약자들을 위해야 한다고 그토록 외치는 것이 양극화의 실제 원인이며, 심지어 부자들을 위하는 위선적 결과를 초래한다는 사실을 알아야 한다. 양극화를 해결한다는 명목으로 가난한 사람들, 가진 게 없는 사람들을 지원하는 것이 자유시장경제를 택한 세상에서는 사실상 정반대의 결과로 귀결되기 때문이다. 자유시장경제는 전체 파이를 늘리는 유일한 시스템이므로 궁극적으로 모든 사람의 생활수준이 높아진다. 하지만 부자들의 생활수준이 더 높아진다는 이유로 부자들에게서 빼앗아 가난한 자에게 나누어주는 일은 실제로 가난한 약자들에게 도움이 되지 않는다. 오히려 그들 간의 차이만 더욱 심화시킬 뿐이다.

그나마 보수 정권이 현금 복지를 포퓰리즘이라고 비판하며 반대하는 것은 다행스러운 일이다. 이런 정책이나 주장은 어려운 국민을 살핀다는 국민의 따뜻한 감성을 건드려 인기를 얻겠다는 인기영합주의가 맞다. 하지만 다음을 생각지 않고 그런 주장을 하는 정치인은 결코 진정으로 국민을 위하는 사람이라고 할 수 없다. 대다수 국민은 이런 사실을 모르거나 알아도 모르는 척한다. 어려운 사람 중에는 당장 급한데 이런저런 생각 할 경황조차 없는 사람도 있을 것이다. 강남좌파라는 위선자들은 그들의 따뜻함과 정의로움을 뽐내며 마음속으로는 흐뭇해하고 있을지도 모른다. 궁극적으로 그 이익이 자신에게 돌아올 것을 알기 때문이다.

사람들의 생각은 그렇게 부조리하다. 하지만 민주주의를 천명한 세상에서 이 문제를 정확히 직시하기는 어렵다. 만약 이렇게 솔직하게 말하는 정치인이나 정권이 있다면 국민에게 지지받지 못할 것이다. 민주주의와 자유, 민주주의와 시장경제가 양립하기 어려운 이유이기도 하다.

앞에서 민주주의는 다수의 결정에 따른다는 하나의 약속에 불과하다고 말한 바 있다. 이는 그 어떤 정의로움도, 정의롭지 않음도 아니다. 이런 민주주의는 아주 쉽게 다수의 폭력이 되고 약탈이 된다. 그나마 세상의 발전에 이바지한다면 다행일 텐데, 문제는 그렇지 않다는 데 있고 우리는 언제나 그 문제를 안고 살아간다. 정부에 의한 모든 복지가 그러하다. 복지 혜택을 받는 사람들은 그 순간 버텨나 갈 힘을 얻겠지만 영원히 그 복지의 늪에서 빠져나올 수 없다. 그들은 복지로 받은 혜택보다 언제나 더 어려워지기 때문이다.

기득권에 대한 저항 - 세상의 변화와 발전

> " ....
>
> 기득권이 인간의 본성에서 기인하듯 그에 대한 저항 또한 인간의 본성이다. 벗어날 수 없는 이런 인간의 모습이 갈등보다는 더 나은 세상으로의 정당한 경쟁이 되려면 공정함에 대한 솔직한 자세가 필연이다. 기득권이 타도 대상이 되지 않으려면 그 기득권으로 다른 이들을 누르려 하지 말아야 한다. 마찬가지로 비기득권도 공정함으로 기득권과 경쟁해야 한다. 뭉쳐서 투쟁으로 이겨내려는 마음은 쉽게 폭력이 된다.
>
> .... "

인간 세상에서 기득권은 존재할 수밖에 없다. 인간은 모든 측면에서 달라서 개인 간의 차이는 필연이며, 그것이 인간 세상의 모습이다. 힘이나 위상이 우위에 있는 사람들은 언제나 기득권이 된다. 그리고 기득권이 존재하는 이유는 자신이 먼저 쟁취한 것을 지키려는 인간의 본성에 있다.

민주화라는 것이 되고 난 뒤, 사회적으로 기득권과의 투쟁은 더욱 본격화되었다. 민주화 이전 이른바 권위주의 시대에는 기득권에 대한 저항이 불가능했다고 해도 과언이 아니다(나는 민주화 이전 시절을 권위주의 시대라고 주장하는 데 전적으로 동의하지는 않는다. 힘을 가진 자들이 권위로 누른 것만은 아니기 때문이다. 그들의 압박 방식은 말 그대로 힘이었다). 힘없는 자들이 선택한 방법은 뭉쳐서 대항하는 것이었다. 그리고 이 저항이 조직화하고 힘을 가지게 되면서 기존 기득권을 능가하게 되어 힘 있는 자들을 붕괴시켰다는 사실을 민주화의 의미로 정의할 수 있다. 그렇게 사회 전반의 주도권은 민주 세력이라는 집단에 넘어가고 그들은 정치세력화해서 민주주의를 마치 정의로운 그 무엇인 양 외치며 기득권이 사라진 세상이 된 듯 사람들을 기만하고 있다.

하지만 민주화 이후 수십 년이 지난 오늘의 현실을 이성적으로 바라보는 사람들은 과연 지금 우리 세상이 기득권이 없는, 모든 것이 공정하고 공평한 세상인지에 대해 매우 회의적일 것이다. 민주화를 이룬 사람들은 스스로 사회 전반에 걸쳐 기득권이 되었고 그 세력은 민주적 정의로움과 절차를 종종, 아니 아주 자주 무시한다. 굳이 어떤 사건을 예로 들지 않더라도 요즘 일어나는 모든 일이 대체로 다 그러하다. 사실상 '민주의 독재' 시대가 완성되었다고 해도 과언이 아니다. 입법부를 장악한 민주 세력의 행정부에 대한 비판과 공격이 도를 넘고 검찰 조직조차 좌지우지하는 지경에 이르렀으며, 사법부인 법원 또한 민주라는 이름을 내세운 세력의 눈치를 보는 정도를 넘어 민주화 기득권과 함께하는 것처럼 보인다.

사실 대한민국 민주주의가 이룬 최대의 성과(?)이자 오점은 박근혜 대통령 탄핵이었다. 국민 다수의 견해, 국민이 선출한 대표기관인 국회의 3분의 2 이상이 동의한 것은 민주주의라는 대의정치 체제하에서 국민의 3분의 2 이상이 동의한 것과 같다. 그리고 민주화를 최고의 가치로 숭상하는 현행 헌법이 정한 바에 따라 헌법재판소가 탄핵을 결정하였다. 따라서 이 사건은 그 무슨 이유를 내세우더라도 정당할 수밖에 없다. 민주주의라는 다수결 의사결정 체제하에서는 그러하다. 탄핵당할 만한 죄가 되느냐 아니냐는 민주주의에서는 그저 주관적이며 중요하지 않다. 민주, 즉 '민'이 주인 된 세상에서는 '다수 민의 뜻이 곧 모두의 정의'가 되기 때문이다.

표면적으로는 아무도 동의하지 않지만, 만약 어떤 정치인이 명백한 비리를 저질렀는데도 국민의 반 이상이 처벌을 반대한다면 그가 처벌되지 않는 것이 민주주의 방법론으로는 옳다. 하지만 이런 민주주의를 정의롭다고 할 사람은 없을 것이다. 우리는 이런 사실을 잘 알고 있고, 그래서 그 처벌에 관한 판단을 법원이라는 사법부에 맡기는 것이다. 그런데도 우리의 민주주의가 이제는 사법부조차 부정할 만한 힘을 가지게 되었다고 의심되는 근거가 여러 곳에서 보인다. 그렇다면 실로 무소불위의 민주, 새로운 권위주의와 힘의 시대다.

민주라는 완장을 찬 사람들의 강고한 기득권은 그들을 지지하는 다수 국민의 이익을 위해 무슨 일이든 한다. '금융투자소득세'를 도입해야 한다고 주장하는 민주당 소속의 한 국회의원은 그것이 투자자 중 상위 1%에게서만 세금을 거두는 것이라고 말하고, 이에 반대하는 사람들은 그 1%가 세금으로 인해 투자 시장에서 사라지면 나머지 수많은 투자자도 영향을 받는다는 논리로 그 주장을 반박한다. 여기서 슬픈 일은 상위 1%의 돈 많은 사람에게서만 세금을 거둔다는 사실을 아무런 거리낌 없이 말하고, 금융투자소득세 도입을 반대하는 사람들조차 이 사실에는 관심이 없다는 점이다. 단지 그 1%에게 세금을 매기면 1%에 들지 못하는 사람들도 영향을 받는다는 점만 이야기한다.

한쪽은 극히 일부지만 부자에게서만 징수한다는 사실을 아무렇지도 않게, 아니 아예 정의로움으로 주장하고 다른 한쪽은 그래서 나도 손해라며 자신의 이익에만 충실하다. 여기에서 우리는 금융투자소득세가 만약 부자 1%만 손실을 보는 일이라면 아예 논쟁거리조차 안 되었으리라는 사실을 알 수 있다. 그나마 다수의 투자자가 손해 볼 수 있는 사건이기에 우리의 민주주의에서 다툼이 작동하고 있다. 그래서 다행이라고 해야 한다면 슬픈 일이다.

한동안 축구협회가 시끄러웠다. 선수들 사이의 분란으로 초래된 클린스만 감독의 경질은 축구협회의 기득권 문제를 본격적으로 드러내는 계기가 되었다. 클린스만의 후임으로 홍명보가 선임되자 많은 축구인이 전형적인 기득권의 횡포라고 지적했다. 진실 여부는 모르지만, 한국인이 감독이 되면 연줄이 닿는 선수들을 선발하는 것이 관례처럼 굳어져 있다고 한다. 그래서 히딩크 감독이 아니었으면 박지성은 그저 K-리그나 J-리그에서 뛰다가 이름 없이 사라졌을 것이라는 이야기가 나오는지도 모른다. 대한민국 축구계의 기득권과는 관계없는 외국인 감독이 왔고, 박지성은 운 좋게도 자기 능력을 알아주는 사람을 만났다. 그리고 그 감독을 통해 훈련되

고 기량을 키워 잉글랜드 프리미어 리그까지 진출해 성공한 선수
가 되었다. 기득권의 힘이 작용했다면 인맥이 없는 박지성에게는
도저히 가능하지 않은 일이었을 것이다. 그는 애초부터 대단한 선
수는 아니었다.

히딩크 이후 한국 축구계가 많이 변했다고 생각했는데, 사실은 그
렇지 않은 모양이다. 홍명보 감독이 선임되었을 때 축구협회 전력
강화위원회가 공정한 절차를 거치지 않았다는 주장은 축구계가 여
전히 강한 기득권이 지배하는 세상일지도 모른다고 짐작하게 한다.
어떤 기득권인지 시중에 떠도는 이야기도 있지만 그건 중요하지 않
다. 어쨌든 그런 기득권을 깨기는 쉬운 일이 아닐 듯하다.

축구계의 기득권 문제는 대한축구협회를 넘어선다. 언론이야 본
래 그렇다 해도 정부가 축구를 사랑하는 국민의 정서를 못 본 척하
기에는 그 역할이 너무도 큰 시대다. 그래서 문체부 조사니, 국회 청
문회니 하면서 이 문제가 사회적으로 쟁점화된다. 그러자 FIFA까지
경고하고 나섰다. FIFA는 어느 나라든 축구협회가 정부의 간섭을
받아서는 안 된다고 말한다. 사실 이것은 틀린 말이 아니다.

국민의 마음이 그렇다고 스포츠계 문제를 정부가, 정치권이 나
서서 해결해야 할 이유는 없다. 일부 지원금이 들어가는지 아닌지
는 몰라도 축구협회가 완전히 세금으로 운영되는 곳도 아니지 않은
가? 그렇다고 소유권이 있는 그런 조직도 아니다. 사실 소유권이 명
확하다면 국민 전체의 마음이 어떻든 소유주의 권리를 존중해주어
야 한다. 모든 것이 정당하고 공정해야 한다는 우리의 생각은 최선

의 결과를 위해 꼭 필요하겠지만, 그것을 위해 정부가 나서서 무언가를 강요하는 것은 바람직하지 않다.

사실 FIFA나 올림픽위원회 같은 세계적인 조직도 기득권이다. 보통 조직과는 달리 이 기득권은 정부와 대항할 수 있는 수준이다. 스포츠 정신이라는 정당성을 내세운 조직이기에 어느 국가도 무시하거나 찍어 누를 수 없다. 정부가 간섭한다고 판정하면 그 나라를 해당 스포츠계에서 퇴출해버릴 수도 있다. 시쳇말로 국뽕을 도구로 국민을 총화하고 살펴야 하는 정부 입장에서는 전 세계적 스포츠에서 퇴출당한다는 것은 매우 심각한 상황이다. 그래서 정부도 이런 기득권의 눈치를 볼 수밖에 없다.

기득권 현상은 분야를 막론하고 어디에서나 예외가 없다. 그리고 기득권이 오직 자기 집단의 이익을 위해 다른 모두를 무시하고 전횡하는 것만 아니라면 비난할 일은 아니다. 사람들은 일을 할 때 친한 사람과 함께하고 싶어 하지만, 기득권이든 아니든 하고자 하는 일에서 최고의 성과를 내는 것이 목표라면 모든 이에게 공정한 기회를 주는 것이 정당하다. 잘 안다는 이유로 역량을 무시하고 무조건 밀어준다면 그것은 잘못이다.

문제는 집단이 된 사람들의 이익 추구 욕망 때문에 정당함을 유지하며 행동하기가 매우 힘들다는 데 있다. 힘이 있으면 그 힘을 이용해 쉬운 길을 가려고 하는 것은 인간 본성의 문제이기 때문이다. 그래서 그런 집단은 쉽게 기득권이 된다. 공명정대함은 극복해야 하는 과제이고, 연(緣)은 끌려서는 안 되는 가장 어려운 요소다. 그런데도 이것을 이겨내기는 매우 어렵다. 기득권의 최고 자리에 있는 사람이 강력한 의지로 이를 실행하지 않는다면 가능하지 않다.

기득권의 선택이 꼭 나쁜 결과를 초래한다고 말할 수는 없지만, 실패 확률이 높은 이유는 감정이 개입된 불공정한 판단 때문이다. 축구라는 스포츠에서의 성과는 승리이고, 그 승리는 전적으로 선수의 기량, 즉 능력에 좌우된다. 그것을 연(緣)에 의해 판단하고 결정하면 성공 가능성이 적어지는 것은 당연하다. 축구협회가 양궁협회처럼 공정성을 인정받으려면 스스로 기득권을 버리고 공명정대함에 솔직해져야 한다. 나는 축구계가 하루빨리 그렇게 바뀌기를 바란다.

독재 시절이 끝나고 민주주의하에서는 기득권이 사라진 것처럼 보이지만 실상 힘을 가진 다른 집단이 새로운 기득권이 되었을 뿐이다. 이렇게 기득권은 인간 세상에서 어떤 형태로든 존재할 수밖에 없다. 그렇다면 기득권이 정의로운 세상은 어떤 모습이어야 할까? 기득권은 그들이 가진 것을 그들보다 더 우수하고, 발전적이며, 역량 있는 다른 누군가에게 양보할 마음의 자세를 늘 갖추어야 한다. 그리고 그 경쟁은 모두에게 열려 있고 또 공정하게 관리되어야 한다.

인맥을 통한 관계와 끌림은 인지상정이다. 하지만 경쟁에서는 인맥과 무관하게 모두에게 공정한 기회를 주어야 하며 편견과 치우침에서 자유로워야 한다. 그리고 그 경쟁에서 패배하면 과감히 기득권을 내려놓는 용기가 필요하다. 진정한 민주화의 완성은 기득권을 향한 자유경쟁에 있으며, 그런 경쟁이 보장되는 데 있다.

나는 기업에서 일하다가 지천명을 지나 대학으로 왔다. 사훈이 '개인 존중(Respect for the Individual)'인 미국 기업 IBM에서 일을 시작했고, 그 의미를 진정으로 깨닫게 된 시점은 회사를 그만두고도 한참이나 지나서였다. 이후 컴퓨터와 정보통신 관련 여러 회사에서 경험을 쌓았고, 오랜 미국 생활 끝에 한국으로 돌아와 지금은 대학에서 근무하고 있다. 사회생활을 통해 내 몸에 체화된 일 관련 DNA는 조직의 진정한 목표에 충실하고, 이를 위해 경쟁하며, 최선의 전략과 행동계획을 통해 이루고자 하는 바를 성공적으로 완수하는 것이었다. 하지만 사업 성공을 위해 전력을 다하는 모든 기업인에게 당연한 이런 일들이 대학에는 잘 어울리지 않는다는 사실을 깨닫기까지는 시간이 그리 오래 걸리지 않았다.

대학의 목표는 우수한 학생들을 잘 교육해 인재로 양성하는 일과 연구를 통해 학문과 기술의 발전에 이바지하는 일이다. 만약 이 목표만 존재한다면 나 같은 사람은 대학에서 필요하지 않다. 그런데도 대학에서 나 같은 사람을 원하는 이유는 대학에 사업이라는 기능이 하나 더 존재하기 때문이다.

정부는 대학이 좀 더 나은 학생 교육을 통해 인재 양성에 충실하도록 엄청난 돈을 지원하고 있다. 연구를 위한 지원뿐 아니라 교육을 위한 대학 사업에도 조 단위의 세금이 투입된다. 그런데 대단히 외람된 말일지 몰라도 대학은 이 사업이라는 일을 운영하는 역량이 그리 높지 않다. 심지어 미숙하기까지 한 면도 있다. 사업이라는 단어의 본래 의미는 투자한 돈을 이용해 부가가치를 창출하고 이를 통해 돈을 버는 것이다. 돈을 투자한 사람은 눈에 불을 켜고 성공을 위해 분투한다. 자기 돈이라서 그렇다. 고용된 사람들도 마찬가지다. 주인의식이라는 개념이 장착된 사람이라면 자신이 돈을 직접 투자한 것처럼 열심히 일한다. 그렇게 해서 어떻게든 성과를 내는 것이 사업이다.

나의 주관적인 견해지만, 불행히도 대학에서는 이것이 가능하지 않다. 돈을 투자하는 주체가 정부이고 그 돈을 사용해 성과를 내는 곳이 대학이기 때문이다. 즉, 대학의 사업은 자기 돈이 아니라 정부 돈으로 하는 것이고, 그러다 보니 손실 개념을 장착할 수 없다. 부정과 비리를 말하는 게 아니다. 그것은 정부의 관리를 통해 철저히 대비되고 있다. 또한 교수들은 대체로 그런 돈으로 부정을 저지를 만한 사람들도 아니다.

문제는 투자 대비 성과가 과연 의미가 있는가이다. 연구개발비로 지원되는 돈도 마찬가지지만, 과연 전국의 대학에 쏟아붓는 수조 원의 사업비가 그만큼 유무형의 부가가치를 창출하고 있는지 무척 회의적이다. 생각이 많지만, 나같이 힘없는 교수 하나가 이런 현실을 뒤집을 수는 없다. 그래서 내가 있는 자리에서 내가 할 수 있는 일을 통해 내가 할 수 있는 만큼의 부가가치를 창출하고 작은 성공이라도 이뤄내자는 생각으로 일하고 있다.

어느 날, 나의 이런 노력이 엄청난 자괴감으로 돌아오는 일이 발생했다. 누가 봐도 학생들이나 학교를 위해 칭찬받아야 할 성과를 이뤄냈는데도 칭찬은커녕 너무 나서지 말라는 자제 요구를 받았다. 구체적으로 말하기는 어렵지만, 나는 대학 내 기득권의 힘을 이겨 낼 수 없었다. 그렇게 기득권은 어디에나 존재하고 그것은 정의로 움이나 더 나음, 발전 따위와는 거리가 멀다. 기득권 유지만이 최고 의 정의로움이기 때문이다.

결국 대학에 온 지 2년 만에 사표를 쓰기로 했다. 이겨낼 수 없는 상황을 극복할 길은 없어 보였다. 하지만 대학 내의 어떤 상황으로 인해 나는 다른 조직으로 옮길 수 있었고 그로부터 인고의 시절을 다시 보냈다. 그러다가 다시 사업을 하는 조직에서 일하게 되었는 데, 일을 하면 제대로 해야만 하는 INTJ 성향이 또다시 그 기득권과 충돌하고야 말았다. 그때는 정말 미련조차 없었다. 그렇게 연말이 다가오고 떠날 채비를 하던 차에 젊은 보직교수 한 분이 만남을 청 해왔다. 놀랍게도 그는 내가 이제까지 대학에서 기대조차 하지 않 았던 이야기를 나에게 해주었다.

"교수님이 옳습니다. 그 일을 계속 추진해주십시오. 그리고 목적 에 맞는 성과를 내주십시오."

'대학에서 이런 이야기를 하는 사람도 있고, 또 내가 그런 이야기 를 듣는 날도 오는구나!'라는 생각에 마음이 적잖이 혼란스러웠다.

그렇게 또 대학에 남게 되었다. 부처님과 함께하는 대학이라서 인지 부처님이 내 뒷덜미를 잡고 계신 것 같은 느낌이었다. 학교와 학생을 위한 나의 충심은 그저 정부에서 주는 돈을 잘 써서 학생들 에게 도움을 주는 것만으로는 만족할 수준이 아니었다. 정부가 대학에 사업을 위해 돈을 지원하는 이유는 대학이 기업과 연계해 서로 상생하고, 또 학생들을 잘 교육하여 기업이 원하는 인재로 키워 우리나라 산업에 이바지하라는 취지일 것이다. 이것은 정부의 지원금, 즉 세금을 낸 국민에 대한 도리이기도 하다.

그러나 이런 일을 실무적으로 구체화하는 데는 여러 가지 작은 어려움이 무수히 많았다. 대표적으로 학생 취업에서 기업과 학생 사이의 매칭 문제가 있다. 대학은 대학이 키운 학생이 이바지할 수 있는 기업을 찾아야 하고, 그 기업은 대학의 학생을 받아들일 이유가 있어야 하며, 또 학생들은 그 기업에 가고자 하는 마음이 있어야 한다. 이 세 가지가 맞아떨어져야 매칭이 가능하다는 사실은 대학교수라면 전적으로 동의할 이야기다. 이 세 가지의 접점을 찾아서 맞추려면 세심한 계획이 필요하며, 그런 상황을 만들어야 한다.

다행히도 나는 컴퓨터 정보통신 업계에서 일한 경험을 바탕으로 공과대학 정보통신공학과에 보임되었다. 그리고 여기에는 목표를 위해 내게 유용하면서 내가 활용할 수 있는 새로운 세상이 존재했다. 4차 산업혁명이라는 화두가 그것이다. 4차 산업혁명은 모든 산업에서 ICT와의 융합을 통해 세상이 발전한다는 주장이다. 실제로 그것이 4차 산업혁명인지에 대해서는 의견이 분분하지만, 모든 산업에서 ICT 기술과의 융합을 통해 더욱 발전된 미래를 창조해야 한다는 것은 이제 부인할 수 없는 사실이다. 그렇게 해서 함께 협력하게 된 기업이 당시의 대우조선해양, 현재의 한화오션이다.

동국대학교에는 조선해양공학과가 없다. 심지어 위치도 바다와는 거리가 먼 서울 시내 중심 충무로의 남산 자락에 자리하고 있다. 그런 동국대학교의 정보통신공학과가 '조선·해양산업을 플랫폼으로 한 ICT 융합교육'을 시작했다. 사실 이는 그보다 3년 전 이미 시도했던 일이지만 대학 내부의 사정으로 불발되고 말았다. 별것 아닌 초빙교수(당시 나는 비전임 초빙교수였다)가 벌이는 일에 기득권의 반대가 존재하지 않으면 이상한 일이다. 이익에 대한 목표가 명확한 기업에서라면 칭찬받고 상을 받아 마땅하지만, 대학은 그렇지 못했다. 그때는 아쉬움이 컸지만, 어쨌든 훌륭한 보직교수 한 사람의 적극적 지원으로 다시 추진할 수 있었고 결국 성사해내고야 말았다.

당시 회사 상황이 어려웠던 대우조선해양은 많은 직원이 회사를 떠나고 있었고, 기술혁신을 통한 회사 발전을 위해 조선해양공학이나 기계공학뿐 아니라 컴퓨터 정보통신 전공자들이 필요했다. 어떤 기업이든 기업은 가능한 한 우수한 학생을 채용하려 한다. 내가 소속된 대학은 서울에서 중상위권에 속하고, 다행히도 컴퓨터 정보통신 전공 학생들은 개인적으로 학교에 대한 평가보다 더 우수하다는 인정을 받고 있다.

솔직히 대우조선해양에 우리 대학보다 더 평가가 좋은 SKY(서울대·고려대·연세대)나 카이스트 컴퓨터공학 전공 학생이 지원했다면 대우조선해양이 우리 대학과 협력할 이유는 없었을 것이다. 이는 당시 연구 총괄 임원이 솔직히 들려준 이야기다. 마찬가지로 우리 학생들에게는 대우조선해양이 가고 싶은, 갈 만한 기업이어야 한다. 다행히 이 조건은 나와 함께하는 교수들의 노력을 통해 맞출 수 있었다. 그래서 2022년 가을, 대우조선해양과 우리 대학은 공과대학 정보통신공학과 대학원에 '스마트 오션 모빌리티' 전공이라는 계약학과 협력을 맺을 수 있었다. 당시 대우조선해양을 관리 중이던 산업은행도 이를 승인해주었다. 기업으로서는 돈을 쓰는 일임에도 필요하다고 인정한 것이다.

우리 전공은 대기업과 대학의 몇 안 되는 계약학과 중 하나이며, ICT의 가치와 산업의 요구를 맞춘 최초의 의미 있는 협력모델이기도 하다. 삼성전자가 전자공학과와 협력하고, 현대자동차가 기계공학과와 협력하는 계약학과와 우리가 다른 이유도 여기에 있다. 융합의 시대, 그것도 그 융합의 핵심 요소인 ICT가 대한민국 대표 제조산업과 함께하는 융합교육의 첫 시도가 성사된 것이다.

대우조선해양은 2023년 5월 한화그룹으로 인수되어 한화오션이 되었다. 우리 전공 학생들은 한화오션으로부터 등록금과 연구비를 지원받아 2년간의 석사과정을 마치면 입사해 일하게 된다. 그렇게 학교 내부의 기득권을 극복하며 이뤄낸 이 성과는 개인적으로는 환갑의 나이를 바라보며 얻은 내 인생 후반기의 최대 행복이기도 하다. 그리고 나는 학교의 배려로 전임교수가 되었다. 사업에 대한 이해를 갖춘 당시 총장님과 학교의 중간 인사 관리자들께 항상 감사한 마음이다. 내 생각이 옳으니 내 생각을 그대로 추진해서 성과를 만들어달라고 했던 그 보직교수는 지금도 나의 일을 진심으로 도와주는 든든한 지원군이다.

혼자 싸워서 기득권을 이겨내는 것은 쉬운 일이 아니다. 그래서 기득권이 아닌 사람들은 뭉쳐서 싸운다. 나 또한 혼자 싸운 것은 아니지만, 그것을 인정해주는 사람이 나타나기 전까지는 혼자였다. 그리고 그때까지는 성공하지 못했다. 아니, 성공할 수가 없었다. 기득권과의 싸움은 그렇게 어렵다. 한화오션과 우리 대학의 '산업을 플랫폼으로 한 ICT 융합 인재 양성'이라는 의미 있는 협력 취지가 향후 내가 퇴직한 이후에도 계속 이어지기를 바라는 마음 간절하다.

기득권은 세상 어느 분야에나 존재하고, 그 기득권이 무너지면 새로운 기득권이 생긴다. 그래서 기득권을 없애려는 시도는 무의미하다. 중요한 것은 기득권을 무너뜨린 세력이 무너진 기득권을 그대로 답습해서는 안 된다는 점이다. 기득권을 무너뜨리려 애썼던 이유를 배신하지 않고 자신이 이기고자 한 이유에 충실한 정직함이 있어야 한다.

기득권이 그저 우리라는 집단, 우리라는 세력의 이익만을 추구하는 존재여서도 안 된다. 목적하는 바를 이루려는 과정에서 공정한 절차와 판단으로 이익이 돌아가게 해야 한다. 기득권이 아닌 사람에게도 기회는 주어져야 하고, 자유로운 경쟁을 통해 최선의 결과가 나오게 유도해야 한다.

기득권은 없애야 할 어떤 나쁜 존재가 아니다. 문제는 기득권의 행태에서 생긴다. '성숙한 기득권의 행태'라는 표현은 무척 어색하지만, 그런 기득권도 있다. 깊이 알지는 못하지만, 스포츠계에서 양

궁협회 같은 곳은 그렇다고 해도 무방할 듯하다. 시간이 걸리더라
도 기득권이 정의로울 수 있는 세상이 되기를 바란다.

교육과 부동산 - 균형발전

"

복지와 같은 정부의 시혜나 규제와 같은 간섭을 위해서는 많은 돈이 필요하다. 우리에게 그런 돈을 써서라도 그렇게 해야 할 이유가 있다면 단지 그것이 더 나은 일이라는 무의식 속의 정의로움 이상도 이하도 아니다. 더 나음을 위한 정부의 행동은 또 다른 문제를 초래하고, 그것을 해결하기 위해 다시 정부개입을 요구하는 악순환만 계속될 뿐이다.

"

한국은행 총재가 어느 날 뜬금없이 '대학이 성적순만으로 뽑는 것이 가장 공정한 것은 아니다'라고 말했다는 기사가 떴다. 알고 보니 한국은행에서 관련 보고서를 낸 것이었고, 그 내용의 제목은 '상위권 대학 지역 비례 선발제'라는 제안이었다. 갑자기 대학과는 별 관련도 없는 한국은행이 왜 이런 이야기를 했을까?

한은의 주요 업무 중 단연 최고는 이자율 조정으로 경제 상황을 관리하는 일이다. 이자율은 국민경제 전반에 엄청난 영향력을 미친다. 기본적으로 이자율이 높아지면 부채에 대한 부담이 커지고 경제가 활력을 잃는다. 이자율이 낮으면 저축이 줄어들어 산업에 투자되어야 할 자본의 축적에 좋지 않은 영향을 미치고 소비가 증가하는 효과를 낳는다. 이렇듯 기준금리라고 하는 이자율은 한 나라

경제의 근간을 흔들 수 있는 요소다. 미국의 한국은행 격인 연방준비제도는 이자율 결정권 하나로 전 세계의 경제를 좌지우지한다.

어쨌든 그런 한국은행이 대학에서 성적순으로만 학생을 뽑지 말라고 한다. 내 견해이긴 하지만, 아마도 경제를 세심히 살피고 그 해결 방법을 찾는 데 동원할 수 있는 한국은행의 수단이 이자율 조정 외에는 없다는 고민 중에 나온 생각이 아닌가 한다.

내가 엉뚱한 듯 보이는 이분의 말씀을 언급하는 이유는, 이 이야기가 의미하는 바가 본질적으로 자유시장에 반하는 정부라는 존재가 그 자유시장을 제대로 관리하는 데 한계가 있음을 자백하고 있다는 점을 말하고 싶어서다. 문제는, 자유시장경제라고 하면서 그 자유시장을 관리하겠다고 하는 데서 발생한다. 자유시장은 이 단어가 지닌 의미대로 결코 관리의 대상이 아니다. 시장 참여자 개개인의 경제활동과 관련된 행동들이 자연스럽게 어우러져 만들어지는 시장이 자유시장이다. 그것을 어떤 선한 이유로든 관리하겠다는 의지가 실상 시장에서의 행동을 왜곡시킨다는 사실을 정부는 인정하지 않는다. 그러다 보니 그 시장에서 문제가 생기고, 또 그 문제를 해결하기 위해 정부가 나서는 것이며, 이런 행동은 무한루프가 된다.

사람들은 정부가 전혀 개입하지 않는 시장에서는 질서가 존재하지 않을 것으로 생각한다. 사실 시장에서 질서를 깨는 행위는 언제든 발생할 수 있다. 그런데 정부의 개입으로 인해 시장에서 생기는 문제는 이러한 질서를 깨는 행위와는 별개의 이야기다. 정부개입의 한 예로 농민들을 보호한다고 사과 수입을 금지하는 정책을 생각해보자. 이 정책으로 인해 사과가 흉작일 때는 사과값이 천정부지로 오르는 상황이 발생한다. 그냥 두면 사과가 흉작일 듯 보이면 돈을 벌기 위해 발 빠른 수입업자들이 즉시 수입해서 팔기 시작하고, 시장에서의 공급 증가로 가격 조정이 생긴다. 그러나 정부가 사과 수입을 금지하면 시장에서 사과 가격이 폭등하고, 일부 소비자들은 비싸도 사서 먹겠지만 대부분은 사과 먹는 것을 포기하게 된다. 정부 규제의 본질은 자유로운 경제활동을 막는 것이고 이것이 정부개입이다. 결과적으로 농민 보호라는 선한 의도가 소비자들에게 비싼 사과값을 지불하게 만든 것이다.

반면 시장 질서를 깨는 행위의 대표적 예는 상호 간의 계약을 어기거나 사기를 치거나 하는 것을 들 수 있다. 이 두 가지는 근본적으로 다르다. 그런데도 사람들은 후자(질서를 깨는 행위) 때문에 자유시장에도 정부의 개입이 필요하다고 여기면서, 실상은 전자(시장에 간섭해 질서를 무너뜨리는 정부의 행위)가 필요하다고 오해하는 것이다.

시장 질서를 어지럽히는 행동에 대한 정부의 개입과 처벌은 분명 필요하다. 아니, 그것만이 정부가 유일하게 할 일이다. 좀 더 할 일을 제시한다면 시장에 대한 예측 등과 같은 정보를 제공하는 일이다. 하지만 정부가 시장의 총지휘자로 무언가를 제한하거나, 규제하거나, 풀어주거나, 통제하거나 하는 행위는 그 어떤 경우에도 또다시 제한하고, 규제하고, 풀어주고, 통제해야 하는 일을 초래한다. 인간 행동과 관련된 모든 작용에는 그에 대응하는 반작용이 발생하기 때문이다.

한국은행 총재의 답답함에서 출발한 대학생 선발 관련 견해도 제도로 실행된다면 분명 정부에 의한 간섭이 된다. 전혀 다른 분야의 간섭이라는 사실이 조금은 황당하지만, 그런 측면은 차치하고라도 이 간섭이 또 다른 문제를 초래한다면 그때는 또 어떻게 할지 궁금하다.

현재 서울 강남 인구 대비 서울대 입학생은 다른 지역의 2배 정도라고 하는데, 정부가 대학생 선발을 성적만으로 하지 못하게 통제한다고 가정해보자. 모든 대학이 각 행정구역별 인구 비례로 정원을 결정한다면, 강남에 살며 서울대에 가고 싶지만 가기 힘들 것으로 예상되는 학생들은 다른 방법을 찾을 것이다. 경기도로 주소를 옮겨 경기도 고등학교에 다닐 수도 있다. 경기도가 인구 대비 서울대 진학 학생 수의 비율이 낮다면 반드시 이런 현상이 생긴다. 가까운 성남이나 하남, 경기도 광주나 남양주시, 고양시, 의정부시가 이전 대상이 될 수 있다. 서울 강남에서 서울대를 노리는 학생 중에서 서울 인구 대비 서울대 정원 밖에 있는 학생들이 그 동네 토박이들보다 공부를 잘할 가능성이 있으므로 괜찮은 선택이다. 물론 서울 인접 경기 지역에서 대치동이나 서울 서북 지역, 동북 노원 지역의 유명 학원까지 다니는 수고를 해야 한다.

문제는 강남 집값의 하락을 조금은 불러올 것 같은 이 정책이 서울 인접 경기도 집값에 어떤 영향을 줄까 하는 점이다. 강남 집값 잡겠다고 학생을 분산시키는, 자유시장에 반하는 이런 정책이 강남 집값의 상승에 어느 정도 효과가 있을지 모르지만(사실 나는 효과가 별로 없을 것으로 생각한다. 강남에 사는 이유가 오로지 교육 때문은 아니기 때문이다), 강남 집값을 적절히 내리고 다른 모든 곳의 집값도 안정시킬 것으로 생각한다면 그 높은 자리에 있을 자격이 없다. 내가 목동에 사는 고교생 자녀를 둔 학부모라면 전라도 광주나 부산, 제주도는 못 가도 경기도 광명시로는 이사 갈 용의가 있다. 서울 은평구에 살고 있다면 버스로 몇 정거장밖에 안 되는 고양시로 갈 것이며, 도봉이나 노원이라면 의정부로 간다. 집을 팔지는 않고 전세를 준 뒤, 전세 얻어서 간다. 부산의 학생 중에서도 부산 인구 대비 대학 선발 정원이 적다면 똑같이 인근 지역으로 이동할 수 있다.

이런 시장의 반응이 애초에 원하는 수준의 부동산 가격 평준화와 안정화를 이룰 수 있을까? 강남 집값만 떨어뜨리고 다른 곳은 영향을 받지 않는다면 성공한 정책일 수 있다. 사실 교육만으로 부동산이 크게 영향을 받는 것은 아니겠지만, 이와 같은 정부개입이 '강남 아닌 다른 동네의 집값에 영향을 주는 것은 상관없는 일'이라고는 절대 말할 수 없을 것이다.

시장에서 어떤 작용이 있으면 반드시 그에 대응하는 또 다른 작용이 발생한다. 학생을 지역별로 골고루 선발하자는 한은의 제안은 지역별 부동산 가격의 변화를 초래할 뿐 전체 부동산 가격을 안정시키는 결과로 귀결되지는 않는다. 그 덕분에 고등학생 자녀가 없는 돈 있는 사람들의 강남 입성만 돕게 되고, 그런 사람의 수요에 따라 강남 집값의 변화는 크지 않거나 없을 수도 있다. 또한 경기도 인근에 집이 있던 사람들은 졸지에 몇억씩 집값이 오르는 혜택을 얻을 수 있고, 안 그래도 서울에서 집값이 싼 도봉·노원·은평구의 집값은 더 떨어질 수도 있다. 과연 정부가 이런 일을 해도 되는지 나는 이해가 안 된다. 답답해서 한 이야기치고는 그 답답함을 더하는 언사이며, 경제에 한해서는 천재라고 할 수 있는 한국은행 전문가의 제안치고는 황당하고 아쉬운 일이다.

더 근본적인 문제는 다른 데 있다. 우리는 왜 인구집중을 막아야 할까? 우리는 왜 지방을 살려야 하는가? 나는 이에 대해 이해할 만한 답변을 들은 적이 없다. 그냥 집중해서 살면 무슨 문제가 있을까? 너무 집중돼서 살기가 불편하면 결국 집값이 내려가지 않을까? 이런 집중을 강제로 막으려는 정책이 성공할 수 있을까? 그 정책은 과연 어떤 정책이어야 할까? 그리고 그런 정책으로 인해 또 다른 문제가 생기지는 않을까?

사실 방법은 없다. 그래도 꼭 방법을 제시하라고 한다면 그나마 효과를 내는 방법이 있긴 하다. 인구 밀집 지역의 모든 세금을 밀집 정도에 따라 지금의 2배에서 X배로 올리고 인구 감소 지역은 세금을 한 푼도 징수하지 않는 것이다. 사실 이 방법도 정의롭지 않을뿐더러 시장의 왜곡을 불러오고 예상치 못한 반작용이 생길 수 있다. 이에 따라 어떤 사람은 손해를 보고 어떤 사람은 이익을 얻게 된다. 정책으로 인해 손해를 보는 사람에게는 심각한 사유재산권 침해가 이루어지고, 이익을 보는 사람에게는 뜻밖의 행운을 주는 것이다. 이것도 바람직한 일은 아니다. 극단적인 이야기지만 가장 이상적인 해결책은 아예 전부 초기화시키고 사회주의나 공산주의를 하면 된다.

대학의 학생 선발 권한은 전적으로 대학이 가져야 한다. 강남 학생을 몇 퍼센트 뽑고, 지방 할당을 하든지 말든지 하는 결정은 사실 정부가 해서는 안 된다. 현재는 대학이 아니라 정부가 그것을 결정하고 있다. 심지어 서울의 대학 정원도 대학이 마음대로 늘리지 못한다. 등록금 인상도 마음대로 하지 못한다. 그런데 한국은행의 이야기는 그런 것을 또 정부더러 하라고 하는 것이다. 본질적으로 한국은행 총재가 염려하는 문제를 해결하는 방법은 대학에 모든 선발 권한을 주는 데 있다.

대학의 정원 결정권을 대학에 준다면 그 결과가 어떻든 지금 상황보다 못하지는 않을 것이다. 왜냐하면 대학이 주체적으로 각자의 기준과 책임으로 학생을 선발하기 때문이다. 학생은 자신이 가려는 대학의 정책에 따라 강남에 사는 것이 유리할 수도 있고, 강남의 최우수 학생들을 포기하더라도 차선의 우수한 학생을 선발하고자 하는 대학은 그에 맞는 정책과 선발 기준을 제시할 것이다. 그렇게 균형 잡힌 시장이라면 한국은행 총재의 걱정도 사라지거나, 최소한 지금보다는 더 나은 상황이 된다.

시장은 각 개인의 가장 이기적인 행동에 따라 작동하고 또 그에 따른 반작동이 다시 변화를 주는 곳이다. 그런 모습들이 최종적으로 균형을 잡게 되는데 이 지점이 모두에게 최선이다. 이는 정부가 간섭하는 그 어떤 경우보다 못하지 않다.

지방 균형발전이라는 목표가 성취될 수 있는 유일한 길은 잘 벌어서 잘사는 지방의 돈을 거두어 못살고 발전하지 못하는 곳으로 끊임없이 나누어주는 것뿐이다. 지금도 이렇게 하고 있다. 시골로 갈수록 지방자치단체의 재정자립도가 형편없이 낮은 곳이 많은데, 그렇게 나누어서 지방 발전이 이루어진다면(실제로는 발전도 별로 없다) 그것은 발전이 아니라 발전된 모습으로 보이는 허상이다. 심한 비유일지 모르겠지만, 거지에게 목욕을 시키고 새 옷을 사서 입히면 겉으로는 별문제 없이 보이지만 그렇게 혜택받은 사람이 그 상태를 제대로 유지하기는 무척 어렵다. 끝없이 수혜를 베풀고 또 베풀어야 하는 것이다. 이것은 균형발전이 아니라 균형을 맞추기 위한 퍼주기 나눔일 뿐이며, 오히려 자력 발전을 더디게 만든다.

세상 그 어디에서도 균형발전을 할 수는 없다. 균형발전은 그렇게 되도록 만드는 것이 아니라 그 발전이 균형이 잡혔는지 판단한 결과다. 즉, 발전해서 그것이 비슷비슷하다면 균형을 이룬 것이지 비슷비슷하게 발전시키기 위한 노력이 균형발전은 아니다. 인간이란 본래 모여서 스스로의 이익을 위해 노력하는 존재들이다. 그런 본성을 거스를 이유는 어디에도 없다. 나는 뉴욕 맨해튼이 너무도 밀집되어 있으니 사람들을 다른 도시나 시골로 분산해야 한다고 말하는 것을 들어본 적이 없다.

의식의 변화가 필요하다. 인구 분산을 위해 제시되는 정부의 모든 노력에는 엄청난 돈이 필요하고, 우리가 그런 돈을 써서라도 그렇게 해야 하는 이유를 찾는다면 단지 그것이 더 나은 일이라는 무의식 속의 정의로움 이상도 이하도 아니다. 왜 지방을 살려야 하고, 왜 균형발전을 해야 하는가? 우리가 이런 질문을 왜 하고 있는지 다시 한번 생각해볼 일이다.

물가를 창조하는 정부 - 쌀, 사과, 배추, 깻잎

" ⋯⋯⋯⋯⋯⋯⋯⋯⋯⋯⋯⋯⋯⋯⋯⋯⋯⋯⋯⋯⋯⋯⋯⋯

경제활동에 대한 정부의 간섭은 결국 경제활동의 주체인 국민의 부담만 더하는 결과를 초래한다. 특정 계층, 예를 들어 약자나 가난한 사람들을 위한 정책은 그 순간은 그들을 위한 일이 될 수 있겠지만 궁극적으로는 도움이 되지 못하며, 미래의 또 다른 문제를 초래할 뿐이다. 인간은 언제나 자신의 노력을 통해 얻은 것으로 자신의 삶을 해결해야 한다.

⋯⋯⋯⋯⋯⋯⋯⋯⋯⋯⋯⋯⋯⋯⋯⋯⋯⋯⋯⋯⋯⋯⋯⋯ "

　어느 특정 계층이나 단체, 조직 등을 보호하고 함께 잘살아야 한다는 생각은 그들 외에 다른 사람들의 양보나 손실을 수반할 수밖에 없다. 하늘에서 뚝 떨어지는 공짜는 세상에 없기 때문이다. 능력이 없거나 신체적인 문제로 인해, 혹은 그 어떤 이유로든 어려운 상황으로 인해 경제생활에서 뒤처질 수밖에 없는 사람들을 위해 복지라는 이름의 부조가 행해진다. 이는 경제적 형태의 실천으로 나타나는 사회문제의 해결 방법이다. 시장에서도 이런 방안들이 채택되는데, 자유시장경제를 채택한 우리나라에서 유독 심한 영역이 농수산 분야다. 그중에서도 대표적인 물품은 단연 쌀이다. 쌀에 대해서는 의료시스템에 버금가는 수준의 정부 간섭이 행해지고 있다.

길거리 분식집은 보호하지 않으면서 농민은 왜 보호해야 하는지 나는 이해할 수 없다. 원가 3,000원인 떡볶이를 무조건 6,000원에 팔도록 정부가 강제하면 분식집들을 보호할 수 있다. 물론 분식집 허가제로 어떤 규정을 정해 정부가 생각하는 적정한 수의 분식집이 유지되도록 해야 할 것이다. 어쨌든 쌀값은 정부가 정하고, 남으면 그것도 가격을 다 쳐주고 수매해서 공급 가격을 보장한다. 여기에 필요한 돈은 모두 쌀 소비자인 국민의 세금이다. 특혜 중에서도 특혜다. 소비자가 싸게 쌀을 살 수 있는 시장을 정부가 강제로 막는 것이다. 국민은 자신이 낸 세금으로 농사 비용을 보전해주면서 또 그 쌀을 비싸게 사서 먹어야 한다. 정부는 그렇게 쌀농사 농민들의 생활을 보장해준다.

이는 자유시장경제가 아니다. 그러다 보니 생산성 경쟁은 먼 나라 이야기가 되었다. 쌀값이 조금만 떨어져도 트랙터로 논을 갈아엎으며 시위하고 가격 보장을 요구한다. 이를 해결하려면 보상은 필연이다. 만약 전문적인 재배 역량을 갖춘 사람들을 고용한 자본이 쌀을 생산한다면 쌀 가격이 지금보다 훨씬 낮아지리라는 데 의문을 품는 사람들은 별로 없을 것이다. 이렇게 쌀은 자유시장경제와 거리가 먼 특혜의 영역이다.

2024년 한 해 동안 사과와 배추, 상추, 깻잎의 가격이 천정부지로 오른 일이 있었다. 모든 것이 수급 문제였지만 근본적으로는 쌀과 마찬가지로 농민 보호를 명목으로 정부가 자유시장경제에 간섭하면서 생긴 일이다. 농사가 예측하기 어려운 일이라면 해외로부터의 수입은 완전히 개방해두어야 한다. 어떤 작물이 풍작이면 가격이 낮아져서 수입하려는 사람이 없을 것이고, 반대로 흉작으로 공급이 모자라 가격이 오르게 되면 그것보다 싸게 팔고도 이윤이 남는 해외 농산물을 수입할 것이다. 농민 보호는 결국 소비자의 부담을 강요하는 행위일 뿐이다.

미국 대통령으로 선출된 트럼프는 미국 우선주의를 내세우고 자국 산업 보호를 위해 중국을 비롯한 해외에서 싸게 들어오는 수입품에 관세를 매겨 미국산 제품의 경쟁력을 보장하겠다고 한다. 정부의 이런 간섭도 마찬가지다. 결국 미국 소비자는 싸게 살 수 있는 물건을 비싸게 사야 한다. 이와 같은 정책은 미국의 해당 생산자에게는 혜택이지만 소비자에게는 손해가 되는 일이다. 결국 다른 나라가 이익을 얻지 못하게 하겠다는 이유로 미국 소비자들을 힘들게 만드는 것이다.

자유시장경제를 주장하는 이유는 이것만이 산업과 사회발전의 원동력이 될 수 있음을 잘 알기 때문이다. 세계 모든 나라가 관세로 다른 나라 생산품의 자유로운 유통을 방해한다면 이는 반드시 세계경제의 발전을 막는다. 나라에 따라, 물품에 따라 생산 경쟁력은 모두 다르다. 어디든 가장 경쟁력 있는 물건이 아무런 제약 없이 유통되는 세상이 가장 발전적이다.

관세로 자유무역을 막는 행위는 결코 그 나라에도 이익이 되지 못한다. 물가는 필연적으로 오르고 소비자들의 부담만 증가하는 결과를 초래한다.

농수산 분야도 이제는 보호정책을 버려야 한다. 모든 나라가 자유무역이 가능한 세상만이 인류에게 최고의 풍요를 가져다준다.

인간의 자기결정권 - 징병제와 모병제, 낙태

> 자기 일은 자기가 결정한다는 인간의 자기결정권은 타인에 의해서 제약되거나 강요되어서는 안 된다. 그 제약이나 강요가 정의로움이나 도덕으로 아무리 포장되더라도 자기결정권이라는 권리 위에 존재할 수는 없다.

모든 인간의 자신에 관한 결정권은 오롯이 그 자신에게 있다. 하지만 인간이 공동체를 이루며 함께 살아가기 위해 만든 제도들은 이러한 권리를 상당 부분 제약한다. 전제군주국가 시절에는 계급이나 신분으로 규율돼 극소수를 제외하고는 인간의 기본적 권리라는 개념조차 없었다고 해도 과언이 아니다. 근대 시민사회의 출현으로 인간의 권리에 대한 많은 생각이 표출되었고, 사람들은 저항이나 혁명을 통해 이를 쟁취해왔다.

민주사회가 되면서 이 권리는 법에 따라 상당 부분 개인들에게 돌아갔지만, 여전히 공동체나 사회를 위한다는 명분으로 제약되는 것들이 많다. 사회주의나 공산주의 체제를 말하는 것이 아니다. 자유민주주의를 채택한 국가에서도 완전한 개인의 자유는 전체를 위해 상당 부분 제약되고 침해당하고 있다.

사실 인간의 기본 권리가 쟁취되면서 그에 따르는 의무의 이행에서 문제가 발생하고 있다. 권리만 알고 의무에 충실하지 못한 인간의 모습 때문이다. 그래서 여전히 제약되고 있는 권리를 이야기하는 것은 현실과 동떨어진 이야기일 수도 있다. 권리가 있는 만큼 책임이 따른다는 의식이 아직도 부족하다. 자신의 권리만을 외치며 타인에 대한 존중과 자신의 책임을 무시하는 일은 민주사회에서도 일반적이다.

　민주주의가 다수의 폭력이 되는 미성숙한 사회에서는 이런 현상이 더욱 심각하다. 민주사회에서의 따뜻한 선행이나 나눔 같은 일들은 대체로 수혜자들의 보답으로 이어지지 않는다. 나눔이나 베풀기가 계속되면 그것을 당연시하는 것은 인간의 본성이다. 권리만 따지고 의무를 무시하는 분위기는 민주화라는 각성제에 취한 사회에서 더욱 두드러질 수밖에 없다. 자신이 주인이라는 생각이 사람들을 그렇게 만든다. 물론 아닌 사람도 있지만 다수는 그러하다.

　권리와 의무에 관련된 철학적 논제와는 별개로 현실에서 여전히 제한되는 인간의 기본 권리 이야기를 이어가보자. 국가나 공동체에 따라 다르지만, 대한민국은 분단과 전쟁이라는 불행한 역사 속에서 국가라는 공동체의 안위를 위해 징병제를 채택하였다. 성인이 된 젊은 남자는 예외 없이 일정 기간 군대에 복무해야 한다. 대한민국의 현실에서 불가피한 선택임을 부인하지는 않는다. 공동체의 안위를 위해 가장 잘 싸울 수 있는 나이대의 젊은이들을 강제로 징집하는 것은 어쩔 수 없는 선택이다.

하지만 무슨 이유로 정당화된다고 해도 개인이 원하지 않는 강요된 징집은 인간의 자기결정권에 대한 침해다. 만약 군대 가기를 원하지 않는 사람이 있다면 그 사람을 강제로 군대에 보내서는 안 된다. 다만 이 경우 군대를 거부하는 사람이 공동체의 일원으로서 공동체의 안위를 지켜야 하는 의무가 있다는 사실을 인정한다면, 그는 이 의무를 이행하지 않았으므로 이 결정이 본인의 자기결정권만으로 정당화되는 것은 아니다.

그런데 만약 이 사람이 어떤 방식으로든, 예를 들어 돈을 내서 자신의 의무를 이행할 사람을 내세운다면 이런 상황은 합리적이다. 권리와 의무를 이행하는 형식만 다를 뿐 관련된 모두가 만족하는 상황이 되는 것이다. 군대에 가기를 원치 않는 사람과 군대에 가는 대신 금전적인 보상을 원하는 사람 간에 상호 만족하는 거래가 이루어졌다. 이것으로 인해 공동체의 안위에 생기는 문제는 아무것도 없다.

하지만 여전히 우리 사회는 이런 상황을 허용하지 않는다. 여러 가지 이유가 있겠지만 아마도 사람들의 평등 심리가 가장 큰 이유가 아닐까 한다. 사실 군대에 가고 싶어 하는 사람은 많지 않다. 그러다 보니 돈 있는 사람들이 돈을 내고 군대에 가지 않는 것이 그런 형편이 안 되는 사람들의 상황에서는 불편한 것이다. '돈 없는 것이 죄'라는 말이 나올 만도 하다. 그런데 어떤 형식으로든 공동체의 안위를 위한 의무가 존재한다는 사실을 인정한다면 이런 심리가 정의로운 것은 아니다. 내가 그렇게 하지 못한다는 질투일 뿐이기 때문이다.

개인을 예로 들었지만, 국가 단위의 군대 구성 측면에서는 모병제를 생각할 수 있다. 모병제는 공동체의 모든 구성원이 정당한 대가를 지불하고 안위를 보장받는 합리적 제도다. 이는 강제로 젊은 남자들의 자기결정권을 침해하고 강요하는 징병제 문제를 해결하는 유일한 방법이기도 하다. 병사로 지원한 젊은이는 그 서비스에 가장 적절한 시장가격에 따라 보상을 받는다. 그 비용은 공동체의 모든 구성원이 부담한다. 모병제는 이렇듯 가장 모순 없는 정의로움이다.

　우리나라와 마찬가지로 인구 감소 위기를 겪는 나라들이 많다. 이런 나라들은 결국 징병제를 유지하기 힘들어진다. 미래에는 군대의 첨단화와 함께 전문 인력을 채용해 운용하는 군대가 적으로부터 나라를 지키는 데 더 효과적이다. 자유의 구현은 개인의 선택이 존중되어야 한다는 의미이며, 어떤 명분으로든 그 선택이 강요되어서는 안 된다. 또한 강제는 전체를 위한다는 명분으로 개인의 자유를 제약하는 행위이므로 자유를 가치로 하는 공동체에서는 바람직하지 않다.

　낙태에 관해서도 논란이 있다. 인간 생명의 가치를 존중한다는 측면에서는 생명을 죽이는 행위를 결코 인정할 수 없다. 다만 인간 생명의 경계가 어디인가 하는 점에서 이 논란에는 심각하게 고민할 부분이 있다. 사실 뱃속 태아를 인간으로 인정할 시점에 대해서는 누구도 쉽게 결론을 내리지 못한다. 그 기준을 객관적으로 혹은 과학적으로 정할 수 없기 때문이다. 만약 어느 시점까지는 생명이 아니고 그 시점 이후에만 생명이라고 인정할 수 있는 근거가 있다면 결론이 명확하겠지만 그 시점은 누구도 알 수 없다.

그렇다면 우리는 생각을 조금 바꿀 필요가 있다. 태아가 생명이라면 그 태아는 '인간이 되는 과정에 있는' 생명으로 보는 것이 합리적이다. 그렇다면 그 과정에 있는 생명인 태아에게 과연 자기결정권이 있느냐를 생각해봐야 한다. 만약 비록 태아가 자기결정권이 없다 해도 산모가 마음대로 할 수는 없다는 견해가 인정된다면 낙태 문제 논란은 해결된다. 임신 순간부터 낙태는 결코 허용되면 안 되기 때문이다.

하지만 인간의 자기결정권이라는 권리에서 보면, 태아는 자기에 대해 결정할 수 있는 존재가 아니다. 결정할 수 있는 능력이 있느냐, 없느냐의 이야기가 아니라 그 권리가 태아에게도 적용될 수 있느냐 하는 이야기다. 태아는 '인간이 되는 과정에 있는' 생명이다. 그러므로 임신 상황에서는 엄마와 태아 두 생명이 존재하지만, 두 생명의 결정권은 산모인 엄마에게 있다고 보아야 한다.

태아는 산모에게 전적으로 종속된 기생체다. 태아는 산모의 몸속에서 인간으로서의 삶을 시작하기 위해 생성되는 과정에 있다. 분명 생명이지만 태어나서 울음을 터트리고 자기 코로 숨을 쉬기 시작하는 아기와는 달리 보아야 한다. 인간은 태어난 순간부터 인간으로서의 가치를 부여받지만, 기생체로서의 태아는 엄마에게 종속된 존재로 보는 것이 옳다.

그렇다면 태어난 아기의 자기결정권을 어떻게 볼 것인가 하는 문제가 생긴다. 비록 막 태어난 아기가 자기 운명을 스스로 결정할 수 없다 해도 그 아기에게 자기결정권이 없다고 할 수는 없다. 아기도 먼저 세상에 나온 인간들과 마찬가지로 세상에 나와 인간으로서의 생명 활동을 시작했기 때문이다. 그저 살기 위한 몸부림 외에는 할 수 있는 게 없다고 해도, 그래서 부모가 모든 것을 결정한다고 해도 우리는 그 아기를 인간으로 간주해야만 한다. 즉, 인간의 자기결정권이 인간임을 인정하는 것이 아니라 인간이기 때문에 자기결정권을 인정해야 하는 것이다.

낙태 문제에 대한 견해는 매우 다양하다. 그래서 사실 정답은 없다. 하지만 인간의 자기결정권 측면에서 볼 때 태아의 자기결정권은 산모인 엄마에게 있다고 보는 것이 더 합리적이다. 그 권리가 어느 시점까지인가는 여전히 결론을 내릴 수 없는 문제지만, 그리고 종교적 신념을 가진 분들에게는 죄송한 이야기지만, 인간의 권리를 냉철하게 논하는 것이라면 최소한 태아에 대한 여성의 자기결정권만은 인정해야 한다.

기후변화의 진실 - 이익을 위한 국가 간의 전쟁

> " ....
> 기후변화는 우리가 살지 않았던 예전에도 있었다. 오늘날 기후변화를
> 인정하더라도 이것을 인간이 초래했다는 주장은 받아들이기 어렵다.
> 기후변화에 관한 모든 주장은 경제적이며 정치적인 문제일 뿐이다.
> .... "

　방송에 자주 출연하는 과학자 곽재식 교수가 모 방송 예능 프로그
램에 나와 '기후변화는 경제문제다'라고 정의하고 이에 대해 올바르
게 설명하는 모습을 본 적이 있다. 수력발전만으로도 충분한 전기
를 만들 수 있는 노르웨이가 산유국이며 석유를 수출한다는 사실을
보통 사람들은 잘 모른다. 곽 교수는 석유를 통해 발전을 이룬 대부
분의 유럽 국가가 자국의 산업 경쟁력이 떨어지자 산업에서 배출되
는 탄소량 때문에 기후변화가 일어난다는 이유를 내세워 상대적으
로 산업 경쟁력이 높은 국가를 압박하는 수단으로 사용한다고 명확
히 말한다. 그들은 CBAM(Carbon Border Adjustment Mechanism)
이라는 규제를 통해 일정량 이상의 이산화탄소를 배출하면 그 대가
를 비용으로 부담시킨다. 이는 기후변화를 이유로 상대 국가들의
경쟁력을 약화하는 조치다.

　그들이 CBAM을 시행하는 이유는 전통적 방식으로 에너지를 생

산하는 유럽 외의 국가들(중국이나 대한민국, 동남아 개도국이 모두 해당한다)보다 자국의 산업 경쟁력이 떨어지기 때문이다. 영국은 전체 에너지의 50% 이상을 이미 풍력이나 다른 재생에너지로 얻고 있고, 노르웨이 같은 나라는 90%를 수력발전으로 얻는다. 그러면서 자기 나라보다 탄소 배출량이 많은 나라에 돈을 요구하는 것이다. 그래서 이들이 탄소 배출이나 지구온난화를 이야기하며 비용 부담을 요구하는 상황은 환경문제가 아니라 경제문제라는 것이 곽 교수의 견해다.

나도 이에 전적으로 동의한다. 이 시점에서 노르웨이가 주요 석유 수출국이라는 사실은 아이러니하다. 북해에는 유전이 많다. 2023년 기준 노르웨이는 세계 천연가스 수출 4위 국가다. 다른 나라에는 탄소 배출이 많은 석유나 가스를 팔면서 탄소 배출에 대한 비용도 요구하는 것이다.

기후변화에 관한 주장의 근간에는 국가 간 경쟁이 있다. 내용을 알고 보면 '점잖은 약육강식'이라고 말하기에 부족함이 없다. 내가 관여하는 조선 해양산업에서도 친환경 선박이라는 화두로 기후변화와 지구온난화에 동조하는 거역할 수 없는 큰 흐름이 있다. 디젤을 연료로 사용하는 선박은 다른 어떤 교통수단보다 탄소를 많이 배출한다. 이를 바탕으로 국제해사기구(IMO)에서는 탄소 배출량 Net Zero 전략을 천명하고, 세부 규제를 통해 목표를 달성하지 못하는 선박은 앞으로 운항하지 못하게 하거나 혹은 비싼 비용을 내도록 하고 있다.

약자를 도와야 한다는 주장과 마찬가지로 탄소 배출을 줄여 지구 환경을 보호하자는 의견에 우리가 반대할 명분은 없어 보인다. 하지만 그 의도가 진정 지구를 살리자는 선함에서 나온 것인지에 대해서는 의문을 가지고 현실을 직시할 필요가 있다. 인간은 과연 지구환경을 망치고 있고, 지구를 덥게 만들며, 지구 기후를 변화시키고 있을까?

대답은 '아니다'이다. 우주라는 거대한 세상을 보는 천문학자까지는 아니어도 신념에 경도되지 않는 자연과학자나 이성적이고 합리적인 공학자, 그리고 자연에 대한 겸손함을 갖춘 지식인이라면 기후변화와 지구온난화를 주장하는 사람들의 허상과 그 배경을 이해할 수 있을 것이다. 기후변화에 대한 이해는 지구라는 자연이 과연 인간의 영향을 받을 정도인가 하는 질문에서 출발한다.

우리가 석탄을 때고, 석유를 이용하고, 철강을 만들고, 제조 산업을 돌리고, 큰 배를 운항하며, 하루에도 일순간 수백만 대의 자동차가 매연을 내뿜고, 몇만 대의 비행기가 날아다니고 있어서 지구환경이 변하는 것일까? 이 질문은 자연이 우리가 그렇게 영향을 주는 범위 안에 있을까 하는 의문을 포함한다. 만약 탄소 배출 같은 인간의 행동에 영향을 받아 자연이 변화하고 있다면 몇백만 년 전 빙하기나 이후의 지구 온도 상승에 대해서도 설명할 수 있어야 한다. 그때도 인간이 탄소 배출을 많이 해서 지구가 추워지고 더워지는 기후변화가 초래되었는지 하는 질문에 말이다.

보통 사람이 보기에 몇백 톤의 대형 여객기가 날아가는 모습은 매우 경이롭다. 길이가 에펠탑보다 길고 롯데월드타워의 80%나 되는 큰 컨테이너선이나 수십만 톤의 쇠로 만든 초대형 유조선이 물 위에 떠다니는 모습을 보면 자연 따위가 그리 크게 보이지 않을 것이다. 이런 상황은 자연을 극복하고 이겨낼 수 있다는 인간의 오만함을 최고로 자극한다. 그러나 실상 자연은 인간이 아무리 도달하려 해도 도달할 수 없는 바벨탑 같은 존재다. 바벨탑은 상상 속에서라도 볼 수 있지만 자연은 우리의 상상을 초월한다. 인간이 철로 만든 최대의 움직이는 구조물인 대형 선박조차 바다 위에서는 하나의 점에 불과하다.

전 세계의 수많은 공장 굴뚝에서는 하루에도 어마어마한 이산화탄소를 배출한다. 인간이 배출한 탄소는 그대로 지구온난화를 초래하고 기후를 변화시키고 있을까? 아니다. 그 이산화탄소는 나무나 식물에 흡수되어 사라진다. 이산화탄소가 없으면 식물이 성장할 수 없다. 인간이 배출하는 이산화탄소량은 지구상의 식물이 다 소화하지 못해 지구의 변화를 일으킬 만한 수준이 되지 못한다. 지구라는 자연은 인간이 오염시키기에는 너무도 큰 존재이기 때문이다. 그리고 자연은 자정 노력을 한다. 그것이 자연의 섭리다. 인간이 상상하기조차 힘든 긴 세월의 차원에서 본다면 지구도 소멸하겠지만, 인간의 라이프 타임에서는 사실상 인간이 어떤 일을 벌여도 자연을 변화시킬 수 없다.

인간이 기후변화를 초래한다는 믿음은 자연에 대한 경외심과 겸손의 부족에서 나온다. 아울러 기후변화라는 화두를 이용해 사람들에게 공포심을 줌으로써 이익을 얻으려는 나쁜 의도도 있다. 수많은 환경단체가 모두 그런 의도를 가지고 있다고 단정할 수는 없어도 그들이 바르고 순수하다고만 믿기는 어렵다. 그들도 이익단체이기 때문이다. 지구환경을 걱정하는 많은 보통 사람은 그렇게 속고 있다.

기후변화와 지구온난화가 사기라고 말하는 사람들도 많다. 비록 그것이 사기가 아닐지라도 지구가 더워지는 것이 인간 때문이 아님은 분명하다. 그리고 그 원인이라는 것을 다 해결한다고 해도 지구온난화가 없어지고 정상으로 되돌아오는 것도 아니다. 해결될 수 없는 일이기에 입증될 수 없고, 그래서 마음대로 주장해도 문제가 없는 일이 인류가 초래한다는 기후변화이고 지구온난화다.

인간은 자연에 비교할 수 없을 정도로 작고, 자연에 그토록 큰 영향을 미칠 만한 존재가 아니다. 내가 이런 견해를 말하면 일각에서는 "많은 학자가 인간에 의한 지구온난화와 기후변화를 기정사실로 받아들이는데, 그 분야를 잘 알지도 못하는 당신이 무슨 엉뚱한 소리를 하느냐"고 질책한다. 나는 그 학자들이 왜 그런 주장에 동조하고 그런 근거만을 찾아서 논문을 발표하는지 알고 있다. 이 또한 경제문제다. 학자들의 연구비를 지원하는 곳의 기후변화에 관한 입장은 그 학자의 연구 방향에 결정적 영향을 미친다. 만약 연구비 지원단체가 기후변화를 이용해 무언가 이득을 얻으려는 의도를 가진 정부라면 정부의 의도를 거역하는 방향으로 연구를 수행할 학자는 거의 없을 것이다.

그나마 일부 환경공학자 중에서 반대 견해를 이론적으로 또 현상을 예로 들어 설명하는 분들이 있다는 점은 다행스러운 일이다. 나의 의도는 단지 자연을 바라보는 겸손함과 함께 나쁜 의도로 선동하는 집단에 대한 비판적 견해를 내놓고자 함이다. 정치와 국가 간의 이기심에서 벗어나야 기후변화의 진실을 바르게 볼 수 있다.

인간에 의해 지구가 뜨거워지고 기후변화가 일어난다는 주장은 받아들이기 어렵다. 그런데도 여기에는 한 가지 매우 긍정적인 요소가 있다. 기후변화와 지구온난화를 저지하기 위한 인간의 노력이다. 선박의 탄소 배출을 줄이기 위한 규제는 그 의도가 무엇이든, 비록 추가 비용이 많이 든다 해도 기술 발전을 위해서는 긍정적이다.

탄소 배출을 줄이기 위해 탄소저감장치를 비롯한 여러 가지 기술이 연구되고 있다. 예를 들어 선박의 경우, 엔진으로만 가는 배에 특수 플라스틱으로 돛을 달아 20% 정도 연료비를 줄이는 방법이 이미 적용되고 있다. 탄소 배출량이 적은 LNG 추진 선박은 새로 건조되는 선박의 대세가 되고 있다. 메탄올 추진선이나 암모니아 추진선도 건조되고, 수소와 전기 추진 선박 관련 기술도 활발히 연구되고 있다. 대양을 가로질러 항해해야 하는 대형 전기 추진선 건조는 배터리 기술의 문제로 아직 먼 이야기지만, 중소형 전기 추진 선박은 이미 상용화되었다.

이런 기술은 역설적으로 산업 경쟁력을 높이는 핵심 요소가 된다. 인건비 상승 등으로 인해 산업 경쟁력이 약해진 선진국들이 탄소 배출을 트집 잡는 것이 역설적으로 그 대상이 되는 국가의 기술

경쟁력을 강화해주는 요인이 되는 것이다. 조선 해양산업은 1950년대 이전 영국에서 번창하고 서유럽으로 주도권이 옮겨 갔지만 이후 1960년대와 1970년대에는 일본이, 1980년대 이후에는 우리나라가 주도권을 가졌다. 그리고 이 주도권은 지금 상당 부분 중국으로 옮겨 갔고 또 그것이 숙명처럼 보이지만, 우리나라가 주도권을 놓치지 않을 수 있는 이유 중 하나가 이런 환경규제가 제기한 새로운 기술에 대한 요구다. 물론 이것은 한 가지 이유일 뿐 여기에는 여러 가지 다른 요인이 복합적으로 존재한다. 하지만 신기술의 개발 및 적용에 대한 세상의 요구가 산업 주도권을 유지하는 데 긍정적 요인으로 작용한다는 사실은 아이러니가 아닐 수 없다.

세상의 일은 이렇게 복잡하게 얽혀 있다. 하지만 기후변화의 진실은 달라지지 않는다. 진실은 진실대로 인식하고, 현실에서 우리가 어떻게 대응하는 것이 바람직한지는 각자 현명하게 판단하기를 바라는 마음이다.

과거를 사는 사람들 - 21세기의 친일과 반일

> ❝ ···
> 역사는 밝힐 수 있을 만큼 진실에 다가가야 하고 그것을 이성적으로 받
> 아들이는 자세가 필요하다. 예전의 역사는 오늘의 우리와 내일의 우리
> 후손들이 반면교사 삼아 더 나은 미래를 만들기 위한 씨앗이 되는 것으
> 로 충분하다. 분노는 아무런 해결책도 제시하지 못한다. 우리는 현재에
> 살고 미래를 향해 살아가야지 과거를 살 수는 없다.
> ··· ❞

언급하기 두려운 주제다. 일본을 바라보는 국민의 두 입장은 이
해하기가 무척 혼란스럽다. 우리 국민 대다수는 일본과 관련된 예
전 일을 부정적으로 생각한다. 100년 전 일본의 정부가 조선의 정
부를 무너뜨리고 국권을 침탈했고, 이 땅에서 생산되는 것을 수탈
했으며, 식민지에서 독립을 원하는 사람들을 탄압했다는 것이 이유
다. 그 마음과 심정을 이해하지 못할 바는 아니지만, 지금 그 분노
와 싸움의 대상이 누구인지는 잘 모르겠다. 지금의 일본 정부가 대
상이어야 할까?

당시 그런 일을 했다고 우리가 믿는 사람들은 이제 단 한 명도 없
다. 지금 일본인들 가운데 일부는 누구인지 몰라도 그들의 후손이
고, 대부분은 그저 일본에서 일본인으로 살아가는 보통 사람들이

다. 이런 사람들에 대한 분노는 아닐 것이다. 아마도 일본이란 국가에 분노하는 것으로 보인다. 정확히 일본 정부는 오늘 현재의 일본 정부이고, 사실이든 아니든 예전의 일로 우리에게 비난받거나 싸움의 대상이 될 이유는 없다. 과거의 일본이라는 국가, 그때의 일본 정부가 그 대상이다.

앞에서 국가는 허상이라고 언급했는데, 여기서 우리는 그 허상이 진정 허상이라는 사실이 입증되는 명백한 상황을 본다. 우리가 분노하고 비난하는 그 일본은 그 당시 일본 정부이며 그 정부는 이제 없다. 그러다 보니 그 대상은 일본이라는 국가가 되고, 그 보이지 않는 허상이 비난의 대상이 되어버리는 것이다. 한마디로 이 비난은 존재하지 않는 허상을 향하는 것이며, 그래서 이 행동에는 아무런 부담이 없다.

그렇다면 우리가 지금 분노하는 이유는 무엇일까? 대한민국 국민으로서 우리가 분노하고 비난하는 이유인 식민지 일본 피해자들은 모두 돌아가시고 지금은 없다. 피해를 보았다면 그 당시 우리의 할머니 할아버지 중에 있을 테지만, 그분들은 모두 이 세상 사람이 아니다. 일부 실체적 사실이 밝혀진 독립운동가 후손을 제외하고는 자기의 할아버지, 할머니가 피해를 보았는지를 아는 사람은 거의 없다. 더욱 기막힌 일은 자신이 지금 친일파라고 비난하는 사람이 자기 조상일지도 모른다는 사실이다. 그렇다면 그 사람은 자기 할아버지, 할머니를 비난하고 있는 것이 된다. 이는 국가라는 전체 속에 매여 개인을 찾지 못하는 전체주의적 사고에서 나오는 현상이다.

개인을 이해하는 사람이라면 사고의 방향이 달라질 수 있다. 2025년 오늘, 친일을 앞세우며 무언가를 이야기한다는 것은 국가라는 허상과 전체가 주는 감정이 만드는 행위일 뿐이다. 지금 친일파가 있다면 일본이 좋아서, 일본 음식이 좋아서, 일본 경치와 분위기가 좋아서, 일본에 사는 사람들이 좋아서 그렇다고 말하는 사람들일 것이다. 그런 사람들은 일본에 대해 호의적이거나 친해지고 싶어서 친일파가 된다. 다수가 허상 속에서 비난하는 그 친일파는 모두 저세상으로 떠나고 역사 속에만 있다.

그런데 오늘도 누가 친일파니 하며 비난하는 상황은 놀랍기만 하다. 일본과의 역사에 관해 자기 생각과 다른 이야기를 하면 무조건 친일파가 되고 극단적 비난까지 서슴지 않는다. 일본과의 역사에서 우리가 피해 보았다는 사실을 조금이라도 인정하지 않거나 사실관계가 그렇지 않다고 말하면 그 또한 친일파가 된다. 그 사람이 일본을 좋아하는지, 일본에 관한 생각이 어떤지는 중요하지 않다. 그저 우리에게 강요된 사실을 인정하지 않는다는 것만이 이유다.

이것은 감정일 뿐이다. 누군가가 다른 이야기를 하면 그 이야기가 왜 나왔는지, 그것이 왜 틀렸는지를 알아보려고 노력하는 것이 순서다. 어떤 일은 치열한 논쟁을 통해서 결론을 내야 할 문제일 수도 있다. 하지만 비난을 앞세워 몰아붙이는 상황은 이런 논의조차 불가능하게 만든다. 이럴 때 민주주의는 감정을 소모하는 도구가 된다. 다수의 인식에 따라 소수의 견해는 무시되고 심지어 비난받게 되는 것이다. 다수가 옳지 않을 수 있는데도 옳은 것인 양 간주해버리고 다수의 힘으로 단죄하기까지 한다. 그런 사람은 무조건 잘못된 사람, 비난받아 마땅한 사람으로 몰린다. 다수의 의식인 국민 정서에 반한 언급이고 행동이라서 그렇다.

결국 역사적 사실에 대한 판정에는 사실관계의 진실성보다 정서가 중요하다는 의미다. 이것은 이성이 아니라 감정이다. 역사 인식이 진실한 사실관계에 대한 인정이 아니라 감정에 따라 좌우된다면 그것은 역사를 올바르게 보는 것이 아니라 잘못 보는 것이다. 역사에 관한 판단은 근거와 진실에 바탕을 둔 이성적인 고찰이어야 한다. 이성적인 판단에서 왜곡은 결코 존재할 수 없다.

역사에 관한 인식에는 또 다른 측면이 있다. 피해 본 역사를 되새기고 반성하는 것은 필요한 일이다. 그리고 이것은 다시는 그런 일을 당하지 않아야 한다는 의지와 연결되어야 한다. 하지만 비난만 하고 그것을 극복하기 위해 노력하지 않는다면 과연 무슨 의미가 있을까? 피해를 준 당사자에게 감정을 내뱉음으로써 분노할 수 있을지언정 그들을 이길 수는 없다. 분노하는 이유가 무엇인지 인식하려 들지도 않는다. 왜 분노해야 하는가? 다시는 그런 일을 당하지 않기 위해서가 아닌가?

그렇다면 분노만 하는 것은 정답이 아니다. 우리가 이겨내는 길은 분노에 있지 않다. 그것도 자기의 생각과 감정에 동조하지 않는다는 이유로 분노가 일본이 아니라 지금 우리 국민을 향한다면 이는 더더욱 아니다. 다른 생각을 주장하는 사람이 있으면 그 사람의 이야기도 경청하고 어떤 문제가 있는지 논쟁을 통해 밝힐 수 있어야 한다. 일반 국민뿐 아니라 역사가나 지식인들은 그렇게 서로를 앞에 두고 성숙한 자세로 치열하게 논쟁해서 무엇이 옳은지를 밝혀내야 한다. 그런데 그 역사가라는 사람들이 오히려 국민의 감정을 더욱 자극하는 주장을 하고 있다. 심지어 어떤 사람은 적극적으로 시민운동을 주도하기도 한다.

토론과 논쟁을 통해 합의에 이르는 과정이 가능하지 않은 이유는 명확하다. 대체로 우리가 인식하는 역사적 사실에 대해 반대의 견해를 내는 사람들은 상당한 근거 자료를 대며 자신의 주장이 옳다는 사실을 입증한다. 하지만 불행한 역사에 분노하는 사람들은 이런 근거나 주장을 쳐다보지도, 들어보지도 않으려고 한다. 그것은 어쩌면 자신의 주장이 옳지 않다는 사실을 알고 있어서일지도 모른다. 참으로 안타까운 일이다.

누구든 자신이 살지 않았던 시절에 대해 상반된 주장이 있을 때는 이를 차분히 이해하려고 노력해야 한다. 그나마 내 경우는 할아버지와 할머니가 직접 그 시절을 겪었고, 어린 나이였지만 오래전에 이분들을 통해 들었던 이야기가 기억에 남아 있다. 물론 조부모가 전해준 이야기는 당시 사회를 전부 이해할 수 있을 만큼 광범위하지도 정확하지도 않을 것이다. 그렇다고 해도 내가 교과서에서 배운 당시의 분위기와 조부모의 이야기는 매우 달랐다.

나는 역사학자가 아니고 역사 관련 공부를 해본 적도 없다. 내가 주장하는 바는 이 논쟁이 단순히 감정에 기인한 싸움으로만 점철되어서는 안 된다는 점이다. 우리는 왜 차분하게 다른 두 가지 의견을 주장하며 논의하는 자리를 만들 수 없을까? 다수의 인식과 큰 차이가 있는 견해를 주장하는 소수의 역사학자나 지식인들에게 물어보면 상대측에서 이를 거부한다고 한다. 그러면서 자신들에게 친일파라는 허상의 그림자를 덧씌우고 비난한다고 말한다.

이런 소수의 주장에 대해 나는 주류라고 하는 역사학자들의 견해를 들어볼 기회를 얻지 못했다. 그들은 저서나 언론, SNS를 통해 자신들의 주장만 하고 자신들끼리만 토론할 뿐 생각이 다른 사람들과의 공적인 토론 자리에 나서지 않는다. 비난과 사회적 분란으로까지 이어지는 일본의 식민 지배와 관련된 문제라면 한 번쯤 상반된 주장을 하는 학자들이 모여서 토론해보는 것은 어떨까? 누가 옳고, 누가 그른지는 그런 토론을 통해 판정될 수 있을 것이다. 또한 그런 자리가 마련된다면 비록 결론이 나지 않더라도 그 논의를 지켜보는 사람들이 각자 지금보다는 좀 더 진전된 판단을 하게 될 것이 분명하다.

역사적 사실 중 유독 근대 일본의 식민지 지배에 대한 사람들의 반응은 매우 특별하다. 사실 죽은 사람의 수를 따져보면 오래전 중국의 여러 나라와 벌인 전쟁이나 임진왜란, 병자호란 같은 전쟁에 더 분노하는 것이 옳다. 수탈이라 해도 그때의 수탈이 일본 식민지 때보다 더 지독하고 야만적인 방법으로 자행되었을 것이다.

여기서 한 가지 언급하자면, 일본 식민지 시절 쌀 수탈이 사실이 아니라는 것은 당시 신문 기사를 보면 금방 입증된다. 1930년 9월 20일 〈동아일보〉 기사는 조선에서 수입한 쌀의 단가가 낮아서 일본 농민들이 정부에 항의한다는 사실을 보도하고 있다. '조선 쌀을 못 오도록 통제'라는 제목의 이 기사에는 "외미(外米), 조선미(조선 쌀)의 수입 통제와 일본 쌀 200만 석 매상(買上)을 건의하기로~"라고 되어 있다. 이는 동아일보사 기사 아카이브를 찾아보면 확인할 수 있다.

나는 이 자료를 보고 갸우뚱했다. 이제까지 일본이 식민지 시절 우리 농민이 생산한 쌀을 그냥 약탈한 것으로 알고 있었기 때문이다. 이런 사실을 제법 알고 난 뒤부터는 내가 배우고 알던 내용이 틀릴 수도 있다는 점을 의식할 수밖에 없었다. 그리고 내가 대학원에 다닐 때 돌아가신 외조모가 해주신 이야기와 외조부가 가입했던 일제 식민지 시절의 보험증서 같은 것을 보며 그 의심은 더욱 깊어졌다.

초등학교 시절에는 일본의 만행 같은 것을 아무런 의심 없이 받아들였지만, 집에서 할머니 이야기를 들어보면 그런 만행은 도저히 가슴에 와닿지 않았다. 할머니는 그냥 평범한 보통 사람이고 독립운동가도 친일파도 아니셨는데, 일본 사람들이 진짜로 그랬느냐는 나의 질문에 '안 그랬다'고 단호하게 대답하셨다. 당시 함께 살던 일본인들과의 관계를 유추해볼 때 조선인이나 일본인이나 보통 사람들끼리는 별문제 없이 그저 사람 대 사람으로 잘 살았던 것이 분명해 보인다.

또 하나의 큰 논쟁은 위안부에 관한 것이다. 아직도 많은 국민은 위안부를 일본군에 강제로 끌려간 사람으로 알고 있다. 영화에서는 잘 놀고 있는 어여쁜 10대 소녀를 갑자기 나타난 일본군이 총으로 위협해서 끌고 가는 장면으로 묘사한다. 나도 어릴 때는 그렇게 알고 있었다. 그런데 어느 순간 일부 학자들이 끌려간 위안부가 없다고 주장하는 게 아닌가? 자신이 끌려갔다고 주장하는 할머니들이 200명이나 나온 시점에서 이런 주장은 사실 매우 놀라웠다. 이 학자들은 도대체 무슨 근거로 이런 이야기를 할까 하는 생각이 들 수밖에 없었다.

그래서 찾아보고 공부도 해보았다. 내가 그때의 상황을 전부 다 알지 못하기에 확신할 수는 없다. 하지만 최소한 자발적으로 혹은 부모나 브로커의 달콤한 속임수, 예를 들어 예쁜 옷과 신발을 사준다든지 하는 말에 속아서 간 것이지 총칼로 협박해 납치당한 사실은 없었다. 그리고 여러 자료에서 그들이 봉급 명목으로 돈을 받았음이 입증되고 있다. 이 사실을 알고 난 이후로는 납치가 없었다는, 그래서 위안부는 자발적이었거나 최소한 속아서 간 사람들이라고 주장하는 학자들을 극단적으로 비난하는 사람들을 믿기가 더욱 어려워졌다.

만약 자신의 주장이 옳다면 분노할 것이 아니라 그것이 옳음을 입증하는 연구 자료를 제시하면서 상대방이 그르다는 것을 알리면 되는 일이다. 불행히도 나는 일본에 대해 분노하고 비난만 하는 학자 중에서 누군가가 근거를 제시하는 것을 본 적이 없다. 위안부 운동을 한다는 사람이 그 할머니들을 앞세워 모금한 돈을 사적으로 썼다는 사실이 밝혀졌을 때 그들의, 그리고 그런 주장의 진정성은 없다고 결론지었다.

일본에 저항하던 사람들에게 일본 정부가 심하게 한 것은 의심할 여지가 없다. 그런 사실조차 부인하는 것은 아니다. 그러나 수탈이나 위안부 강제 동원 등의 문제에 대해서는 다른 견해가 있는 만큼 이에 감정적으로 대응함으로써 국민을 혼란스럽게 한다면 잘못된 일이다. 또한 우리가 그런 사실에 분노함으로써 실체적 진실을 제대로 알지 못하거나 오해하는 일이 생긴다면 그런 상황을 올바른 역사 인식이라 할 수는 없다고 본다.

나는 어떤 주제든 이를 연구한 학자들이 한자리에 모여 분노를 자제하고 열심히 자신들의 주장을 펼치며 논쟁할 수 있는 성숙한 모습을 볼 수 있기를 바란다. 그 일들은 아주 먼 옛날 일도 아니기 때문에 현재 우리가 보유하고 있는 자료들로부터 진실의 상당 부분이 밝혀질 것이다. 그렇게 결론이 나면 우리 사회의 혼란도 줄일 수 있을 것이다.

우리는 현재 일본과는 동맹 수준의 협력이 절실한 상황이다. 북한과 중국, 러시아가 우리 바로 위에서 위협하고 있다. 한미동맹이 있다지만, 일본의 협력 없는 북·중·러의 결합에 대항하기 어렵다. 일본도 국가 이익의 측면에서 대한민국이 매우 중요하다. 우리가 친일이라고 비난하는 일과 친일파라는 사람들은 모두 지나간 역사에 대입된 허상일 뿐이다.

역사적 사실에 대한 이견은 성숙한 논의로 결론짓는 것이 마땅하다. 그 외의 모든 친일 논란은 아무 의미가 없다. 역사가 오로지 정치에서만 분노로 승화되는 현실은 서글프기만 하다. 국민에게 '정치는 그렇지만 모두가 차분해지시면 좋겠습니다. 성숙한 모습으로 토론해 봅시다'라고 이야기해야 할지, 정치인들에게 '제발 그러지 마십시오'라고 해야 할지 사실 잘 모르겠다. 왜 그런 이야기를 해야 하느냐는 반론에도 말문이 막힌다. 슬픈 현실이다.

우리가 비난하는 친일파는 이미 다 죽었다. 지나간 역사에 대해 내가 아는 사실과 다른 의견을 제시하는 사람이 있다고 해서 그 사람이 결코 친일파는 아니다. 다만 당시 역사에 대한 견해가 다른 사람일 뿐이다. 그 견해가 옳으냐 아니냐는 근거와 논쟁을 통해 밝히면 될 일이지 분노와 비난으로 해결할 일은 아니다.

아울러 정치가 이런 분노의 역사, 억울한 역사를 이용해서도 안 된다. 성숙한 국민이라면 그런 정치에 이용당해서도 안 된다. 역사는 밝힐 수 있을 만큼 진실에 다가가야 하고, 그것을 이성적으로 받아들이는 자세가 필요하다. 역사는 오늘의 우리와 내일의 우리 후손들이 반면교사 삼아 더 나은 미래를 만드는 데 씨앗이 되는 것으로 충분하다. 분노는 아무런 해결책도 제시하지 못한다. 우리는 과거를 살아서는 안 된다. 현재를 살고, 미래를 향해 살아가야 한다.

자유주의 아르헨티나의 하비에르 밀레이와 도널드 트럼프

> 66 ....
>
> 인간은 자유의지를 가진 존재지만 오랜 세월 지배권력의 억압 속에서
> 살아남기 위해 본능적으로 좌파적 정파성을 키워왔다. 국가에 의한 보
> 호와 수혜는 노예 의식과 이런 정파성을 더욱 강화하였고 사회주의 체
> 제는 최고의 선택으로 여겨지기도 했다. 민주주의가 요구하는 방향은
> 자연스럽게 왼쪽으로 기울어지고, 세상의 실패는 눈에 보일 때까지 계
> 속된다. 자유주의적 사고와 행동이 불가능한 현실인 듯 보이지만 그
> 런 실패가 모두에게 인식될 때 비로소 세상은 바른 방향으로 향한다.
>
> 99

경제 이야기를 할 때마다 나는 답답함을 느낀다. 자유민주주의
시장경제라고 하는 국가의 주류 경제학에서도 사회 전체를 관리하
고 통제하는 데만 초점이 맞춰져 있어서 자유민주주의 시장경제는
정부가 주도해 경제 상황을 관리하는 것을 용인하는 범주 내에서
의 자유시장경제일 뿐이다. 이는 미국이나 유럽이나 한국이나 일
본 모두 마찬가지이며, 심지어 중국과도 다른 점이 없다. 최악의 통
제 국가인 북한에서도 장마당을 허용하는데, 국가 통제가 없다 보
니 그런 음성적 경제가 더 자유시장경제에 근접한다는 사실은 아
이러니하다.

이런 현실을 역으로 깨고 있는 나라가 있다. 바로 아르헨티나다. 오랜 사회주의 경제정책으로 몇십 년 전만 해도 세계 최상위의 경제 대국 중 하나였던 아르헨티나는 끝없는 추락을 거듭해왔다. 그렇게 추락하고 나서야 자각할 수 있다는 것은 슬픈 일이지만 사회주의경제의 추락은 예외 없이 그 결과가 명확하다는 것을 아르헨티나가 잘 보여주었다. 국민은 경제 폭망으로 살인적인 물가상승을 겪게 되고 화폐는 휴지 조각이 되었다. 이때 "썩은 병폐를 도려내겠다"며 출마한 아웃사이더 자유주의 경제학자, 하비에르 밀레이에 아르헨티나 국민이 열광하면서 그는 56%의 득표율로 당선된다.

그는 취임 후 경제회복을 위해 기존의 사회주의적 경제 요소를 깨부수기 시작했다. 심하게 표현해서 '무정부 자유주의자'인 그가 강력한 정부개입이라는 개혁을 통해 아르헨티나를 바꾸고 있다. 사실 이 개입은 자유시장경제를 망친 사회주의를 몰아내기 위한 혁신적 조치이고, 정부 말고는 할 수 있는 주체가 없다는 측면에서 슬프지만 인정해야 하는 불가피한 일이다.

〈동아일보〉 2024년 10월 9일 자 기사를 참조해 그가 펼치고 있는 일들을 정리해보았다. 그는 우선 공무원을 대거 줄이고 있다. 방만한 공공은 대표적인 사회주의적 정책이다. 공공을 최소화하고 민간 주도의 경제 영역을 확대하는 것이 자유시장경제에 부합한다는 사실은 명확하다. 이는 공공의 확대가 결코 세상의 발전에 유익하지 않다는 입증된 사실로도 거부할 명분이 없다. 2024년에는 총 7만 명의 공공 행정기관, 국영기업 직원이 해고되었다고 한다. 이런 공공의 축소는 궁극적으로 국민의 세금 부담을 경감시키는 결과로 돌아온다.

둘째로, 에너지나 교통 요금의 보조금을 대폭 삭감한다. 대중교통 요금과 수도, 가스, 전기요금이 모두 올랐고 휘발유 가격도 지난 1년 사이 150%나 올랐다. 이런 상황임에도 불구하고 밀레이 대통령은 보조금 지급을 거부하는 정책을 펴고 있다. 국민의 삶에 부담이 가지만 이제까지의 잘못된 정책으로 생긴 문제를 해결하기 위한 불가피한 고통으로 받아들여야 할 일이다. 누군가의 돈인 세금으로 누군가의 교통비, 에너지 비용을 부담시킨 결과는 결국 이렇게 경제적으로 어려운 사람들만 더 힘든 사회로 귀결되었다. 그래서 이를 바로 잡기 위한 개혁은 또다시 고통을 감내하게 하지만, 포기하지 않고 꼭 해야만 하는 일이다.

세 번째로, 공공에서 주도하는 건설사업을 대부분 중단했다. 이에 따라 건설산업이 큰 영향을 받고 있지만, 이 또한 공공이 개입된 부분을 축소한다는 측면에서 개혁적이며 미래를 위해 긍정적이다.

가장 민감한 개혁은 은퇴자들의 연금을 동결한 일이다. 이는 물가를 전혀 반영하지 않겠다는 것이므로 실질적으로는 연금의 삭감과 같다. 예를 들어 물가가 100% 오르면 연금은 반으로 줄어드는 것이 된다. 정부가 끊임없이 재정적자를 감수하며 물가 수준을 반영한 연금을 지급할 경우, 그로 인해 다시 물가상승을 초래하기 때문에 문제를 해결하는 방법이 되지 못한다. 그래서 잘못된 세상을 바로잡는 개혁이라면 고통을 감수하고 이렇게 하는 것이 옳다.

학비가 무료인 아르헨티나 공립대학의 재정지원도 동결했다. 야당은 물가상승을 이유로 공립대학 재정지원을 늘리는 법안을 통과시켰지만, 밀레이 대통령은 거부권을 행사해 이를 막았다. 그것이 포퓰리즘이고 선동적이라는 것이 이유인데, 이 말이 옳은 이유는 재정지원의 확대가 다시 물가상승을 유발하고 그 재정지원이 결국 아무런 효과를 내지 못한다는 사실 때문이다. 그로 인해 해결되는 문제 또한 아무것도 없다. 오히려 기존에 있던 문제들을 더욱 악화시키기만 한다.

마지막으로, 왜곡된 통화가치를 평가절하함으로써 안정된 통화정책의 기틀을 마련하기 시작했다. 페소 가치가 하락했지만 더 이상 왜곡이 생기지 않도록 실질 가치와 표면적인 가치가 일치되도록 만드는 정책이다.

사실 이런 개혁 상황에서의 혼란과 고통은 그 원인이 이전 정책들에 있는데도 국민은 당장 그 문제들이 현재 개혁을 주도하는 사람들로 인해 생긴다고 오해한다. 대한민국의 윤석열 정부에서 보였던 경제적 상황과 결과들도 대체로 이전 정권의 잘못된 정책들에서 비롯된 것이 많다. 가장 대표적인 것이 물가다. 사람들은 윤 정부 들어서 물가가 오르니 이번 정부의 잘못이라고 생각하지만, 경제정책의 효과는 일정 기간을 두고 발생하는 것이지 그 정책을 시행하는 즉시 생기지 않는다. 코로나 시절 국민 지원이라는 명목으로 엄청난 재정을 투입한 것이 이후 물가 및 자산가치 상승의 근본 원인이다. 아울러 전 국민을 대상으로 한 포퓰리즘적 현금 살포는 돈 많은 사람들에게는 물가상승과 상쇄되어 특별한 이익을 주지도 않았고 돈 없는 어려운 사람들에게는 미래의 고통을 안겨주었다.

이런 식의 현금 살포는 부동산 같은 자산을 보유한 사람들에게 는 큰 이익을 안겨주었지만, 그들 또한 물가상승분을 제외한 만큼 만 이익을 얻게 된다. 현금을 많이 보유한 연예인들이 어디 건물 을 사서 큰 이익을 남기고 팔았다는 뉴스는 이런 상황을 잘 보여준 다. 결국 어려운 사람들을 위한다는 정부의 현금 살포는 정말 해서 는 안 될 최악의 정책인데도 여전히 사라지지 않고 있으며, 그런 정 치인을 지지하는 사람들이 아직 많다는 사실은 정의롭지 못한 세상 을 잘 설명한다.

밀레이 대통령의 주도로 이루어지는 급진적 개혁으로 아르헨티 나 경제가 좋아지고 있을까? 당장은 전혀 그렇지 않다. 경제성장률 은 여전히 마이너스이고, 연간 물가상승률은 200%가 넘으며, 빈곤 율은 더 치솟고 있다고 한다. 당연하다. 이런 문제는 그전까지의 잘 못된 정책으로 인해 초래된 아픈 부위를 수술하고 고치는 과정에서 생기는 출혈과도 같다. 이를 입증하는 것이 주식시장이다. 2024년 아르헨티나의 주가지수는 80% 넘게 치솟았다고 한다. 해외자본이 밀레이 대통령이 벌이는 '자유주의 경제 실험'에 호응하고 있다는 의미다. 한마디로 미래가 좋아질 것이라는 판단에 따라 해외에서 자본이 몰려드는 것이다.

정부가 재정을 늘려 경제를 부양하는 일만큼 쉬운 것도 없다. 돈 을 뿌려서 하지 못할 일이 무엇이겠는가? 부채로 쌓아두며 끊임없이 국민에게 뿌려대는 것은 정권이 인기를 얻기 위한 최고의 방법이다. 그로 인해 향후 문제가 생길 것이 뻔하지만, 그때 정부는 이미 그들의 정부가 아니다. 욕먹는 일은 미래 정부가 감당할 일이 되어버린다. 나쁜 정치는 자신들의 정권 야욕을 위해 이를 이용하지만, 양심 있는 정치는 국민의 이해를 구하지 못하더라도 미래를 생각하며 자제한다.

밀레이의 목표는 재정적자를 제로로 만드는 것이라고 한다. 감당하지도 못할 정부 부채의 지속적 증가는 파멸로 가는 길이다. 부채는 생산을 통한 부가가치의 창출이 감당할 수 있는 범위 내에서 관리되어야 한다. 포퓰리즘이나 정권의 이익을 목적으로 이용되어서는 안 되며 이는 국민을 기만하는 범죄와 다름없다. 대체로 약자와 어려운 사람들을 돕겠다는 명분을 내세우는 정부가 이런 일에 더 적극적이다. 이 일이 결코 그들을 돕지 못하며 나락으로 떨어뜨리는데도 말이다.

아르헨티나는 지난 123년 동안 112년이나 재정적자를 기록했다고 한다. 포퓰리즘 정책을 위한 퍼주기 예산을 확보하려고 대책 없이 화폐를 찍어내니 물가가 천정부지로 오르고 경제위기가 오는 것은 당연하다. 또한 그들의 경제위기는 그간 아르헨티나의 대표적 좌파 정권의 근간인 페론주의 정치인들의 무모한 공공지출 확대 때문이기도 하다.

밀레이 대통령의 개혁은 매우 급진적이다. 그렇게 하지 않으면 해결할 수 없다고 확신하는 듯하다. 개혁으로 인해 당장은 엄청난 어려움이 초래되고 있지만, 재정의 흑자는 달성되고 있다고 한다. 방향은 제대로 가고 있다는 이야기다. 재정 축소는 경기에는 부정적이다. 그러다 보니 국민의 반발과 시위가 점차 커지는 듯하다. 급격한 긴축정책은 중산층의 고통을 더욱 가중한다. 당장은 빈곤율도 높아진다. 자산이나 저축이 없는 사람들이 경기가 안 좋아지면 살기 힘든 것은 당연한 일이다. 일자리는 줄어들고 실질적인 급여 삭감이나 연금 삭감은 국민의 고통을 불러온다. 결국 많은 수의 중산층이 빈곤층으로 떨어지고 만다.

하지만 금융시장이나 주식시장의 반응에서 보듯 지금의 고통을 감수할 수밖에 없는 것이 아르헨티나 국민의 현실이다. 그리고 이런 고통을 겪지 않고 상황을 반전시키는 길은 존재하지 않는다. 재정적자 제로 정책은 페소화의 안정에 기여하고, 화폐가치의 안정은 외국인 투자자의 투자 위험을 줄인다. 아울러 은행 금리의 하락과 안정화는 대출 시장의 불안감을 없애는 요인이 된다. 거시적 경제 차원에서 모든 것이 정상으로 돌아가고 있다.

200%, 300% 물가상승이라면 가히 지옥 같은 세상이다. 이것이 2025년에는 18% 정도까지 안정될 것이라는 예상이 나오고 있다. 연 물가상승률 18%라면 정상적인 숫자는 아니다. 하지만 아르헨티나가 개혁 1, 2년 만에 이룬 숫자라면 이는 획기적이고도 성공적인 것이 틀림없다. 문제는 그 시간을 아르헨티나 국민이 버텨줄 수 있느냐다. 우리나라도 1997년 IMF 국제통화기금의 지원을 받는 경제 위기 상황에서 많은 저항이 있었지만 국민이 잘 견뎌냈다. 사실 그

때의 위기 상황에서 김대중이라는 정치인이 대통령이었다는 사실은 우리에게 큰 의미가 있다. 경제위기 상황에서의 국가적 혁신은 좌파 성향 대중의 큰 저항을 받게 된다. 그러나 그런 성향의 국민이 크게 지지하던 사람이 때마침 대통령이 된 것은 우리나라의 행운이었다고 나는 생각한다. 당시 대통령이 이명박이나 박근혜였다면 아마 탄핵은 2017년이 아니라 1999년에 최초로 이루어졌을지도 모른다.

아르헨티나 국민의 저항이 점점 커지고 있다고 한다. 밀레이 대통령이 소속된 제3정당의 하원 의석수는 15% 정도에 불과하다. 의회 결의를 거부권으로 버텼던 윤석열 대통령과 처지가 비슷해 보인다. 현재의 고통은 미래를 위해 불가피하다는 사실, 그 고통의 주범은 현재의 개혁이 아니라 과거의 잘못된 정책이며 달콤한 포퓰리즘 때문이라는 사실을 다수의 국민이 받아들일 때 아르헨티나의 개혁은 성공적으로 완수될 것이다. 나는 밀레이의 자유주의적 개혁이 아르헨티나 국민의 미래에 축복이 되기를 바란다.

경제정책이 가장 체계적이고 안정적으로 운영되는 나라는 단연 미국이다. 미국 화폐인 달러는 다른 어느 나라도 넘보기 힘든 세계의 기축통화 자리를 굳건히 차지하고 있다. 세상이 망해도 맨 마지막에 망할 나라가 미국이라는 사실을 부인할 사람은 없다. 미국의 연방준비제도가 정하는 이자율은 모든 나라의 이자율 결정의 기초가 된다. 미국 경제와 그 정책들이 세계경제를 지배하고 있다고 해도 과언이 아니다.

미국 정치의 양자인 공화당과 민주당 중에서 보수주의적 이념에 근간을 둔 정당은 공화당이다. 민주당을 좌파적이라고 하지만 근본적으로 그들은 미국의 건국 정신과 애국 보수적 뿌리를 부정하지 않으며, 자유와 개인에 대한 이념적 사고는 공화당보다 진보적이다. 대한민국 좌파의 수준과 정도를 잘 아는 나로서는 미국 민주당을 좌파라고 생각지 않는다. 한국의 보수당이라는 국민의힘이 정책 측면에서 미국 민주당보다 더 좌파적 성향을 드러내는 부분도 많다. 한국의 민주당은 진보라고 말하기엔 부끄러울 정도이며, 그들의 정책은 대부분 세상을 퇴보시키는 데 일조할 만큼 포퓰리즘과 좌파성이 매우 강하다.

미국 공화당의 보수주의적 근간은 매우 명확하다. 미국 보수주의는 내가 주장하는 자유주의 이념의 근간을 모두 함의하고 있다. 그런 정당에서 나온 트럼프 대통령은 좀 특이하다. 미국이 전 세계를 향해 쓰고 있는 돈을 이야기하며 자유 진영 국가들에서 발생하는 미국의 손실을 감수하지 않겠다고 말한다. 대한민국은 잘사는 나라라면서 형편없이 불공평해 보이는 방위비에 대해서도 불평한다. 다분히 미국 국민을 향해 국익을 위해 일한다는 모습을 보이고자 하는 의도적 발언이다. 북한에 대해서는 핵을 포기하라는 기본 정책을 바꿀 것으로 보이지는 않지만, 그 지도자와 자기가 잘 이야기할 수 있는 상대이며 자신만이 그 문제를 해결할 수 있는 적임자라고 주장한다. 정치인으로서 이런 이야기는 얼마든지 할 수 있지만, 이제까지 보아온 미국 보수주의자의 모습으로는 참으로 파격적이다.

문제는 이런 정치적 발언에 있지 않다. 자국 이익을 위한 반자유주의, 폐쇄적이고도 국가주의적인 발언에 문제가 있다. 그는 걸핏하면 관세를 이야기한다. 안보적 측면에서 매우 민감한 화웨이 장비 문제는 국가 차원의 생존과 직결되는 문제이니 이해가 된다. 반도체나 고급 기술 관련 정책도 인정할 수 있겠다. 하지만 중국에서 생산된 물건에 대해 높은 관세를 붙이겠다는 것과 나토를 탈퇴하겠다든지 심지어 인접한 캐나다와 멕시코에 관세를 부과하겠다고 하는 것은 얼핏 보면 미국에 수출하는 다른 나라들에 큰 타격을 주는 것처럼 보이지만, 이 타격은 수입하는 미국에도 똑같은 타격으로 되돌아온다.

수입된 다른 나라 물건의 미국 내 가격은 관세로 인해 높아진다. 개방된 자유시장에서 거래하면 싸고 저렴한 물건을 소비할 수 있는 미국 소비자로서는 대체상품이 없는 한 비싼 가격으로 구매해야 한다. 그렇게 지급된 가격이 다른 나라의 이익으로 돌아가는 것도 아니다. 그 돈은 미국 정부가 가져가는 세금과 같은 것이다. 자유시장경제, 보수와 자유주의의 기본 이념조차도 국가이익과 현실정치의 벽 앞에서는 흔들릴 수 있음을 잘 보여준다. 극단적인 자국 이익 우선주의다. 실제로는 미국에도 그다지 이익이 되는 일이 아님에도 말이다.

나는 미국의 보수정당에서 선출된 대통령 후보가 아무리 지지자들과 미국 국민의 표를 의식한 발언이라 해도 도를 넘었다는 생각을

지울 수가 없다. '트럼프는 지독한 현실주의자'라고 정의하는 것만
이 그를 이해할 수 있는 유일한 길이다. 현실주의자는 반시장적, 반
자유주의적일 수밖에 없다. 특정 집단의 이익을 위한 현실에만 몰
두하기 때문이다. 이런 면만 보면 미국 민주당이 더 자유주의적이
다. 좌파 우파로 따지자니 매우 혼란스럽다. 미국 민주당이 복지나
포퓰리즘 측면에서는 좌파적이라고 해도 자유시장과 배치되는 부
분은 차라리 적어 보인다.

몇 년 전 트럼프가 대통령이 되어 우리나라를 방문했을 때 나는
그가 국회에서 하는 연설을 듣고 감동했다. 물론 백악관의 훌륭한
연설 담당 보좌관이 작성한 것이었겠지만, 문장 하나하나에 자유와
개인, 인권을 향한 메시지가 흠잡을 데 없이 적시되어 있었다. 하지
만 민주주의 체제에서는 그런 트럼프도 대중을 향한 메시지가 국가
와 국민의 이익을 향해 기울어지지 않으면 안 되는 것이 현실이다.

사람들 마음속의 좌파적 정파성은 자신의 이기심과 이익에 관해
서는 우세한 인자다. 개개인과 이야기할 때는 노출하기 힘든 이 정
파성은 전체가 될 때 쉽게 발현된다. 이는 모든 사람에게서 나타나
는 공통적 인간의 본성이다. 뒤에서 다시 언급하겠지만 한국 보수
당도 이런 정파성을 끊어내지 못하고 있다. 우버 같은 사업이 나오
자 택시 기사들이 반발하니 당시 정치인들은 택시 기사들의 입장
을 옹호했고 결국 이 나라에서 우버 서비스는 없어졌다. 세계 어디
를 가도 우버 혹은 그랩이라는 명칭의 발전된 서비스가 있고 소비
자들의 편의성이 매우 높아졌지만, 대한민국에는 이런 서비스가 존

재하지 않는다. 국민의 지지를 받아야 하는 대한민국 정치인들의 처지에서 자유주의적·보수주의적 이념을 근간으로 자기 생각을 내세우는 것은 정치에서의 퇴출과도 같다는 사정이 이런 상황을 만드는 것이다.

트럼프는 그런 이익집단을 옹호하고 있다. 그가 재집권했지만 실제로 모든 일을 그렇게 하지는 않을 것이다. 하지만 이런 사실은 정치지도자가 어떤 모습을 보이는 게 옳은지에 대해 많은 생각을 하게 한다. 이에 대한 나의 견해는 명확하다. 단순히 지지율에만 매달린다면 포퓰리즘만큼 좋은 선동도 없다. 국민의 이해 정도와 수준에 맞춘 나눔과 베풀기 정치를 잘 실행한다면 권력을 쟁취하는 데 그보다 더 유용한 방법은 없을 것이다. 하지만 국민 눈높이에 맞추어 실행되는 정책은 어떤 집단의 이기심은 충족시킬 수 있지만 다른 국민에게는 손실로 귀결된다. 아울러 그 순간 이익을 얻는 국민조차 궁극적으로 더 힘들어지는 결과를 초래한다.

진정 나라와 국민을 위하는 정치인이라면 그래서는 안 된다. 아르헨티나처럼 다 망하고 나서야 겨우 정신 차리는 상황이라면 너무 참담하지 않겠는가? 참된 정치는 국민 눈높이에 맞추는 것이 아니라 국민 눈높이를 높이는 행동이어야 한다. 국가 지도자라면 국민을 잘 설득하고 이해시켜 눈높이를 높일 수 있는 역량을 갖춘 사람이어야 할 것이다.

CHAPTER THREE

마음속 이야기

- 민주화 시대의 국민
그리고 정치 현실

1.
국민 이야기

전근대성과 도덕

66 ··

도덕률에 기대어 선악을 구별하려는 행동은 가치에 관한 이념적 공고함이 없는 사회에서 나타나는 전형적 현상이다. 가치 투쟁은 선악의 문제가 아니며 도덕으로 판단할 일도 아니다. 가치에 관한 판단에서 자신이 삼인칭 전지적 시점에 존재한다고 착각하는 것은 우월감이 아니라면 비겁함이다. 도덕에서는 판관이 필요할지 몰라도 가치 투쟁에서는 세상 누구도 제삼자일 수 없다. 도덕은 매우 이성적인 것처럼 여겨지지만 실상은 감정과 가깝다. 이념은 이성과 동지다. 도덕률에 기댄다면 부도덕한 자들을 이기지 못한다. 이념과 도덕을 구분하지 못하는 사회는 부도덕을 이용해 이기려고 하거나 도덕만을 고집하며 패배하기만 하는 아수라장이 될 것이다.

·· 99

우리 국민이 아직도 여러 가지 측면에서 전근대성을 벗어나지 못했다고 말한다면 아마 그 비난은 상상을 초월할 듯하다. K-○○ 열풍으로 전 세계 사람들이 대한민국에 열광하는 이 시절에 우리가 여전히 전근대적이라고 주장하면 정신 나간 사람으로 치부되어도 전혀 이상하지 않다. 하지만 나는 대한민국 현실 곳곳에서 전근대적 미성숙을 자주 본다.

전근대성이라는 관점에서 우리나라 사람들의 가장 큰 문제는 상대방에 대한 배려심이다. 아마도 많은 분이 이게 무슨 소리냐고 할지 모르겠다. 약하고 어려운 사람들을 돕자는 이야기는 다른 나라 사람들보다 더 많이 하고, 정부가 나서서 그렇게 하는 데도 아무런 이의를 제기하지 않는다. 유교의 영향이라지만 어른들을 공경하는 마음 또한 여전히 사회 전반에 깔려 있다. 장애인들이 지하철 운행을 막고 사람들을 불편하게 만드는 수준이 되어서야 겨우 불편한 심정을 내뱉는 정도다. 길 가던 할머니를 도왔다는 미담, 쓰러진 사람을 외면하지 않고 응급처치를 했다는 미담, 길거리에 떨어져 있던 돈을 주워 경찰서에 신고했다는 미담 등 따뜻한 일들이 참으로 많다.

하지만 이는 상대가 약자이거나 어려운 사람들이기에 생긴 감정 때문이며, 자신을 향한 착하고 정의로운 마음으로 인해 가능한 일이다. 만약 상대가 약자도 아니고 어려운 사람도 아니라면 자세와 태도가 달라진다. 때에 따라 다른 인간의 이런 태도를 이중성이라고 말한다면 그다지 틀린 이야기도 아니다.

골목길에서 마주 오는 사람을 위해 미리 충분히 옆으로 비켜서서 양보하지도 않는다. 거의 부딪힐 듯 다가와서야, 부딪히기 일보 직전에 최소한으로 비켜나는 그런 심리만 있다. 혼잡한 지하철에서 타고 내릴 때 문 근처에 서 있는 사람은 안쪽에서 내리는 사람들을 위해 잠시 내렸다 다시 승차해도 되지만 이를 실천하는 사람은 은 드물다. 내리는 사람들을 위해 출입문 양쪽 끝에서 과할 정도로 비켜서면 그만큼 빨리 내릴 수 있고 자신도 타인과의 육체적 충돌 없이 승차할 수 있겠지만 그렇게 하지 않는다. 여전히 많은 사람이 내리기도 전에 밀고 들어가서 타는 것이 현실이다. 혼잡한 버스나 지하철에서 배낭을 앞으로 메는 것은 다른 사람들의 불편함을 줄여주는 배려지만 이 역시 실천하는 사람은 적다. 노인이 앞에 힘들게 서 있어도 앉아서 휴대전화만 보는 청년들도 있다.

홍대나 건대 인근 지역의 식당과 유흥가가 밀집된 곳을 가보면 구석진 곳에는 언제나 마시던 커피 음료 용기가 내용물이 담긴 채 버려져 있다. 담배꽁초 쓰레기는 30~40년 전과 비교해도 별반 나아진 것이 없다. 도로 배수용 맨홀 구멍에는 담배꽁초가 없는 곳이 드물다. 우산을 들고 계단을 오를 때 뒤에서 올라오는 사람을 생각해서 우산 끝을 아래로 향하게 하거나 자기 앞으로 살짝 향하게 하는 배려까진 기대하지 않는 편이 낫다.

'오늘 밤 보름달이 슈퍼문'이라며 소원을 빌자는 이야기가 기사로 나오는 것을 단순히 재미로 받아들이기에는 마음이 무겁다. 21세기에 무당굿으로 돈을 사기당했다는 기사가 나오기도 하고, 300년 전 조선의 의학책이 얼마나 발전적인지는 몰라도 아직까지 그 효능이 있는 듯하다.

전근대성이란 세상의 발전에 따라오지 못하는 사람들의 지식 혹은 인식의 부족을 뜻한다. 무당굿까지는 아니더라도 이런 전근대성은 발전된 과학기술에 대한 이해 부족에서 기인하는 경우가 많다. 전자파는 거리의 제곱에 반비례하기 때문에 100m가 떨어진 곳에서는 1만분의 1로 감소한다. 사드 전자파가 아무리 강력하다 해도 1km 떨어진 지점의 민가에 주는 영향은 주방에 있는 전자레인지의 영향보다 크지 않다. 북한이 미국을 향해 발사하는 ICBM은 만주 벌판이나 러시아 극동지방을 향해야 한다. 지구가 둥글기 때문에 미국을 향한 최단 거리는 그 방향이다. 그래서 경북 성주에 있는 사드는 미국을 향하는 미사일을 방어하기 위한 것이 아닌데도 그런 오해를 한다. 물론 정치적 선동이 개입되어 생긴 일이고, 그것은 다수의 보통 국민을 기만하는 매우 나쁜 선동이다.

어느 시대든 인간에게는 전근대성이 존재한다. 하지만 그것을 깨우치고 자각해 얼마만큼 개인으로 바로 서느냐 하는 것이 그 시대 사람들의 성숙도를 결정한다. 지식의 부족이 근본적인 문제지만, 감정의 개입이 인식과 자각을 방해하는 것이 더 큰 문제다. 전근대성의 극복이 힘든 이유는 전체 속에서 결속된 믿음, 감정이 주도하는 인간의 사고 그리고 자신이 주인이라는 민주 의식의 총화가 지배하기 때문이다.

도덕 또한 마찬가지다. 앞에 언급한 사람들의 자세와 태도는 존중과 배려심의 결여 정도와 그 수준을 잘 보여준다. 이는 개인에 대한 자각과 책임 의식의 부족이다. 개인을 대하는 이런 태도는 전체가 되면 심각한 수준으로 변화하게 된다. 서로 죽일 듯이 싸우는 상황은 전혀 이상하지 않다. 전체 속에 숨은 개인은 혼자일 때는 말할 수 없었던 모든 이야기를 전체의 목소리에 넣어 배출한다. 민주화는 여기서 촉매제와 같다. 내가 주인이니까 아무런 거리낌 없이 말하는 것은 권리가 된다. 그것이 어떤 말인지는 중요하지 않다. 친근감과 배려는 잘 아는 사람들과 그렇지 않은 사람들에게서 극명하게 이중성을 띠고, 모르는 다수에 대한 배려 따위는 존재하지 않는다. 이 모든 것이 개인에 대한 자각의 부족이고, 그로 인해 책임 의식이 발현되지 않기 때문이다.

조선은 유교와 도덕으로 포장된 국가였을 뿐 도덕적이었다고 말할 수 없다. 충(忠)은 정치에 종속된 요소이지만, 종종 충에 반하는 일이 생겨도 얼마든지 정당화된다. 그나마 잘 지켜진 것은 효(孝)라고 할 수 있다. 하지만 당시 사회에서의 도덕심은 도덕이라고 말하기에도 참담한 수준이었을 것이다. 도둑질과 사기가 일상이고, 권력의 횡포로 인한 폭력과 강탈은 일반 백성이 견디기 힘든 수준이었다. 비단 조선이라는 나라만 그러했던 것은 아니다. 세계 모든 나라가 큰 차이가 없었을 것이다.

하지만 중세 이후 서양은 소규모 영주들이 상인들과 결탁해 권력을 나눔으로써 시장이 정상적으로 발전하게 되고 근대적 형태의 사회 모습을 갖추기 시작했다. 아울러 산업혁명 같은 기술의 발전은 근대라는 새로운 차원의 세상을 만들어가는 데 결정적 계기가 되었다. 권력의 배분과 시장의 발현, 기술의 발전과 함께한 시민의식의 성숙은 사람들의 부도덕과 위선을 제지하는 데 크게 이바지했다.

시민의식의 성숙과 함께 권력 집단의 의식 변화는 개별 국가의 발전 정도에 큰 차이를 초래했다. 미국의 예는 서양의 근대성 확립에서 대표적인 사례라고 할 수 있다. 여러 다른 관점이 있을 수 있으나 자유와 개인에 대한 인식을 통한 민주국가의 시초는 미국이라 해도 과언이 아니다. 기술의 혁신과 상업의 발달이 유럽 여러 나라를 제국으로 만들었고 그들도 근대성을 확립해 나갔지만, 진정한 의미에서 최초의 자유 민주국가는 미국이다.

같은 시각에서 일본의 근대 역사를 보면 참으로 대단하다는 생각이 든다. 나는 몇 년 전 메이지유신 시대의 인물들을 공부하는 모임에 참여해서 세 차례에 걸쳐 일본 근대 역사를 탐방하는 기회를 가졌다. 그 직전에는 메이지 시대 일본의 변혁에 관한 여러 문헌을 읽으며 그 시대의 일본을 이해하려고 노력했다.

일본의 개혁은 보통 사람들의 시민혁명이 아니라 상류 기득권인 지식인층의 자각에서 비롯했다. 우리가 사무라이라고 칭하는 주도 세력은 자신들과는 차원이 다른 서구 열강의 모습을 보고 자각하기 시작했다. 여기에 허상과 같은 자존심은 어디에도 보이지 않는다. 그들은 젊은 미래 유망주들을 세계 각지로 보내 서양의 문물을 배우게 하고 자신들이 나아갈 길을 정립했다. 물론 이 길이 모두 같은 생각으로 쉽게 합의된 일은 아니었다. 그런 와중에 현실을 그대로 지키려는 보수적 의식과 진보·개혁을 향한 의지가 충돌하면서 많은 피바람이 일었다. 이는 불행한 일이지만 인류 역사의 진보 과정에서는 필연적이다. 피를 흘리지 않고 이루어진 역사는 단 한 번도 없었기 때문이다. 일본은 그렇게 개혁을 이룬다. 그리고 단숨에 서양을 따라잡게 된다.

조선에도 개혁주의자들이 있었다. 하지만 그들의 힘은 오랜 유교 사상과 탐욕으로 지배해온 기득권의 힘을 이겨내기에는 턱없이 부족했다. 또한 왕권 중심의 귀족사회에서 이런 변화를 이루어내기는 불가능했고 시민사회의 형성은 꿈에서도 가능한 일이 아니었다. 유럽 국가들은 소규모 영주들이 권력의 중심에 있는 연합체였고, 일본도 천황이 있지만 지역별로 영주들이 사무라이라는 귀족을 각자 규합한 형태였기에 자의에 의한 사회변혁이 가능했다. 왕권 중심의 강력한 전제정치 구조는 절대적으로 근대화에 장애가 된다. 청나라가 몰락한 가장 큰 이유도 이것이다.

일본은 20세기 초 러시아 함대와 싸워 이긴 나라다. 1920년대 초에는 세계 최초로 항공모함을 실전 배치했다. 그런데 당시 조선은 어떤 나라였던가? 일제 식민지 전만 해도 아마 그보다 200년 전인 산업혁명 이전의 유럽 상황과 별반 다르지 않았다. 옆 나라 일본이 전함을 만들고 비행기를 날리던 시절에 조선의 형편은 그러했다.

조선은 시민의식의 성숙이란 것이 가능한 나라가 아니었다. 시민의식을 교육할 기관도 없었으며 여건도 마련되지 않았다. 근대적인 교육은 일본 식민지 시대에 와서야 그나마 시작되었다. 하지만 해방과 더불어 일제 잔재의 청산은 결과적으로 우리에게 도움이 되는 잔재들조차 부정하게 만들고 나라의 발전에 부정적 요소로 작용하게 된다.

이런 분위기는 지금까지도 자취가 남아 있다. 과거를 부정하고 감정을 내세운 자존심으로 인해 개인의 자각을 통한 시민의식의 발현은 언제나 뒷전으로 밀린다. 전체로 뭉쳐 예전에 당했던 억울함에 대한 감정풀이만 만연해 있다. 과거를 이겨내고 극복하자는 말은 손가락질의 대상이 되고 심지어 역적 취급을 받는다. 감정을 자극하는 정치적 선동에 역사가 이용되는 대표적 사례가 친일파 논란이다.

전근대를 극복해내지 못하는 이유는 과거에서 벗어나지 못하는 허약함에도 있다. 여기에 적대적 감정을 부각하고 억울함을 달래주는 사회 전체의 모습은 개인을 인식하는 데 큰 장애가 된다. 개인의 자각이 부족한 사람들이 많은 사회에서는 도덕이 제대로 작동하는 것을 바랄 수 없다. 그나마 사회시스템이 안정되고, 겉으로는 법치가 확립되었으며, 선진국 수준으로 잘살게 되었다는 사실이 그 도덕률을 어길 만한 동인을 많이 제거해준 것은 다행이다.

외국인들이 감탄한다는 모습, 즉 휴대전화를 식당이나 카페 탁자 위에 그냥 두어도 아무도 가져가지 않는 현상은 그래서 가능하다. 눈에 보이는 도둑질처럼 남들에게 지탄받을 만한 행위는 상대적으로 거의 없어졌지만 남을 속여서 이익을 얻는 사기는 여전하다. 굳이 범죄로서의 사기까지는 아니더라도 계약관계가 진솔하게 이행되지 못하는 경우는 여전히 많다. 더하여 그 계약이 전체의 이해와 맞물릴 때 의미를 잃어버리는 것은 정의로움이 되기도 한다.

도덕성이 무척 강해 보이는 국민이 도덕적으로 문제가 드러난 정치인을 지지하는 것은 이상한 일이다. 그 정치가 자신의 이익과 관련된 일이라서 그렇다면 이해할 만하지만, 그렇지 않은데도 부도덕에 눈감고 모른 척하는 차원을 넘어 옹호하고 지지하는 것은 참 놀랍다. 전체 속에 숨은 개인이라는 안도감이 그 첫 번째 이유일 것이며, 자기도 도덕적이지 않다는 사실을 인정하는 마음으로부터의 자백이 두 번째 이유일 것이다.

그런 사람들이 단지 자신의 감정만으로 누군가 다른 이를 비난하는 것 또한 신기한 일이다. 자신의 부도덕을 가리고 심리적 보상을 받는 행동인지는 모르겠지만, 범죄에는 관용을 보이면서 불합리해 보이는 행동에는 가차 없는 사람들의 모습은 비록 그것이 정치 영역에서의 문제라 해도 이해하기 힘들다.

오늘날 한국 사회의 전근대와 부도덕에 대한 관용은 개인의 자각과 의식의 변화에 큰 걸림돌이 되고 있다. 자존심과 이기심이 전체에서 동기화되고, 이것들이 과거와 결합해 개인의 소멸을 자초하고 있다. 고무적이고 희망적인 것은 MZ라고 불리는 젊은 세대에게서 기성세대와는 다른 개인화 현상이 두드러진다는 사실이다. 비록 이 젊은이들의 자유와 개인에 대한 인식이 체계적 교육에 의한 것이 아니라 해도 젊은이들부터 개인에 대한 자각이 점점 더 이루어지고 있다는 사실은 우리의 미래를 위해 다행한 일이다.

자각을 통한 개인의 책임 의식 확립은 이기적 모습을 제어하기 위해 꼭 필요하다. 하지만 나는 젊은이들이 과연 지금의 세상을 변화시킬 수 있을지 아직 자신할 수가 없다. 그렇다고 해도 세상은 나아질 것이라는 희망을 버리지는 않을 것이다.

계엄과 탄핵 그리고 국민정서법, 국민감정법

> 66 ....
>
> 공화제 국가의 위임된 권력을 언제든 탄핵할 수 있는 현실은 대중
> 민주주의의 불행이다. 이는 현대 국가가 직접민주주의를 채택할 수
> 없다는 당위성조차 부정하며 오로지 힘이 지배하는 세상으로 나아
> 간다. 민주주의의 도구가 된 선동과 세뇌는 국민감정을 자극하고,
> 그 감정이 다수가 되었을 때 법치는 무용지물이 된다. 그런 야만의
> 세상이 민주주의와 함께 지금 우리 앞에 있다.
>
> 99

내가 이 책을 한참 쓰고 있던 2024년 12월 3일, 놀라운 사건이 벌
어졌다. 누구도 상상조차 하지 못했던 윤석열 대통령의 계엄령 선
포가 그것이다. 이 사건은 중장년층 이상 대부분의 국민에게 40년
도 더 된 1980년의 기억을 떠올리게 하기에 충분했다. 보통 사람의
생각으로는 이해하기 힘든 이 사건은 단 몇 시간 만에 막을 내렸지
만, 국민의 충격은 매우 컸다.

사람들은 모두 계엄이라는 상황이 주는 두려움에 신경이 곤두선
듯 보였다. 여기에 야당이나 언론의 선동적이고도 과한 군홧발, 총
칼, 장갑차 같은 표현은 도저히 특수부대라고는 상상하기 힘들 정
도로 이상한 계엄군의 행동과 어울리지 않았음에도 국민의 마음을

자극하기에 충분했다. 국회가 의결하면 당장 해제해야 하는 것이 계엄이므로 대통령의 거사(?)는 싱겁게 끝나버렸다. 군대의 어설픈 행동은 그것이 처음부터 대통령이나 국방부 장관의 의도였는지, 아니면 부대를 지휘하는 장군들의 적당한 임무 조절 혹은 항명이었는지에 대해서는 논란이 있고 조금씩 진실이 밝혀지고 있다.

만약 대통령의 의도가 강력한 국회 통제였다면 우리는 민주화에 동화된 군대의 실체를 본 것이다. 그 상황은 민주화의 힘을 거역하지 못한 군 지도부의 항명이라고 해야 할 것이며, 지휘관들의 태도는 어깨에 달린 별이 부끄러울 정도였다. 구속된 어느 지휘관은 변명과 말 바꾸기로 일관하고, 자신이 정의로움으로 대통령의 명령을 거부하려 했지만 어쩔 수 없었던 것처럼 말하기도 했다. 민주화 시대라고 하지만 군인들의 명령 거부는 그 명령이 정의롭든 아니든 군인으로서는 명백히 잘못된 일이다. 군대는 명령에 대해 가치판단을 해서는 안 되는 존재다. 상관의 명령을 자신의 가치 기준에 따라 따를 수도, 따르지 않을 수도 있는 군인은 군인이 아니며 그런 군대도 군대가 아니다. 군인은 그 어떤 명령이라도 따라야 한다.

사실관계를 떠나 해병대 채 상병 사건의 본질도 그런 문제였다. 만약 전쟁에서 군대 지휘관이 자신의 신념이나 정의로움으로 가치판단을 한다면 명령 불복종은 일상이 된다. 군대가 선택의 문제로 고민하게 되면 승리보다는 살아남는 것만이 최선이고 그런 군대는 필패다. 민주화 시대가 아니더라도 군대가 일반 국민과 충돌해서는 안 되지만, 군대가 명령을 거부하는 것 또한 어느 시대에나 결코 있어서는 안 될 일이다. 이런 군대는 적과의 전투에서 결코 승리할 수 없다.

헌법재판소의 재판이 진행되면서 이상한 계엄 상황이 이해되기 시작했다. 대통령의 말과는 다른 관련자들의 증언은 대체로 전체 상황을 이해하는 데 어렵지 않아 보였다. 확신할 수는 없지만, 누가 거짓말을 하는지도 어느 정도 짐작이 되었다. 결과는 이 책이 출간된 이후 모두 밝혀지겠지만, 일부 사실을 제외하고는 최소한 군인들의 항명은 아니었던 것으로 판단한다.

사령관들의 국회 진술이나 대통령과 국방부 장관의 헌법재판소 진술, 그리고 계엄에 투입된 군인들의 말을 들어보면 대통령이 애초에 국회를 통제하려 했던 것은 사실로 보이지만, 야당에서 주장하듯 국회의원 체포를 바로 실행할 계획은 아니었던 것으로 보인다. 다만 계엄이 유지되고 국회가 계속 장악되었다면 그 이후의 상황을 함부로 예측할 수는 없다. 하지만 아무리 계엄 상황이라 해도 계엄 당일 야당 국회의원, 심지어 여당 대표까지 체포하려 했다는 국정원 1차장의 증언은 이후 일어날 문제의 심각성을 고려할 때 쉽게 시도하려 했던 일은 아니라고 생각한다. 국회의 계엄 해제 결의 권한은 헌법에 정해진 사항이고, 그것을 막는다는 것은 그야말로 헌정질서 파괴가 되기 때문이다.

문제는 계엄 선포 직후 바로 투입되어야 할 특전사부대가 서울 공역으로의 헬기 진입이 늦어져 국회의원이 200명 넘게 국회로 들어간 한참 후에야 국회에 도착한 상황이었다. 애초의 계획은 국회

의사당을 장악해 의원들의 출입을 막는 것이었고, 그렇게 계엄 해제 결의를 지연시키는 동안 대통령이 반국가 세력이라고 판단한 사람들을 체포하려고 했던 것이 아닌가 하는 생각도 들었다. 물론 이 체포 명단에 국회의장이나 여야 대표, 그리고 국회의원들이 있었다는 증언은 믿기 어려웠다.

그리고 대통령은 여당인 국민의힘에서 결의를 통해 계엄 해제를 위한 국회 소집에 응하지 않는 상황을 기대했겠지만, 당시 여당 한동훈 대표와 그를 따르는 몇몇 국회의원은 결국 민주당과 함께 어디에서든 모여 계엄 해제를 의결했을 것이다. 그리고 대통령은 그렇게 계엄이 끝나더라도 야당 반대로 인한 국정 수행의 어려움을 국민에게 알리고자 했던 자신의 목적은 달성한 것으로 미리 결론을 내리고 있었던 것 같다.

그런 일을 꼭 계엄을 통해서 해야만 했느냐 하는 방식의 적절성 여부는 따질 수 있겠지만, 계엄이라는 비상대권을 가진 대통령이 계엄 외에는 방법이 없겠다고 판단한 데는 뭐라고 할 수 없다. 그리고 윤 대통령의 계엄은 이제까지 우리가 알던 것과는 완전히 다른 모습으로 실행되었다.

애초에 사람들은 계엄이라는 사실과 그 상황에만 주목했다. 여기에 야당과 언론은 계엄을 내란으로 단정하고 대통령의 뜻이 무엇이든 관계없이 단죄해야 한다는 방향으로 여론을 몰고 갔다. 결국 계엄은 내란이라는 프레임 속에 갇히고, 민주화의 최대 적으로 대통령을 포함한 관련자들이 모두 구속되는 상황에 이르렀다. 국민 다수도 계엄이라는 상황을 초래한 원인에 대해서는 신경 쓰지 않고 오로지 대통령의 행동에만 분노했다.

윤석열 정권이 들어선 이후 야당의 행태는 사실상 협치를 불가능하게 만들었다. 이런 상황의 중심에는 재판받고 있는 야당 대표가 있었다. 야당에는 그 야당 대표의 안위를 위한 정치적 행위만 존재했다고 해도 과언이 아니다. 혹자는 대통령이 야당 대표를 홀대하고 대화 상대로 인정하지 않았기 때문에 야당의 폭주가 이어졌다고 하는데, 이는 인과관계의 앞뒤가 바뀐 견해다. 야당의 폭주가 있었고 더하여 범죄 혐의로 재판받는 야당 대표인 까닭에 대통령이 거부했다고 하는 것이 옳다. 그렇다고 해도 대통령이 그렇게 하지 말았어야 한다는 견해는 이런 인과관계가 인정된 후에야 받아들일 수 있다. 사실 대통령으로서는 여러 가지 범죄 혐의로 재판받고 있는 야당 대표와 거리낌 없이 마주 앉아 국정을 논의하고 이견을 타협하는 모습을 보이는 것을 받아들이기 힘들었을 수 있다. 그래도 참았으면 하는 아쉬움이 있지만, 한편으로 그 심정이 이해되지 않는 것도 아니다.

국회에서 다수를 차지한 민주당은 조금이라도 자기들의 정치적 목적에 방해가 되는 정부 부처 인사는 어떤 이유를 붙여서라도 탄핵하려 했다. 일단 소추가 되면 탄핵 여부가 결정되기 전까지 그 사람은 아무 일도 할 수 없다. 야당은 심지어 자당 대표를 수사하고 기소한 검사들과 감사원장까지 탄핵이라는 수단을 통해 손발을 묶었다. 이는 국회에서 다수당은 무엇이든지 할 수 있다는 의지를 표명한 것으로 민주주의가 자행하는 폭력이다. 근본적으로 다수결의 원칙에 따르는 이런 행위가 민주주의 원칙에 부합된다는 사실을 부인하지 않는다. 다수의 권한으로 할 수 있는 일이다. 다만 이것이 민주주의이고 민주화라면 그것의 본질이 다수에 의한 폭력이 된다는 사실을 많은 사람이 인식하고 알았으면 하는 바람이 크다.

나는 대통령의 비상계엄을 야당의 민주적 폭거에 항거한 비민주적 방식의 저항이라고 정의한다. 정부가 일을 할 수 없을 지경으로 손발을 묶는 의회 다수당의 횡포를 참을 수 없어 실행한 계획적 행동이었다. 또한 대통령의 행동 방식에도 책임질 부분이 있다고 생각지 않는다. 계엄은 대통령이 국가 비상사태라고 판단하면 선포할 수 있다. 그 계엄으로 인해 사람이 죽거나 혹은 다치거나, 국민의 기본권이 제약되거나 자유가 침해되었다면 대통령에게 책임을 물을 수도 있을 것이다. 하지만 그런 일은 없었다. 계엄 이전에 있었던 민주주의를 앞세운 수많은 폭거는 민주주의라는 이름으로 당연한 일인 듯 받아들이면서 계엄은 단죄되어야 할 일로 간주하는 데는 '민주화=정의로움'이라는 국민 의식이 뿌리 깊게 자리 잡고 있다. 나는 계엄이라는 상황을 이렇게 비유하고자 한다.

한 학생(대통령)이 학교에서 맨날 일진(야당과 민주화 세력)에게 두들겨 맞고 다녔다. 그런데도 친구들(국민)은 일진과 싸우지 말라고 말리기만 했다. 일진은 아니지만 그 학생의 학급 반장(여당 대표)은 일진 눈치만 보고 심지어 일진 편에서 그에게 심한 소리도 많이 했다. 어느 날 그는 친구들에게 손에 든 칼을 보여주었다. 실상 그 칼로 무언가를 할 의도는 없었지만, 일진들은 그가 자기들을 죽이려 했다고 떠들며 학교에 그의 퇴학을 요구했다. 그의 친구들도 아무리 그래도 칼을 빼서 죽이겠다고 하면 어떡하냐고 이구동성으로 떠들었다. 그는 자기는 죽이겠다고 하지 않았고, 죽일 생각도 없었으며, 단지 나도 칼을 들 수 있다는 것을 보여주려 했다고 말했다.

처음에는 그동안 수없이 피해를 당한 그를 생각해주는 친구들이 별로 없었다. 학교와 학급을 위해 열심히 노력한 녀석인데도 말이다. 하지만 그는 포기하지 않고 자신의 의도와 행동을 설명했고, 그의 뜻을 이해하는 친구들이 점점 더 많아졌다. 학교폭력위원회(헌법재판소)가 최종 결정을 어떻게 할지는 모르겠다. 다만 그 위원회에 일진의 부모가 여러 명 포함되어 있어 편파적 결정이 나올 가능성이 매우 크다.

대통령을 탄핵하라는 광장의 목소리에는 그 일의 발생 원인에 대한 진정한 반성과 고찰은 없었다. 광장에서는 탄핵 반대 목소리가 더욱 컸지만, 언론도 별로 주목하지 않았다. 대학교수라는 사람들도 그저 감정적일 뿐이다. 고작 "대통령 물러나라"는 것이 주장의 전부다. 민주주의를 파괴했다는 그들의 주장은 민주주의에 대한 이해가 얼마나 부족한지를 잘 보여준다. 우리 사회는 그렇게 민주주의에 대한 오해와 함께 감정에만 이끌려 분노로 가득 차 있다.

다행히도 시간이 흐르면서 대통령의 의도를 이해하는 사람들이 늘어나고 있다는 사실은 매우 긍정적이었다. 개인적 의견이지만,

대통령은 진심으로 자신의 어려움을 국민에게 알리고 싶었던 것 같다. 그 방식이 계엄이었다. 그리고 그 결과가 탄핵과 구속이라도 그는 이미 그런 결과를 각오한 것으로 보였고, 실제로 그의 의도는 어느 정도 실현되었다고 생각한다. 아울러 막무가내로 몰아붙이는 야당과 수사기관의 폭주, 사법부 내 특정 집단의 편향된 결정이 정상적 사고를 하는 국민 대부분의 생각을 바꾸어놓았다.

여전히 계엄에 대해서는 잘못이라는 견해와 아니라는 견해가 대체로 반반인 듯 보이고, 계엄 사태의 발생이 궁극적으로 양쪽 정치 진영의 지지율 변화를 초래하지는 않을 것으로 보인다. 사태의 추이에 따라 탄핵 기각 여론이 인용보다 더 많아질지도 모르지만, 민주화라는 대세를 거머쥔 야당 세력의 힘을 대통령과 그를 지지하는 국민이 이겨낼 수 있을지는 의문이다. 거의 오염되었다고 해도 과언이 아닌 헌법재판소 일부 재판관의 성향은 이런 생각을 더욱 강화한다.

민주주의에 대한 국민의 오해와 잘못된 인식은 우리 사회의 불행이다. 민주주의가 정의로움이 된 세상에서 민주주의의 강압에 대한 비민주적으로 보이는 저항이 불의일 수 있는가 하는 점은 우리가 깊이 생각해보아야 할 문제다. 대통령의 권한은 법에 정해져 있다. 대통령의 권한인 계엄 선포를 내란으로 몰아가는 행위는 '계엄=내란'이라는 프레임의 여론 선동 그 이상도 이하도 아니다. 계엄의 목적과 내용, 그리고 실제로 나타난 행동과는 무관하게 계엄을 무조건 내란으로 규정해버린다면 대통령의 비상계엄 권한을 명시한 헌법이 내란을 명시하고 인정하는 꼴이 된다.

우리에게는 그 권한이 바르게 행사되었는지 아닌지에 대한 판단만 필요하다. 또한 그 행위의 정당성에 대한 판단은 민주주의가 하는 것이 아니다. 국민의 정서나 감정이 그 판단을 한다면 그 사회는 법치가 작동하지 않는다는 것을 의미하며, 다수의 다수에 대한 투쟁이 되어버린다. 정치 선동가들과 모든 언론이 입을 맞춰 내란이라는 프레임을 씌움으로써 대통령의 계엄이라는 권한 행사가 내란이라는 범죄로 굳어져버렸다. 그것이 내란이라는 주장이 있으면 그 반대 주장과의 다툼을 통해 최종 판단을 사법부에서 해야 하는데 민주주의의 이름으로 먼저 단죄해버린 것이다.

불행한 것은 민주주의가 정의로움으로 강하게 인식되는 사회에서는 수사 및 기소를 할 수 있는 기관뿐 아니라 사법부도 다수의 시녀가 된다는 사실이다. 내란죄 수사권도 없는 공수처가 직권남용이라는, 내란죄와는 비교도 할 수 없는 작은 죄를 수사하면서 관련 범죄라는 이유로 내란죄까지 수사할 수 있다고 정당화했다. 애초에 대통령은 직권남용으로도 수사 대상이 될 수 없지만, 이런 사실조차 무시하고 직권남용을 앞세워 내란죄를 수사한다고 현직 대통령을 체포하는 일까지 감행했다. 이는 법의 해석이 얼마나 임의적일 수 있는지, 또 법이란 것이 얼마나 민주주의와 국민감정의 시녀가 될 수 있는지를 잘 보여준다.

또한 사법부는 그런 상황에서 대통령에 대한 체포영장을 발부하고 어떤 법은 적용하지 않아도 된다고 미리 정해주는 편향성까지 보였다. 이에 더하여 증거인멸을 이유로 현직 대통령을 구속하는 초유의 결정까지 감행했다. 법치와 관련된 이야기는 뒤에서 다시 하기로 한다.

계엄 사태 직후 초기에는 대통령의 탄핵이 불발되는 듯 보였다. 하지만 여당의 정치적 계산에 의한 질서 있는 퇴진이 오히려 역풍을 맞았다. 대통령은 탄핵 심판으로 자신의 정당성을 판단 받겠다고 했지만, 그것이 정당했다고 판단될 가능성은 별로 없어 보였다. 민주화된 사회의 정의로움인 민주주의는 이성에 근거한 주장보다는 감정에 호소하는 여론 선동에 취약할 수밖에 없다.

대중민주주의 시대에는 국민 정서가 헌법보다 우위에 있다. 헌법재판소 재판관들은 헌법을 판단할 때 국민 정서를 고려할 수밖에 없다. 아울러 1명이 채워지지 않은 헌법재판소의 재판관 8명 가운데 3명이 우리법연구회라는 사법부 내 특정 집단에 속했던 사람이고, 마지막으로 임명될지도 모르는 한 사람은 좌익 노동운동을 했던 사람이다. 이들의 편향성은 대체로 잘 알려져 있으며, 대통령 체포영장을 발부한 판사 또한 그 집단 소속이라고 했다.

어쨌든 탄핵에 대한 판단의 중심에는 계엄 사태가 있고, 헌법재판은 정치적인 판단이기 때문에 국민 정서뿐 아니라 국민감정에 좌우된다고 단정해도 전혀 이상할 게 없다. 그래서 결론은 국민 다수가 어느 결정을 지지하느냐와 사법부 내 편향성을 가진 재판관들이 대통령의 탄핵에 어느 정도로 공정성을 가지고 임하느냐에 달려 있다.

나는 대통령의 탄핵 심판이 기각되기를 바라지만, 그럴 가능성이 높아 보이지는 않는다. 정치 재판에 가까운 헌법재판에서 다수 국민이 탄핵을 지지하는데도 이를 기각한다면 그것은 기적이라 이야기해도 될 정도다. 그만큼 우리의 민주주의는 선동되어 세뇌된 다수의 견해, 다수의 감정에 지배받고 있다. 이런 상황에 대해서는 '미성숙한 민주주의'라는 표현보다는 '잘못된 민주주의'라는 표현이 더 적절해 보인다. 헌법 위에 국민 정서법, 국민감정법이 있다.

국민주권의 위임

"

'여론조사를 해서 따르기보다는 정부를 담당할 사람의 자기 철학에 따른 결단이 중요하다.' 윤석열 대통령의 말이다. 하지만 민주화로 세뇌된 국민의 권력 인식은 다르다. 그 인식은 '민주공화국의 주인은 국민이므로 모든 권력은 국민에게서 나오며, 국민에 의해 선택된 권력은 국민의 뜻에 따라야 한다'는 것이다. 윤 대통령의 말과는 차이가 크다. 결과부터 말하자면 대통령의 말은 틀리지 않다.

"

국민이란 단어는 개별이 아니라 전체를 의미하는 것으로 어떤 의사결정에서도 만장일치가 불가능하며, 단일한 하나의 의제로 정의될 수 있는 것이 아니다. 그리하여 국가 차원의 의사결정에서는 민주주의라는 다수의 견해를 택하는 방법론을 따른다. 국회의원도, 대통령도 그런 다수결의 원칙에 따라 선출된다. 선거를 통해 국회의원이나 대통령을 선출했다면 국민의 권력, 즉 국민주권은 국회에 또 대통령에게 위임된다.

이는 국민이 자신의 주권을 위임함으로써만 국가의 운영이 가능하기 때문이며, 국민 개개인이 국가 운영과 관련된 사안에 개별적으로 주권 행사를 할 수 없기 때문이기도 하다. 민주주의 정치체제에서의 통치 권력은 그렇게 국민으로부터 위임받아 행사된다. (혹자는 입법주권이나 사법주권은 없다고 주장하기도 한다. 이에 대해서는 뒤에 다시 이야기하겠다.)

이렇게 통치 권력이 위임되었다면 그 권력을 위임받은 사람은 헌법이 정한 범위 내에서 이를 행사할 수 있다. 그리고 국민은 그 권력의 행사에 대해 직접 나서서 그것을 강요하거나 제지할 수 없다. 만약 그렇게 할 수 있다면 주권을 위임할 필요도, 이유도 없어진다. 앞에서 언급했듯이 이는 국민 개개인의 주권 행사가 어떤 경우에도 하나의 의제로 통일될 수 없기 때문이다. 만약 주권자인 국민이 그것을 위임받은 자가 자기 마음에 들지 않을 때마다 그를 심판하기 위해 거리로 뛰쳐나온다면 이미 위임한 권력이라도 국민의 외침에 의해 언제든 회수할 수 있다는 것이 되며, 이는 법치를 무의미하게 만든다.

또한 그것은 일부 국민의 선택일 뿐 결코 모든 국민의 단일한 뜻이 아니다. 국민의 선택으로 위임받은 권력의 회수 여부는 헌법에 따라 위임받은 권력 간의 상호 견제와 다툼으로 제기될 수 있고, 여기에는 명시된 사법적 판단 절차가 존재한다. 국민 개개인의 주권 행사는 오로지 한 가지 방법, 선거를 통해서만 가능하다.

대한민국뿐 아니라 세계 어느 나라도 다수 대중의 주장으로 결정되는 직접민주주의를 채택하지 않았다. 하지만 사람들은 거리에서의 외침으로 무언가를 이룰 수 있다고 생각한다. 심지어 정치는 이를 선동하여 여론이라는 이름의 무기를 이용하려는 시도를 포기하지 않고, 언론은 자신들의 이익에 따라 이를 추종하거나 비난하는 모습을 보인다.

사실 이런 상황은 국민주권에 대한 오해에서 출발한다. 국민 개개인의 주권은 존재하지만, 민주공화국에서 국민주권은 위임되므로 국민이 직접 주인 행세를 할 수는 없다. 모든 국민이 사안에 따라 각자 주인이라며 나서서 주권을 행사하려 든다면 그 세상이 어떤 모습이겠는가? 아나키 지옥이 따로 없을 것이다.

위임된 주권은 국가 의사를 최종적으로 결정하는 권력으로 작동한다. 대통령제를 채택한 대한민국에서는 그 주권이 명확히 대통령에게 있다. 북한 같은 경우는 주권이 최고지도자 한 사람에게 있지만 민주공화국에서는 위임된 주권이 한 사람, 즉 최고 통치자에게만 있지 않다. 그 이유는 모든 국민의 주권을 위임받은 권력에 대한 견제가 필요하기 때문이다. 그래서 그 위임된 주권은 국회에도 있다. 아울러 사법부는 다툼이 있을 때 이를 공정하게 판단할 의무가 있다. 그 공정함이 사법주권이다. 그리고 그 주권은 저마다 헌법이 정하는 테두리 안에서 허용된 권력을 행사한다. 투표로 위임받은 국가권력은 헌법에 따라 국가를 운영하고, 국민은 각자의 의무와 책임을 다한다. 국가권력은 국가의 주인인 국민에게서 나오며, 국민의 주권은 그렇게 위임되고 양도된다.

국민에게 위임받은 대통령의 권력은 언제나 국회의 견제를 받는다. 국회 또한 마찬가지다. 국회에서 의결한 법률이라도 대통령은 거부권을 통해 이를 막을 수 있다. 법에 어긋나는 권한의 행사에 대해서는 사법부가 판단함으로써 삼권분립을 통한 권력의 상호 견제가 가능하다.

그러하기에 대통령의 권한 행사에 대해 국회가 대통령을 견제하는 것도 헌법의 테두리 내에 정해진 방법과 절차에 따라서만 가능하다. 국회가 국민 개개인이 주권자라는 주장을 내세워 대통령 권력을 견제하도록 선동해서는 안 된다. 국민의 생각을 동원해 그들의 생각이나 특정 진영의 이익을 관철하려 한다면 나라의 혼란은 필연이다.

현대 민주주의 국가는 위임된 권력을 통해 민주주의를 구현하므로 주어진 임기 내에는 그 권력이 존중되어야 한다. 국민이 주권자라는 이유로 어느 순간 다수든 소수든 국민 마음대로 끌어내리는 결정을 할 수 없는 이유다. 국민주권도 헌법의 테두리 내에 존재하며 길거리 정치, 중우정치, 더 나아가 그것에 의한 폭력이 국민이 주인이라는 이유로 정당화되지는 않는다.

국회가 헌법의 범주 내에서 행한 일은 인정해야 하듯 대통령이 헌법의 테두리 내에서 행한 일 또한 인정해야 한다. 위임받은 주권을 행사한 대통령을 인정하지 않으려고 그것이 위임받은 행동이 아니라고 주장하는 것도 옳지 않다. 그 권한의 행사 절차나 내용이 비록 잘못일 수는 있어도 헌법에 정해진 권한이라면 그것은 정당하다. 권한 행사 내용에 관한 잘잘못의 판단은 별도로 해야 한다. 사법적 절차가 있으면 그에 따르면 되고, 국민이 이런 판단을 하겠다면 선거라는 방식을 통해서만 가능하다. 국민주권은 그렇게 행사

되어야 한다.

대통령의 탄핵을 찬성하는 사람도 있고 반대하는 사람도 있다. 하지만 그 탄핵이 직접민주주의 원칙에 따라 다수 국민의 찬성으로 결정되어서는 안 되며 그런 여론이 탄핵의 결정에 영향을 미쳐서도 안 된다. 오로지 법에 따라 판정되어야 한다. 불행히도 직접민주주의 중우정치가 지배하고 그 영향력을 발휘한다면 사법부조차 사실상 그것을 외면하기는 어렵다. 이런 상황은 민주주의가 다수에 의한 폭력적 결정에 이르는 상황을 재촉한다. 다수가 되기만 하면 못할 게 없기 때문이다.

국민이 선거를 통해 다수결로 대통령을 선출하면 대통령은 국민에게 위임받은 주권을 행사할 수 있는 유일한 권리를 가진다. 그 주권은 단일하며, 그렇게 위임된 주권을 대통령의 권한 행사에 반대한다는 이유로 회수하는 것은 극단적으로 제한된다. 오로지 내란과 외환의 죄만이 회수 이유다. 그리고 그 판단은 법이 한다. 여론몰이를 통해 대통령이 내란을 했다, 외환죄를 범했다고 주장하는 것은 독립된 사법부가 법과 양심에 따라 판단하는 것을 불가능하게 만든다. 내란이나 외환의 범죄가 다수의 외침으로 다수결에 의해 결정되는 것은 야만적이며, 그런 나라는 더 이상 민주공화국이 아니다. 야만의 민주주의 대한민국의 안타까운 현실이다.

이상에서 피력한 국민주권의 위임과 대통령의 통치 권한에 관한 이야기는 원론적 측면에서 윤석열 대통령에 대한 탄핵 소추가 민주주의와 법치의 문제를 고스란히 노출한 불행한 일이었음을 말해준다.

대통령의 계엄은 위임받은 통치권의 정당한 행사로서 부정될 수 없다. 그 계엄의 이유 또한 오로지 대통령의 판단에만 종속된다. 이는 선거를 통해 선출된 공화제 자유민주주의 국가의 국민주권 위임의 원리다. 대통령은 대내적으로 최고의 주권자이며 국민으로부터 위임된 주권은 단일하다. 일각에서는 위임받은 주권이 단일하므로 입법 주권이나 사법 주권은 없다고도 한다. 그리고 대통령의 비상계엄은 비상대권이기 때문에 헌법을 초월한다고 주장하지만, 만약 이것이 옳다면 윤 대통령의 계엄은 더더욱 반박되기 어렵다.

나는 통치와 관련한 모든 권한의 최상위 법을 헌법으로 간주한다. 그래서 비상대권도 헌법의 테두리 내에서 정당화된다고 생각한다. 법치에 대해서는 해석이 다를 수 있다. 이는 본질적으로 법이란 것이 완전무결하지 않기 때문이기도 하다. 이에 대해서는 다음에 이야기하기로 한다.

대통령에게 위임된 이 권한을 견제하는 것은 입법 주권을 가진 국회다. 대한민국 헌법은 대통령의 계엄에 대해 세계적으로 가장 강력한 입법부의 견제를 허용하고 있다. 대통령의 통치행위로서의 결정은 그것이 헌법에 명시된 것이라면 대통령의 판단에 따라 행사할 수 있으며, 국회는 국회의 권한으로 그것을 막을 수 있다.

따라서 '계엄=내란'이라는 공식은 국회나 반대 진영에 의해 정의될 수 있는 일이 아니다. 더욱이 윤 대통령의 계엄은 국민의 기본권을 전혀 침해하지 않았다. 그것이 내란인지에 대한 사법부의 판단을 요청할 수는 있겠지만, 대다수 국민의 계엄 트라우마를 이용해 내란으로 프레임화하고 언론과 합세해 대통령을 공격하는 것은 올바른 민주주의 사회라면 결코 있을 수 없는 일이다.

12·3 계엄은 비대하고 비상식적인 입법 주권의 폭주에 대항한 대통령의 통치권 행사였다. 대통령은 이 상황을 국가 비상 상황으로 판단했다. 계엄 행위 자체는 입법 주권에 의해 거부될 수 있지만, 단일한 최고 주권자로서 대통령의 이 판단은 반박될 수도, 처벌될 수도 없다. 야당이 국회 다수당인 대한민국에서 계엄은 사실 성공하기 어렵다. 국회의 결의에 따라 바로 해제할 수 있기 때문이다.

민주주의의 기본 원리가 다수결이라 해도 다수의 결정이 다수의 폭정이 되어서는 안 된다. 또한 민주주의를 정의로움으로 여기는 것은 다수가 항상 정의롭다는 의미이며, 이것이 옳다는 근거는 어디에도 없다. 12·3 계엄 사태의 본질은 야당의 폭주와 국정 마비 수준의 폭거에 대항한 대통령의 자폭과도 같은 안타까운 행위였다. 그것 말고는 방법이 없었다는 대통령의 자조적인 말은 그의 희생으로 인해 인정받을 만한 일이 되기에 충분하다. 12·3 계엄 사태와 그 이후의 모든 상황은 미성숙한 민주주의가 안고 있는 문제점을 잘 보여주었다.

문재인 정권을 지나오며 대한민국은 최고의 정점을 지났다고 본다. 여기에는 민주화를 내세우며 나라의 가치와 근간을 흔든 일부 세력의 역할이 컸다. 알아서 그랬든 몰라서 그랬든 그에 동조하고 최고의 시대를 누려온 이른바 586이라는 사람들도 마찬가지다. 이제 내리막길이 시작된다면 자식 세대와 다음 세대는 우리보다 힘든 세상을 살아야 한다. 자신의 자리에서 할 수 있는 만큼 미래세대를 위해 노력하는 것은 이제 속죄를 위한 지식인들의 의무가 되었다.

법치에 관한 오해

" ....

민주주의처럼 법치를 정의로움으로 이해하는 사람들이 많다. 이 또한
오해다. 법이란 것은 그 자체로 인간 세상의 약속일 뿐 정의로움과는
아무 관련이 없다. 법의 해석은 단일하지 않으며, 심지어 힘의 향배에
따라 주관적이기까지 하다. 성숙하지 못한 민주주의 사회에서 다수결
이 지지하는 견해가 다른 것으로 바뀌면 법의 정의부터 해석까지 모두
바뀔 수도 있다. 그런 사회에서 법치의 신봉은 민주주의에 대한 신봉과
같고, 결국 힘이 지배하는 세상으로 귀결된다.

.... "

법치란 '법에 따른 통치'를 의미하지만, 법이란 것은 인간이 만든
규율로서 그 자체가 완전하지도 완벽하지도 않다. 그래서 많은 경
우 법조문이 정반대로 해석되기도 한다. 이런 이유로 법의 집행에
권한이 있는 사법부는 법 내용의 정당성에 어긋남이 없어야 하고,
법의 해석에서 공정성을 전제로 판결해야 한다. 그리고 그 판결의
정당성과 공정성을 판사 개개인의 양심에 맡기고 있다.

하지만 법치에 정치가 개입되고 입법부의 권력이 커진 민주주의
사회에서는 법 내용의 정당성이 권력의 향배에 따라 좌우되기 쉬우
며, 법의 해석 또한 권력이나 힘에 따라 정반대의 다른 결과를 내기

도 한다. 이는 법의 공정성에 심각한 오류를 초래하고 법의 신뢰를 떨어뜨리는 상황에까지 이르게 한다. 민주주의에서 다수가 힘이 되고 그 힘이 정치적으로, 나아가 폭력으로 작용할 때 법이 그 힘에 종속되는 불행한 상황이 발생하게 되는 것이다.

윤석열 대통령 탄핵 사태는 많은 사람이 법이란 것을 다시금 생각하게 만든 계기가 되었다. 문재인 시절, 검찰 권력을 줄이기 위해 바꾼 법이나 규정들이 윤 대통령 탄핵 과정과 내란죄 수사 과정에서 법의 집행에 혼란을 초래했다. 검찰과 경찰, 공수처가 야당이 프레임화한 내란죄 수사를 위해 경쟁적으로 뛰어들었고, 결국 야당인 민주당의 의도대로 내란죄 수사권도 없는 공수처가 나서서 대통령을 체포하고 구속까지 했다. 대통령은 직권남용이란 이유로는 소추되지 않음에도 공수처는 직권남용을 수사할 수 있고 그 와중에 인지한 관련 범죄를 함께 수사할 수 있다는 법 조항을 내세워 사실상의 불법을 자행했다.

이는 꿰맞추기를 통해 자신들의 수사를 정당화한 것에 불과하다. 비유하자면 직권남용은 도둑질 정도, 내란죄는 살인죄 수준이다. 도둑질은 수사할 수 있고 살인은 수사할 수 없도록 만든 이유가 정당하다면 그 수사 조직이 관련 범죄로서 살인죄를 수사하는 것은 전혀 합리성이 없다. 만약 살인죄도 수사할 수 있다면 애초에 그 조직에 살인죄 수사도 할 수 있게 허용해야 한다.

검찰 또한 마찬가지다. 공수처에서 사건 이첩을 받아 수사를 위해 구속기간 연장을 법원에 요청했으나 기각당했다. 그러자 구속

상태의 대통령을 바로 기소해버렸다. 애초에 법을 마음대로 해석해 정당성 없이 진행된 수사와 체포, 구속이라는 행위를 검찰이 스스로 인정해버린 것이다. 정상적인 법원이라면 이런 사실에 대해 필히 문제를 지적하고 검찰의 책임을 물어야 했다.

하지만 이미 법원조차 법의 해석에서 공정성을 파괴하는 결정을 해오고 있었다. 서부지방법원의 윤 대통령 체포영장이나 구속영장 발부는 법에 대해 주관적 해석이 가능하다는 차원을 넘어 대통령 측에서 주장하는 대로 불법의 불법이라 해도 할 말이 없다. 그래서 대통령의 형사 재판을 진행하는 중앙지방법원에서 정상적으로 보이지 않는 수사기관들과 법원의 이런 행태를 문제 삼지 않는다면 사법부도 더 이상 신뢰할 수 없는 존재가 될 것이다.

지난 민주당 정권이 공수처라는 기관을 만들면서 수사기관 간의 역할에 혼란이 생긴 이유는 자명하다. 그들은 집권에 성공했을 때 생길 수도 있는 자기들의 범죄에 대해 해석의 범주를 넓혀 빠져나갈 구멍을 만들어놓은 것이다. 관련 범죄인지 아닌지는 해석하고 가져다 붙이기 나름이다. 반면 상대방에 대해서는 그 넓어진 범주를 확대해석해 어떤 식으로든 걸리게 만들겠다는 의도가 깔려 있다. 이처럼 법을 전혀 다른 두 가지로 해석할 수 있으면 어떤 해석이 채택될지는 뻔하다. 항상 힘이 센 쪽이 이긴다. 국민의 마음속에 공고하게 심어둔 민주주의라는 허상을 백분 활용해 그들 마음대로 나라를 좌지우지하려는 의도다.

법이 아무리 명료하고 명징하다 해도 단 한 가지 해석으로만 귀결되는 것은 아니다. 그래서 법치라는 단어는 어찌 보면 허망하기까지 하다. 헌법재판소는 헌법에 대한 해석을 통해 가장 정당한 법치 판단을 내리는 조직이어야 한다. 이런 기관이 존재해야 하는 이유가 법 해석이 결코 단일할 수 없다는 사실을 반증한다. 법관의 양심에 따라 정당성과 공정성이 담보되려면 법관에 대해 누구도 간섭할 수 없는 권한이 주어져야 하고, 그 법관들이 대한민국이 추구하는 가치를 양심에 어긋남이 없이 따른다는 보장이 있어야 한다.

그러나 사실상 그런 법관을 판단하고 선택할 방법은 없다. 그저 현실에서는 대통령이 3명, 국회가 3명, 대법원장이 3명을 추천하고 임명하게 되어 있다. 우리가 잘 아는 민주주의가 여기에서도 똑같이 적용된다. 이는 법의 해석도 결국 생각이 다른 사람들 간의 힘에 따라 결정될 수밖에 없다는 의미다.

헌법재판관이 국민에게 위임받은 권력에 의해 배분되어 임명된다는 사실은 작게는 임명권을 가진 사람들의 생각에 따라, 크게는 국민의 생각에 따라 나뉘게 되고 법관의 양심에 따른 정당성과 공정성이 보장되지 않을 수도 있다는 문제를 안고 있다. 진영으로 나뉜 현실에서 대통령이나 국회의원 모두 선거에 의해 선출되고, 대법원장도 대통령의 지명과 국회의 동의를 얻어 임명되기 때문이다.

민주주의 국가에서 그 국가의 시민들이 가져야 할 가치가 명확히 공유되고 사회 전반에 걸쳐 널리 인식되어 있지 않다면 헌법재판관의 양심이나 공정성으로 헌법이 바르게 해석될 수 있다고 믿기는 어렵다. 실제로 민주화 세력인 민주당이 지명한 어떤 헌법재판관은 법원 내에서 대한민국의 가치와는 반대편에 있는 이념을 추종하는 사조직의 장이기도 했다. 그리고 그 사조직에 가입한 법관도 있었다. 이 법관들은 헌법의 해석에서 필히 그들이 가치를 둔 이념에 따를 가능성이 매우 크다. 따라서 헌법재판소라는 것을 만들고 민주주의 원리에 따라 법관들을 선택해 그 법관이 헌법을 해석하는 것 자체가 양심과 공정성의 측면에서는 합리성이 없는 일이다.

국민주권을 위임받은 최고 통치권자인 대통령을 법관 몇 사람이 정해진 규정에 따라 다수결로 결정해 탄핵할 수 있다는 것은 어찌 보면 아무 의미 없는 진영 간의 정치적 힘겨루기에 지나지 않는다. 법치란 것이 그러하다면 허무하기 짝이 없는 일이다. 결국 법치는 정치투쟁에서 주장을 정당화하는 도구에 불과하고, 현실은 이를 내세워 강한 자가 승리하는 세상일 뿐이라는 의미다.

헌법재판소라는 기관은 주로 대륙법계 국가들에 있고, 영미법계 국가들은 사법심사를 사법부의 기능으로 보기 때문에 별도로 이런 기관을 두지 않는다. 사실 어차피 민주주의 방식으로 헌법재판관을 선출한다면 이런 기관이 꼭 필요하지도 않다. 국회에 대통령의 권력을 견제하는 기능이 있으므로 미국처럼 국회에서 대통령에 대한 탄핵 심판을 하되, 하원과 상원에서 그와 관련된 권한이나 조건 및 절차를 엄격히 하는 것이 헌법재판소를 통해 단 한 번의 헌법 해석과 판단으로 결정하는 것보다는 합리적이다.

헌법재판소의 탄핵 심판에서 최종 결정문은 탄핵 인용과 기각, 두 가지로 만들어진다고 한다. 아마 부장판사들로 구성된 헌재 연구관들이 실무자로서 두 가지 버전을 만들어 재판관들에게 보고하면 둘 중 하나를 재판관 각자가 선택하는 것이다. 이것은 법의 해석에 정의로움이란 것이 존재하지 않는다는 사실을 잘 보여준다. 재판관들은 이 두 가지 해석 중에서 정당성과 공정성이 있는 해석을 양심적으로 선택해야겠지만, 민주주의라는 방식으로 국민이 선택한 권력에 의해 임명된 재판관들의 판결은 아무리 객관적이고 양심적이라고 주장해도 자신의 이념적 성향과 진영의 기울어짐에 영향을 받기 마련이다.

판사 중에서도 이념적으로 공고한 사람들은 좌측 진영에 많다. 비록 그 숫자가 적다 해도 이념적 공고함의 강도가 매우 강할 것이다. 그들 중에는 젊은 시절에 마르크스를 추종하거나 사회주의 이념에 빠진 사람들도 드러나 보인다. 반면 보수우파라는 판사들이 얼마나 공고하게 보수의 철학적 이념을 이해하고 있는지는 의문이다. 아마 그런 사람이 있다고 해도 현실에서 그것을 용감하게 표출할 사람은 없는 듯하다. 우리법연구회나 그 후신이라는 국제인권법연구회와 유사한, 자유와 보수의 이념으로 결속된 사조직 연구회는 존재하지 않는다. 결국 기울어진 운동장이라는 표현은 사법부도 예외가 아니다.

우리법연구회, 국제인권법연구회와 같은 사조직이 사법부 내에 존재한다는 것은 놀라운 일이다. 어떤 조직에서든 일단의 사조직이 생기는 이유는 근본적으로 인간의 욕구와 경쟁 심리 때문이다. 자기보다 나은 사람과의 경쟁에서 개인 대 개인으로는 이기기 힘든 경우, 그런 사람들은 뭉쳐서 경쟁하는 방식을 택하기도 한다. 사실 이는 경쟁이 아니며 다수가 뭉쳐서 힘으로 행하는 투쟁이다. 그들만의 세력을 키워 그 전체의 힘으로 대항하는 것이다. 여기에는 필히 정치가 이용된다. 그들과 생각이 같은 정치권력을 통해 개인적으로는 이길 수 없는 경쟁을 회피하고 뭉쳐서 투쟁함으로써 이기는 것이다.

그런데 인간 세상이라면 피할 수 없어 보이는 이런 상황도 극복할 길이 있다. 전체주의를 배격하고 개인을 자각하는 자유 시민의식이 그것이다. 여럿이 되어 경쟁하는 것은 비겁한 일이다. 힘으로 권력을 쟁취해 이기려는 것이기 때문이다. 만약 개인이 독립적 주체로서 정정당당한 자유경쟁을 하는 사회라면 이런 문제는 반드시 해결된다.

강력한 우파 이념의 인식만이 좌파 지배 사회를 깰 수 있다. 어느 사회나 좌파가 존재하는 것은 인간 본성의 문제다. 욕심은 크고 능력이 모자란 사람들이 개인 대 개인 경쟁에서 패배해 좌절하면 전체주의적 무리 속에서 이길 방법을 찾는다. 개인에 대한 자각이 있는 사람이라면 전체주의적 속성을 배격하고 무리의 힘으로 싸우려고 하지 않는다.

사법부조차 여느 조직과 다를 바 없다. 일부이긴 하지만 정치조직이 아닌가 생각될 정도다. 이런 투쟁을 통해 권력을 갖게 된 사법부 판사들은 곳곳에서 자신의 자리와 권력의 기반이 되는 힘에 종속되어 있다. 내란죄 수사권이 없는 공수처가 청구한 대통령 체포영장과 구속영장을 혐의자에게 불리한 이유를 붙여 발급한 사법부는 법을 잘못 해석하는 수준을 넘어 불법을 자행하는 것이다. 이에 저항하는 국민을 언론과 합세해 폭도로 몰아 모조리 구속하는 판결 또한 사법부에서 했다. 윤 대통령이 구속되던 날 서부지방법원 사태의 피해 당사자인 서부지방법원 판사가 가해자를 직접 구속했다. 이것은 법의 정당한 집행이 아니다.

이런 사법부는 권력과 힘을 이용해 세상을 좌지우지하는 무소불위의 존재다. 그들은 일단의 권력에 종속되어 양심과 공정성을 담보할 수 없는 판사들이며, 이런 상황에서 사법부의 독립이니 존중이니 하는 이야기는 허망한 외침에 불과하다.

사법부에 저항해 유리창을 깨고 법원에 난입한 것이 폭도이고 전원 구속될 일이라면, 5·18은 버스로 공권력을 뭉개고 총 들고 싸운 일이므로 폭도라는 말로도 모자란다. 하지만 5·18은 국민저항의 대표적 사례로 칭송받고 있으며 그 사람들은 유공자의 반열에 섰다. 저항하는 시민이 폭도가 되고 사법부의 의롭지 않음이 불의가 되지 않는 이유는 단 하나다. 힘없는 자들의 행동이었기 때문이다. 민주주의 다수결에 의해 권력이 선출된다면 이렇게 무서운 결과도 감수해야만 한다.

법을 앞세운 민주 권력에 패배한 사람들이 법치가 무너졌다고 반발하는 것은 결국 힘이 없어서 당했다는 의미다. 다수의 우위가 지배하는 미성숙한 민주주의 사회에서 법의 정당성과 해석의 공정성이 무너지는 것은 어찌 보면 당연한 일이다.

법치도 결국 힘이 있어야만 바로 세울 수 있다면 그 법은 더 이상 법이 아니다. 법관 마음대로 할 수 있는 도구에 불과한 것이다.

한동훈과 민주주의

> ❝
> 국민의힘 한동훈 전 대표가 아쉬운 것은 너무 일찍 정치에 등판했다
> 는 점이다. 그는 도덕적이며 올바르고 흠잡을 데가 없는 사람으로 보
> 이지만 그런 모습이 정치적으로는 그에게 긍정적으로 작용하지 않는
> 다. 과도해 보이는 그의 올바름은 정치적 동지가 되어야 할 윤 대통령
> 과의 사이가 멀어지게 된 이유이고, 그가 비상대책위원장이나 대표
> 로서 선거에 임하며 보여준 전략이나 행동은 정치인으로서 매우 부
> 족했다. 보수의 이념을 자각한 사람이라는 생각도 들지 않고, 검사라
> 는 갑의 위치에서만 살아온 인생은 지도자로서의 역량 측면에서도 의
> 심될 만큼 허술한 부분이 많다. 단순하며 직설적이고 감정적이기까
> 지 한 그의 모습을 보면 보수 진영의 미래 지도자로서 아직은 최선이
> 아니라는 생각이다.
> ❞

민주와 비민주에 대해 말하려는 의도에 맞추어 국민의힘 한동훈
전 대표에 대한 이야기를 하지 않을 수 없다. 윤 대통령의 계엄은
국회의 계엄 해제 결의에 따라 그 당시 겉으로는 뜻한 바를 이루지
못한 것처럼 보였다. 비록 첫 번째 탄핵 발의가 부결되어 바로 탄핵
을 당하지는 않았지만, 당시 대통령의 입지는 거의 사라졌다고 해

도 과언이 아니었다. 그런 상황에서 여당 대표인 한동훈은 국무총리와 협의해 담화문을 내고 대통령을 질서 있게 퇴진시키겠다고 공식적으로 발표까지 한다.

이미 여당의 중심이 그에게 가 있는 듯한 이 상황은 놀랍기 짝이 없는 일이었지만, 모두가 계엄으로 충격을 받은 상황에서 여당 대표의 이런 행동에 대해 당내에서도 별다른 반응이 나오지 않았다. 하지만 국회의장이나 야당의 반응은 격렬했다. 특히 당시 개혁신당 대표의 '헌법에 권력이 한동훈으로부터 나오나'라는 주장은 이 문제를 제대로 짚었다. 대통령의 계엄 발동이 비민주적이라고 주장하는 한동훈의 행태 또한 전혀 민주적이지 않았다. 그가 도대체 무슨 근거로 대통령 임기를 단축하고 질서 있게 퇴진시킨다는 말인가? 다수결 민주주의는 그렇게 헌법을 넘어설 수 있고, 분노한 국민이 동의하면 여당 대표가 대통령 임기도 정하고 자리에서 물러나게도 할 수도 있다는 말인가? 아무리 국민 정서와 국민감정이 상위에 있다 해도 이것은 이해의 부족이 아니면 경솔하기 짝이 없는 행동이다.

지금도 여전히 그렇지만, 이 나라는 300년 전 혁명 시절의 프랑스가 아닌가 하는 착각을 불러일으킨다. 군주를 끌어내리기 위해 시민 대표가 모든 권력을 행사한 시민혁명 당시와 과연 무엇이 다른가? 아직 대통령이 탄핵당하지 않은 그 순간에는 대통령의 권한도 오롯이 대통령에게 있었다. 이 나라 법 어디에도 여당 대표가 대통령의 임기나 거취를 좌지우지할 수 있다는 내용은 없다. 가장 비민주적인 행태가 민주주의를 앞세워 자행된 것이다.

도대체 민주주의가 무엇인가? 다수의 의사결정에 따른다는 것이 다수의 감정에 따를 수도 있다는 의미라면 그 결정은 정의로움과는 아무 관련이 없다. 민주화나 민주주의가 만들고 세뇌한 대중이 감정에 이끌려서 법과 제도라는 약속조차 깡그리 무시하는 지경까지 이르게 된 것이다. 민주주의와 주인 된 자들의 미성숙이 만들어낸 혼란은 그 민주주의를 부정하지 않는 한 수습된다 한들 영원히 안고 가야 할 숙제가 될 것이다.

한동훈 전 대표의 모습은 항상 바르고 도덕적인 것처럼 보인다. 실제로 개인 한동훈은 그럴 것 같다. 하지만 그런 그의 행동은 정치적으로 언제나 실패만 거듭했으며, 그 실패는 예견된 것이었다. 비상대책위원장으로서 이끈 선거의 패인이 근본적으로는 윤 대통령의 상황에 있었지만, 그의 잘못된 전략도 이유였다. 그는 이재명의 부도덕에 초점을 맞추어 선거에 대응했고 그 결과는 참담했다. 겨우 3분의 2를 저지하는 선에서 야당을 막았다. 스스로 올바르고 도덕적이라고 여기는 사람들은 이해하기 힘든 결과일 것이다. 범죄 혐의로 재판받고 있는 대표의 정당이 압승하는 것이 가능한가 하는 의문 때문이다.

소선거구제라는 선거 시스템의 문제를 간과할 수는 없겠지만(전체 유권자의 표는 여당 지지와 야당 지지가 5% 정도밖에 차이가 나지 않지만, 국회의원 의석수는 거의 200 대 100이다), 한동훈의 패인 중 하나는 그것이 전적으로 국민의 도덕심에 기댄 선거였기 때문이고, 그가 유권자인 국민이 도덕에는 그렇게 민감하지 않다는 사실을 간과했기 때문이다. 조국혁신당을 보면 알 수 있다.

비밀이 보장된 선거에서 유권자 대부분은 자신의 신념과 이익 관점에서 판단한다. 개인으로서의 견해를 내는 일이라면 부도덕에 부정적일지라도 전체 속에 묻힌 결정에서는 도덕에 그만큼 신경을 쓰지 않는다. 누가 자기에게 더 이익이 되느냐가 중요한 판단 기준이다.

전부는 아니겠지만 시민이 유권자가 되면 그러하다. 그래서 한동훈은 실패했다. 전 국민을 대상으로 하는 선거에서 전략이라는 그림을 그리기에는 검사 경력뿐인 그의 정치적 역량이 크게 모자랐을 것이다.

이후 그의 모습은 확연히 달라졌다. 국민 눈높이에 맞추는 것이 최선이라는 결심을 한 듯했다. 그러나 이 결심은 대통령과의 갈등을 극대화하는 결정적 계기가 된다. 영부인 문제에서 그 충돌이 시작되었다. 국민 눈높이에 맞추려는 한동훈의 시도는 대통령과의 관계를 돌이킬 수 없는 지경으로 만들어버렸다. 두 사람이 만날 때의 어색한 모습은 이후의 실패를 예상하기에 모자람이 없었다. 나는 이 문제가 근본적으로 한동훈의 잘못된 정치적 판단에 있다고 생각한다.

올바른 정치인은 국민 눈높이에 맞출 게 아니라 국민 눈높이를 높이는 노력을 해야 한다. 영부인의 잘못으로 보이는 행태에 대해 국민을 설득하고 그 눈높이를 바꾸려는 노력이 필요했다. 하지만 그는 그런 노력에는 별로 관심이 없었다. 아무리 국민의 뜻이라 해도 사랑하는 부인을 처벌할 수 있는 남편은 별로 없다. 노무현은 대선에 출마했을 때 좌익 경력이 있는 처가에 대한 비난이 자기 부인을 향하는 것에 대해, "그렇다고 사랑하는 아내를 버리란 말입니까?"라는 극적인 대응으로 상황을 반전시키고 더 많은 지지를 받았다. 이것은 명백히 국민 눈높이를 바꾸는 최고의 언사였다.

물론 한동훈이 나서서 그럴 일은 아니다. 하지만 영부인의 일로 대통령과 맞서는 모습은 여당 대표의 모습으로는 전혀 적절하지 않았다. 이런 상황들이 이후 계엄이라는 아무도 예상하지 못한 대통령의 결심을 더욱 당기는 계기가 되었을 것이다. 모든 것이 실로 불행한 일이다.

두 번째로, 계엄이 해제된 다음 날 한동훈은 결정적 실수를 한다. 계엄 시 체포 명단에 자신이 있었다는 사실을 듣고는(사실 이 이야기는 국정원 1차장의 입에서 나왔다. 이후 이 말은 자꾸 바뀐다. 국정원 1차장은 처음에 대통령이 한동훈을 체포하라고 했다고 말했다가 이후에는 명단만 방첩 사령관으로부터 받았다고 했다. 사실 이것은 확인이 필요한 매우 민감한 이야기지만, 한동훈은 매우 즉흥적이었다) 사실에 관한 확인이나 그것을 언제, 어떻게 외부에 발표하느냐에 대한 심사숙고 없이 바로 언론에 공개해버렸다. 순간적인 감정으로 터트릴 일이 결코 아닌데, 그는 그렇게 했다.

이는 도저히 비상 상황에서 여당 대표가 취할 태도가 아니었다. 정치지도자라면 그 정도의 민감한 사항은 가슴에 묻고 대응 방안을 깊이 숙고한 끝에 방법을 정해 발표해야 한다. 진정 큰 인물이라면 다른 이들이 그런 말을 한다 해도 침묵하는 것이 옳다. 궁지에 몰린 대통령을 더 궁지에 몰아서 자신이 얻을 수 있는 이익은 없다는 사실을 그때까지도 몰랐던 것 같다. 순진하고, 감정적이며, 어리석은 행동이었다.

나는 이 훌륭하고 올바르며 능력 있는 사람이 잘못된 판단을 계속하는 것이 무척이나 안타까웠다. 공부 머리는 대단했을지 몰라도 검찰청 작은 방의 권력자로 죄지은 자들을 단죄하며 살아온 검사 인생에서 세상을 보는 눈을 키우지는 못했던 것 같다. 이런 아쉬움은 사실 윤 대통령에게도 있다. 비록 계획적이었다고는 하나 상황에 대한 치밀한 검토 후 가장 적합한 최선의 전략으로 본인의 생각을 구현해야 하는데, 대통령의 행보도 결과적으로는 그러하지 못했다. 국민에게 어려움을 알리겠다는 계몽의 목적과 대통령의 마음을 이해하지만 이는 참으로 안타까운 일이다.

개인적 견해를 말하자면, 한동훈에게는 대통령으로서의 자질과 능력이 없다고 생각한다. 그렇다고 진보적이거나 개혁적이지도 않다. 도덕적이며 바르고 정의롭다는 이미지 외에는 국가 운영을 맡길 만한 어떤 역량도 보이지 않는다. 나는 이런 점이 정치 초년생의 미숙함 때문만은 아니라고 생각한다. 별다른 굴곡 없이 살아온 듯 보이는 그의 인생은 보통의 많은 사람과는 다르다. 그리고 검사라는 직업 외에는 다른 경험이 전혀 없다고 해도 과언이 아니다. 강력한 갑의 위치에서 살아온 그가 아무리 노력한다 해도 보통 사람들의 고충을 이해하기는 어려울 것이다.

그나마 윤석열 대통령은 개혁적 행보를 보이기라도 했지만, 한동훈은 그럴 가능성조차 없어 보인다. 국민 눈치만 보고 이견을 해소하려는 노력 이상의 무언가를 할 수 있는 사람으로 여겨지지 않는다. 보수는 박근혜 탄핵 이후 여러 차례의 선거 패배가 주는 교훈을 반면교사로 삼아 이제부터는 진정 보수에 걸맞은 대통령 후보를 찾아야 한다.

야만 감정의 민주사회

> " ....
> 감정을 앞세운 중우정치는 민주주의 체제의 퇴보를 의미한다. 국민으
> 로부터 권력을 위임받은 자들은 이성과 합리, 그리고 소수를 존중하
> 는 협력과 타협의 자세로 권력을 행사해야 한다. 국민 개개인 또한 민
> 주가 아닌 개인의 자유와 그 자유에 따르는 책임을 다하는 사람이어
> 야 한다. 그것만이 야만의 민주주의를 제어하고 자제시킬 수 있는 유
> 일한 길이다.
> .... "

    앞에서 언급했듯이 윤석열 대통령 탄핵 소추 직후 민주당을 비롯
한 야당에서는 이를 즉시 내란으로 표현하기 시작했다. 이에 더하
여 신문, 방송 가릴 것 없이 모든 언론이 내란을 기정사실화하고 아
무런 거리낌 없이 이 단어를 썼다. 보수언론이라는 조선, 중앙, 동
아도 예외가 아니었다. 당시 국민의 80%가 계엄령 선포에 거부감
이 있다는 여론조사는 계엄이 곧 내란이라는 프레임을 정당화하기
에 모자람이 없었다. 이 정도라면 윤석열이 아니라 그 어느 대통령
의 계엄도 모두 내란이 될 것이다.

    혹자는 이를 계엄에 대한 국민의 트라우마의 표현이라고 말한다.
1980년대에 있었던 계엄 사태와 이후 일어난 일련의 사건들은 그만

큼 계엄이라는 단어에 대한 우리 국민의 인식을 바꾸었다. 우리 국민은 군인들이 행정부와 언론을 장악하고 기본권을 통제하는 것을 넘어, 이에 저항하는 국민을 총칼로 무자비하게 탄압하는 것을 계엄으로 인식하고 있다. 광주민주화운동으로 명명된 사건에서 저항하는 국민을 죽이는 상황에까지 이르렀으니 계엄이 이렇게 인식되는 것이 어찌 보면 당연하다. 아울러 이런 사실은 이후 민주화 시대 국민 의식의 전환 속에서 끊임없이 표출되고 강조되어왔다.

또한 관련 사건에서 희생된 사람들을 민주화 유공자로 만든 일은 이 인식을 더욱 강화한다. 민주화 시대 국민의 인식은 어떤 경우든 군인이 통제하는 세상을 용납하지 않고 그 자체를 내란으로 간주하는 데 많은 이가 동의하는 것이다. 이는 대통령이 계엄을 선포할 수 있다는 헌법상의 권리마저 의미 없게 만들었다. 주권을 위임한 국민이 헌법이 정한 대통령의 권한을 인정하지 않는 사태가 당연한 정의로움이 된 것이다.

계엄령 발동이 적절했는지 여부, 그에 대한 절차적 문제가 없었는지 아닌지는 다른 이야기다. 이런 문제에 대한 논의는 대통령의 계엄 권한을 인정한다는 전제 아래서만 가능하다. 하지만 대통령의 계엄을 그 직후부터 누구도 예외 없이 내란으로 규정해버렸다면 내란 획책에 대해 그것이 적절한지, 절차적 문제는 없었는지를 논의할 필요가 없다. 그런데도 국무회의 절차가 적법했는지 등의 위법성 논의가 함께 이루어졌다. 계엄이 내란이라면서 절차를 왜 따지는지 이해하기 어렵다. 내란 자체가 헌법 위반인데 절차를 지키며 내란을 일으키는 사람은 없다.

대통령의 권한으로 행해진 계엄령이 내란이 되어버리는 것은 매우 이상한 일이다. 보통의 상식이라면 내란이 생겼을 때 나라를 안정시키기 위해 발동하는 것이 계엄령이다. 그런데 권력의 정점에 있는, 국회 결의조차 거부권으로 막을 수 있는 권한을 가진 대통령이 내란을 획책하는 경우가 있을까? 대통령에 의한 내란이 존재한다면 공화정을 폐기하고 왕정을 세워 스스로 왕이 되겠다고 선언하고 계엄을 선포한 뒤, 군대를 동원해서 저항하는 국민을 짓밟는 것 말고는 아무리 생각해도 없다.

내란의 의미가 사람에 따라 다를 수 있다 하더라도 그 다름을 인정하는 모습은 어디에도 보이지 않았다. 야당과 시민단체, 심지어 언론까지 내란이니 내란수괴니 하는 단어를 아무렇지도 않게 내뱉었다. 왜 이런 일이 생길까?

이런 상황은 지난 수십 년간 민주화라는 의식을 통해 축적된 국민감정에 기인한다. 인간의 본성 측면에서 보면 민주주의는 그 속에서 나오는 가장 강하고 감정 친화적인 하나의 주장으로 수렴하고, 그것이 다수이든 아니든 다수의 견해로 인정된다. 그렇게 인정된 견해는 시간의 흐름에 따라 실제로 다수가 인식하게 되고 사람들의 의식을 지배하게 된다.

이렇듯 민주주의의 결과는 이성적 판단보다는 지배적 상황과 감정적 판단에 의존하기 쉽다. 대중이 되는 각 개인이 자유 및 책임 의식을 명확히 인식하지 않으면 이는 필연이다. 국회의 탄핵 표결에

서 여당의 젊은 초선 국회의원은 눈물을 흘리며 윤 대통령은 보수
가 아니라고 말했다. 이것은 이념에 대한 인식 부족뿐 아니라 민주
화 시대에 영향받은 세상을 보는 눈이 그의 감성과 어우러져 얼마
나 왜곡될 수 있는지를 잘 보여주었다.

윤 대통령은 그의 계엄을 계몽령이라고 하지만, 전략적 판단 실
책으로 보는 견해도 있다. 원인이 야당의 국정 발목 잡기가 분명하
다 해도 이에 대응하는 전략으로 계엄은 결단코 적절하지 않다는 주
장이다. 민주주의 원칙에 따라 국민의 최소한 반 이상이 그것을 지
지해줄 상황도, 수준도 되지 않았다는 점은 그의 계엄을 변호하지
못하는 충분한 이유가 된다. 하지만 계엄이라는 행동만을 잘못이라
고 비난하는 데는 분명 문제가 있다. 대통령이 그렇게 비난받는 현
실은 오랫동안 굳어진 다수 국민의 오해와 편향된 의식의 표출이기
때문이다. 또한 다수 의석을 차지한 야당의 행동이 전혀 문제가 없
었다고 말할 수도 없기 때문이다.

시간이 지남에 따라 계엄이 계몽령이라는 사실에 동의하는 사람
들이 많아지는 듯했고, 그때쯤 나도 그 이상한 계엄이 계몽령이 될
수도 있겠다는 생각이 들기 시작했다. 부정선거라는 믿기 어려운
일도 믿는 사람이 많으면, 심지어 그런 사람이 전 국민의 반 이상이
면 부정선거가 될 수도 있는 것이 민주주의다. 대통령이 전략적으
로 의도했든 아니든 야당의 무리한 밀어붙이기에 대한 반발과 함께
나라를 바로 세우기 위한 대통령의 결단이라는 점이 더 주목받으면

서 실질적으로 계몽이 되고 있었다. 또한 수사를 받던 관련 장성 중 대통령에게 반하는 주장을 한 사람들의 진술이 자주 바뀌거나 의심이 될 만한 부분이 보인 점은 이런 방향을 강화하는 요인이 되었다.

'민주주의가 다수에 의한 의사결정 방법론'이라는 점을 인정한다면, 우리는 다수에 의한 강요와 강압을 인정해야만 한다. 그러나 만약 그리해야 한다면 우리가 '민주주의는 곧 정의로움'으로 떠받들 이유는 사라진다. 성숙한 민주주의는 다수가 소수의 견해를 무시하지 않고 설득하며 조화를 이루어 나가는 것이다. 단 하나, 여기에는 그 공동체가 가져야 하는 명확한 가치가 기반이 되어야 한다. 우리가 공산주의자를 소수라는 이유로 존중하고 예우할 수 없는 이유다. 그래서 민주주의에서의 성숙한 조화로움은 그 공동체의 가치 내에서만 유효하다.

감정을 앞세운 중우정치는 민주주의 체제의 퇴보를 의미한다. 권력을 위임받은 자들은 이성과 합리, 그리고 소수를 존중하는 협력과 타협의 자세로 국민에게서 나온 권력을 행사해야 한다. 국민 개개인도 민주가 아닌 개인의 자유와 그 자유에 따르는 책임을 다하는 사람들이어야 한다. 그것만이 야만의 민주주의를 제어하고 자제시킬 수 있는 유일한 길이다.

2.
퇴보좌파 이야기

용어 전쟁

❝ ....

평등과 분배를 내세우는 좌파 사고로는 진보하지 못한다. 자유와 성장
을 추구하는 우파 사고만이 진보다. 우리 사회에서 진보를 자칭하는 사
람들은 사실상 대부분 퇴보다. 보수는 진보가 되지 못하고 있으며 심
지어 좌파적이기까지 하다. 하지만 누구도 이 용어 사용의 문제를 인
식하지 않고 있다. 퇴보좌파는 현상이고 결론이며, 진보우파는 실현해
야 할 희망이 되었다.

.... ❞

진보좌파, 보수우파라고들 한다. 좌파와 우파는 경제적 견해 차
이로 대립하는 두 개의 다른 견해다. 좌파 앞에 진보가 붙은 것을 보
면 좌파의 방향은 진보적이고 우파의 방향은 보수적이라는 의미가
된다. 하지만 조금만 생각해보면 이 단어의 조합은 잘못이 아닌가
하는 의문이 들 수밖에 없다. 평등과 분배를 강조하는 좌파적 견해
가 과연 진보적일까 하는 의문 말이다.

진보는 혁신을 통한 발전을 의미한다. 그런 발전의 근간은 인간
의 자유로운 행동에 있다. 강요와 강제에 의한 발전은 매우 어렵다.
자유로운 생각과 주저함 없는 행동이 발전을 이끈다. 자유로운 생
각과 행동이 경쟁이라는 자극을 통해 만든 결과가 발전을 이끄는 것

이다. 발전은 곧 부의 창출로 연결되고, 그것은 더 나은 세상의 원천이 된다. 이것이 진보다.

그런데 이 진보가 어떻게 좌파라는 단어 앞에 붙어 있는지 이해하기 어렵다. 여러 가지 해석이 있겠지만, 애초에 변화와 발전을 거부하던 기득권 세력이 진보와는 거리가 멀었기에 저항이나 그 저항을 통해 변화를 이루고자 했던 프롤레타리아 세력이 진보라는 단어를 가져가게 된 것이 아닌가 한다.

이 단어들의 조합이 완전히 잘못되었음에도 오늘날 여전히 거리낌 없이 사용되고 있다. TV 정치 프로그램의 패널들이나 정치 논평가들, 심지어 여야 정치인들도 아무 의심 없이 사용한다. 평등과 분배는 발전이나 진보와는 무관하다. 그것은 오로지 진보적 발전을 통해서만 구현될 수 있다. 또한 우파 이념의 근간인 자유와 경쟁이 이끄는 발전과 혁신은 보수라는 단어와 어울리지 않는다. 이와 같이 진보와 보수, 이 두 단어는 진영의 실제 행태와 의미하는 바가 완전히 뒤바뀐 채 사용되고 있다.

진보는 낙태나 동성애자 이슈에 대해서는 개인의 자유이므로 존중해야 한다고 하면서 개인의 사유재산을 빼앗아서 분배하는 데는 아무런 거리낌이 없다. 반대로 분배를 위해 개인의 사유재산이 침해되어서는 안 된다고 하는 보수는 동성애자의 권리나 낙태를 인정하지 않는 모순된 태도를 보인다. 이는 진보가 좌파가 아니며, 보수가 우파가 아니라는 것을 말해준다. 진보라면 개인의 자유와 소유권을 존중하는 동시에 동성애자에 대해서도 일관되게 존중하는 태도를 보여야 한다. 그리고 보수 또한 선택적 개인 존중이라는 모순을 버려야 한다.

보수는 성취한 결과를 유지하는 데 더 관심을 가지지만, 모든 진보적인 것은 사실 우파적 사고의 결과다. 그래서 진보우파, 보수좌파가 더 적절한 표현이다. 하지만 현실은 그렇지 못하다. 진보적인 노력을 인정하고 그 노력으로 성취된 결과를 잃지 않으려는 사람들이 보수가 되고, 그런 성취가 만드는 차이를 불공평이라고 주장하며 분배를 통해 나눠야 한다는 사람들이 진보로 인식되어버린 것이다.

신문이나 방송, 그리고 모든 지식인 그 누구도 진보좌파, 보수우파라는 용어에 대해 깊이 생각하지 않는다. 세상의 변화에 사람들의 인식이 따르지 못하는 상황이다. 이런 혼란스러운 불일치는 진보라고 자칭하는 좌파가 사람들의 인식에서 이념적으로 우위에 있다는 방증이기도 하다. 그들은 사람들에게 그들이 더 진보적이라고 끊임없이 주장하기를 포기하지 않는다. 실상 그들의 주장이 결과적으로 진보적인 경우는 거의 없지만 사람들은 무의식적으로 그것을 받아들인다.

반면 보수는 그 자체가 상당히 진보적임에도 불구하고 그런 진보적 노력보다는 결과로 얻어진 상황을 지키고 유지하는 데 더 공을 들인다. 그러다 보니 항상 방어적 태도를 보이는 것이다. 여기에는 자칭 진보들의 공격에 대응하여 항상 방어만 하는 기제에 익숙한 보수의 게으름에도 이유가 있다. 상호 간의 대립에서 보수는 매우 수비적이며 공격에 취약하다. 반면 진보적 결과에서 무언가를 나누어 얻어내야 하는 좌파 진영은 상대적으로 공격에 특화되어 있다. 항상 이슈는 자칭 진보에서 제기하고, 보수는 그 이슈에 반박하기 바쁜 상황이 이를 잘 설명해준다.

자유와 개인, 경쟁과 책임을 강조하는 우파 이념은 필히 진보를 이끈다. 반면 평등과 전체, 분배와 감성만을 강조하는 좌파 이념은 발전의 결과물에 숟가락을 얹는 것에 불과하다. 그런데도 우파 앞에 보수가 붙고, 좌파 앞에 진보가 붙는 이 이상한 조합에 의문을 제기하는 학자도 지식인도 없다. 우파 지식인들조차 자신을 보수라고 하는 것은 상당히 불행한 일이다.

보수우파란 발전적 혁신을 거부하고 현실에 안주하는 기득권 세력이라는 말밖에 되지 않는다. 그래서 보수우파가 되고 싶은 젊은이가 많지 않다는 것은 전혀 이상한 일이 아니다. 현재 다수의 20대가 자신을 보수라고 주장하는 이유는 보수라는 개념을 이해해서가 아니라 진보라고 주장하는 자들의 행태에 동의하지 못하기 때문이다.

좌파들에게 진보라는 단어는 큰 의미가 있다. 전혀 진보적이지 않으면서도 진보적이라는 인식을 주고 있기 때문이다. 진보라는 단어, 얼마나 멋있는가? 하지만 평등과 분배를 강조하는 사람들이 진보를 이룰 수 있는 곳은 사람들의 따뜻한 마음속뿐이다. 그리고 그것은 대부분 마음에만 머물기 때문에 위선이 된다. 세상은 평등하지도 않고 공평하게 배분되지도 않지만, 그렇게 마음으로 자위하며 정의로움을 뽐내기까지 한다.

진보는 현실에서 눈에 보이는 형태로 나타나는 현상이다. 따뜻한 시나 감성 소설 속에서 이루어지는 것이 아니다. 우리의 진보는 언제나 그렇게 우파적 사고의 노력과 결실로 이루어졌다. 그러하기에 진보우파, 보수좌파가 맞는 표현이다. 보수적 좌파는 진보적 우파의 결실을 나누는 데만 관심이 있다. 나눔은 따뜻함 외에는 생산성이 없는 일이다. 발전의 성과를 나누어 가지기만 하면 발전을 더디게 만드는 요인이 될 뿐이다. 만약 그런 좌파 세력이 크다면 세상은 퇴보하기 시작한다. 노력해서 창출한 것을 다음 발전의 동력으로 삼지 못하고 다 나누는 써버리는 세상은 발전은커녕 퇴보할 것이 자명하기 때문이다.

이제 아무 생각 없이 사용 중인 이 용어를 바꾸어야 할 때가 되었다. 진보좌파도 보수우파도 존재할 수 없는 용어다. 비록 인간의 이념적 사고가 출현한 초기에 진보가 좌파였음을 부인하기는 어렵지만 이제 그렇지 않다. 아울러 좌파가 지금도 진보라는 용어를 선점하고 있는 이유는 분명하다. 그들은 진보적 가치를 진심으로 구현할 의지보다는 평등과 배분이라는 그들의 가치를 실현하고자 그것이 진보임을 사람들에게 각인시키려는 것이다. 또한 우파가 보수가 된 이유는 그런 좌파의 선제적 주장과 공격에 대항해 현실을 지키기 위해서 보수가 될 수밖에 없었기 때문일 것이다.

모든 좌파적 주장은 퇴보적이다. 그들은 세상의 진보가 우파적 가치를 근간으로 노력한 결과를 빼앗아서 나누는 데만 관심이 있다. 진보가 이룬 발전이 그 나눔보다 크다면 세상이 발전하겠지만, 진보의 동력보다 나눔의 힘이 더 커진다면 세상은 퇴보할 수밖에 없다.

민주주의는 다수의 주장이 선택되는 제도다. 어느 세상에서나 발전을 위해 애쓰는 사람들이 더 많지만, 그런 사람들조차 평등과 분배의 정의로움에 빠져 살아간다.

따라서 평등과 분배는 민주주의에서 승리를 쟁취하기 쉽다. 세상이 완벽하지 않다면 평등과 분배를 주장하는 사람들의 인식을 무조건 배제할 수는 없다. 그래서 힘들고 불행한 일이지만 우리는 그것이 발전의 동력보다 더 커지는 상황을 제지해야 한다. 그래야만 조금씩이라도 발전할 수 있기 때문이다. 이런 발전은 오로지 개인과 자유에 대한 이해가 더 깊어진 세상에서만 가능하다. 아울러 소수의 의견도 존중하며 함께 살아가는 성숙한 민주주의에 대한 이해가 반드시 필요하다.

범죄자가 우리의 대통령이 되어도 될까?

> 66
> 범죄자가 대통령이 되지 못할 이유는 없다. 범죄자도 뛰어난 능력으로 국정을 운영할 수 있다. 하지만 범죄를 저질렀다는 이야기는 모두의 약속인 법을 어겼다는 것이고, 그런 약속을 어긴 사람을 국가 최고 책임자로 선택해서는 안 될 것이다. 약속을 어겼다는 사실보다 더 큰 문제는 자신의 행위에 대한 책임에 관한 것이다. 책임을 회피하는 데 급급한 사람이 국가의 최고 책임자가 되는 것은 상상만 해도 끔찍하다.
> 99

법률적으로 처벌되는 죄를 지은 사람이 대통령이 될 수 있을까? 당연히 안 될 이유는 없다. 대통령이 되고 안 되고는 그가 지은 죄와는 무관하며 국민 다수가 선택하면 가능하다. 그것이 민주주의에 부합하는 약속이다. 하지만 많은 국민이 그런 대통령을 보고 마음이 편할 리는 없을 것 같다. 도덕심은 정치와 무관하고 일만 잘하면 상관없다고 생각하는 사람들도 있다. 정치의 영역에 들어오면 사람들은 도덕에 매우 둔감해지는 듯하다. 우리가 자주 쓰는 자조적 표현으로 '정치라서 그렇다'라는 말은 도덕에 무관심한 사람들을 양산한다. 이런 현상은 정치를 퇴보시키는 한 요인이기도 하지만, 어찌보면 인간의 본성에 대한 솔직한 성찰이기도 하다.

인간 세상에서 도덕은 이념보다 하위에 있다. 민주주의 사회에서는 그런 경향이 더욱 크다. 사람들은 겉으로는 공동체의 이익을 이야기하며 함께 살아가는 약자에 대한 배려를 말하지만, 실상은 각자의 이익을 우선으로 한다. 국민의 지지를 얻어야 하는 정치인은 최선을 다해 국민의 생각에 자신을 맞춘다. 이런 생각의 표현이 이념이다. 그렇다면 공동체의 이익, 약자에 대한 배려, 그리고 각자의 이익을 잘 대변하면서 더욱 도덕적인 이념은 과연 어느 쪽일까?

많은 사람이 좌파 이념이라고 답할 것이다. 하지만 이는 결코 정답이 아니다. 우파적인 사고가 이룩한 진보의 성과가 없다면 공동체의 이익도 약자에 대한 배려도 가능하지 않기 때문이다. 이루어진 성과를 어떻게 나눌 것인가만 생각하니 오해가 생기는 것이다. 우파적 생각과 이념은 개인의 노력과 책임을 강조한다. 그래서 진보적이고 발전을 이룬다. 반면 좌파적 생각과 이념은 개인의 노력을 통한 발전보다는 그 결과에 중심을 둔다. 그리고 그것은 전체의 노력에 의한 결과이므로 나누어야 한다는 정당성을 확보하게 된다. 이는 사실상 진보적 노력을 통해 얻은 과실을 배분하자는 것 외에는 다른 의미가 없다.

좌파 이념의 속성상 개인이 전체 속에 종속되는 것은 불가피하다. 또한 전체 속에서 개인의 진보적 노력은 약해질 수밖에 없다. 혼자힘으로 서 있을 때보다는 전체 속에 있을 때 개인의 부담은 줄어들고 안락함은 더 커지기 때문이다. 그래서 의존성은 여기에서 더욱 발현된다. 이런 상황에서 발전과 진보는 구현되기 어렵다.

도덕은 말할 나위도 없다. 전체 속에서 한 개인의 모습은 드러나지 않는다. 개인의 도덕성은 개인의 문제일 뿐이다. 법이 정한 범죄가 아닌 이상 우리가 도덕에서 규율하는 것들은 전체 속에서 솔직함을 잃는다. 앞에서 언급했지만, 한동훈이 총선을 치르며 이재명의 부도덕에 초점을 맞춘 선거 전략을 펼칠 때 나는 패배를 직감했다. 유권자인 국민은 기표소 안에 들어가면 도덕성과 완전히 이별한다는 사실을 그는 모르는 것 같았다. 역시 한동훈은 참패했다. 이유야 여러 가지겠지만 근본적으로 선거 전략의 완벽한 패배였다. 본인이 도덕적이라서 그런지 몰라도 도덕성을 까면서 이길 생각을 한 것은 한동훈의 최대 실책이다. 무척 불편한 이야기겠지만, 사실 사람들은 그리 도덕적이지 않다.

대통령 후보가 범죄 혐의자라도 별로 거리낌이 없는 것은 이런 이유와 일맥상통한다. 이념 아래에 도덕심이 있다는 근거가 여기에 있고, 이런 측면에서 좌파의 사고는 우파의 사고보다 더 이익이다. 여기에 민주주의라는 제도가 크게 이바지한다는 사실은 부인하기 어렵다. 민주주의는 전체가 어떻게 하자는 방법을 규정짓는 제도이며, 필연적으로 전체를 본다. 그래서 개인을 존중하고 그 책임을 강조하는 우파적 사고와는 어울리지 않는다. 민주주의 제도가 범죄자 대통령도 만들 수 있는 이유는 결코 그것이 정의로움이라서가 아니며, 이념이나 도덕심이 작용하는 제도도 아닌 단순히 어떻게 하자는 규정일 뿐이기 때문이다. 그런데도 '민주주의의 승리' 따위의 말도 안 되는 표현으로 마치 그것이 정의로운 것인 양 선동한다.

이재명이 실제로 범죄 혐의가 인정된 범죄자라 해도 그가 범죄자라는 사실은 대통령직을 잘 수행할 것인가 아닌가와는 전혀 관련이 없다. 일에서 그의 성공은 그 일의 방향에만 달려 있다. 불행히도 이재명과 그의 정당이 가진 생각은 결코 세상에 진보적이지 않다. 좌파 정당이 집권하면 언제나 퇴보하는 세상을 경험하면서도 많은 사람이 그런 사실을 인식하지 못한다. 경제 관련 정책들은 대부분 그 정책이 시행될 당시보다 훨씬 더 지난 후에야 영향이 나타나기 때문이다.

정치인과 정당은 정권을 얻기 위해 국민을 설득한다고 말하지만, 실상은 국민 수준에 맞는 말과 표현으로 마음을 얻는다고 하는 것이 더 적절하다. 이른바 국민 눈높이에 맞추는 일은 그렇게 감성적이며, 사실관계에 대한 이해와는 거리가 멀다. 또한 모든 국민의 이해 수준이 사실관계를 모두 인식할 정도가 되지도 않는다. 따라서 정치는 정치인의 솔직함을 필요로 하지 않는다. 여기에 도덕이 낄 이유는 더욱 없다.

정치판의 혼탁함은 어제오늘의 일이 아니다. 그나마 눈으로 드러나는 범죄적 사실들은 많이 사라졌고 환경은 나아지고 있다고 위안할 수 있겠지만, 다수 국민의 이해를 통한 지지를 얻는 것은 아직도 요원하다. 개인의 각성이 없는 민주주의 시대, 결국 정치는 감성으로 마음을 얻는 것일 뿐이다. 이것은 솔직히 슬프기까지 하다. 민주주의 앞에 자유가 붙어서 명맥을 유지하는 세상이 참으로 힘들다. 민주주의를 포기하지 못한다면 결국 성숙함의 문제만 남는다. 하지만 성숙함을 기대하기에는 희망이 보이지 않는다.

이념과 진영의 양극화는 전 세계 자유 진영이 직면한 과제다. 어떤 이는 민주주의의 실패를 예견하기도 한다. 민주주의라는 제도는 진영의 양극화가 깊어질수록 필연적으로 갈등을 증폭시키는 기폭제 역할을 하게 된다. 다수는 민주주의 논리에 의거해 소수에 대한 억압으로 그들의 이익을 취하려 할 것이고 소수의 저항은 더욱 강해지게 된다. 갈등을 중재할 힘은 갈수록 약해져 결국 힘에 의한 이전투구 양상만 남게 된다. 윤 대통령 탄핵 사태 초기에 미국이 한국의 민주주의를 걱정한다고들 했지만, 다른 모든 일과 마찬가지로 민주주의의 위기를 한국이 미국보다 먼저 겪는 것이지 미국의 민주주의가 더 성숙해서라고 생각하지는 않는다. 미국의 축적된 정치 성숙도도 진영 간 갈등이 커지면 위기 상황으로 치달을 수 있다. 민주주의는 그렇게 실패할 가능성이 높다.

퇴보좌파에 관해서는 그들이 결국 세상을 퇴보시킨다는 사실과 아울러 할 수 있는 이야기가 많다. 문재인 시대에 있었던 그 많은 일을 생각하면 가슴이 아프지만, 이 책에서는 더 이상 언급하지 않기로 한다. 퇴보좌파 진영이 각성한다는 것은 천지개벽 같은 일이다. 따라서 그런 일을 위해 노력하는 것보다는 보수 진영의 이해와 각성을 촉구하는 것이 훨씬 더 필요하다고 생각한다. 이 나라 보수는 이념적 각성이 좌파들보다 여전히 모자라다는 점을 인식해야 한다. 그리고 진정한 진보우파가 되어 자유 가치 중심의 이념으로 무장할 수 있는 날이 조속히 오기를 바란다.

3.
보수우파 이야기

자유를 이야기했던 대통령

> "
>
> 자유는 곧 진보다. 운 좋게도 우리는 좌파 진영의 대통령들조차 한 사람만 빼고는 실제로 우파적 진보를 거부하지 않았다. 다음 대통령도 자유를 이야기하며 국민 개개인의 각성을 요구하는 진보적 개혁주의자이기를 바란다. 미래세대를 위해서도 꼭 그런 사람이 대통령이 되어야 한다.
>
> "

이 책을 쓰는 동안 12·3 계엄 사태와 대통령 탄핵 소추가 발생해 윤석열 대통령과 관련된 마음속 이야기는 의미가 없어져버린 듯하다. 하지만 나는 그가 강조한 '자유'에 대한 기억을 버릴 수가 없다. 민주화로 인해 민주주의가 완전히 곡해되고 그 무엇도 초월한 정의로움이 된 세상에서 자유는 민주를 치장하는 수식어로 전락하고 말았다. 그동안 좌파 정부는 물론 우파 정부조차 자유에 대한 인식은 초라하기 짝이 없었다. 그렇게 우리는 자유를 잃어가고, 전체주의의 망령은 우리 사회에 대한 지배를 더욱 강화하고 있었다.

윤 대통령이 선출되고 난 뒤 가장 놀라웠던 일은 그의 취임사를 들었을 때다. 검사였던 대통령의 입에서 도무지 기대하지도, 생각지도 않은 '자유'라는 단어가 여러 번 나오는 게 아닌가? '이 사람은 누구지?' 하는 의문은 이후 그의 모습을 보면서 차츰 확신으로 바뀌어갔다. 구중궁궐 같은 청와대의 용산 이전을 진보적 개혁이라고 생각한 나는 그의 결정을 환영했다. 또한 자유를 여러 차례 언급하는 대통령의 출현은 분별력을 가지고 이성적으로 사안에 따라 현명하게 판단하려는 내게 감동스러우리만큼 충격이었다. 그만큼 민주에 눌린 세상에서 몇십 년을 보낸 나에게 자유를 이해하고 그것을 거침없이 표출하는 대통령이 달리 보이는 것은 당연했다.

만약 그의 개혁이 자유를 근간으로 한 진보적인 것이라면 비록 이 견해에 동의하지 않는 분들이 많다고 해도 대통령을 아주 잘 뽑은 것이다. 의료 개혁은 진보를 자처하는 민주당에서도 시도했던 일이다. 이유는 명확하다. 국민연금과 같이 건강보험도 본질적으로 사회주의적 정책으로서 결코 성공할 수 없는 제도이기 때문이다. 정답은 본인의 결정과 책임으로 정당하게 의료비용을 부담하게 하는 것이다. 당장 닥친 문제를 해결하기 위해 아무리 제도를 고쳐본들 절대로 해결되지 않는다.

어쨌든 의료 개혁이 실패한다면 그 이유는 현재의 균형에서 손해가 발생하는 집단의 저항을 이겨내지 못해서이기도 하고, 그것을 이겨내려는 의지가 약해서이기도 하다. 표 떨어지는 소리가 들리면 본능적으로 말을 바꾸는 것이 정치다. 그런데도 윤 대통령은 포기하지 않고 밀어붙였다.

의료 개혁의 본질적 동인은 근본적으로 국가가 독점하는 건강보험제도 문제에서 나온다. 인구가 줄고 노인이 늘어나면 국가 전체적으로 의료비는 늘어나게 된다. 그런데 지금 이대로 둔다면 건강보험 재정 문제가 국민연금 고갈 문제보다 먼저 초래될 수 있다. 상대적으로 병원 신세를 많이 져야 하는 노인들은 늘어나는데 병원은 적게 가면서 의료비를 부담해주는 젊은 층의 숫자는 줄어들기 때문이다. 사실 나는 국민연금보다 건강보험 문제가 더 심각하다고 생각한다. 어쨌든 해답은 명확하다. 이 제도를 유지해야 한다면 건강보험료를 인상하는 것 외에는 답이 없다. 하지만 이 일을 하려면 정권의 명운을 걸어야 한다. 이 사실을 이해하든 하지 않든 자기 부담이 늘어나는 것을 좋아할 사람은 없을 것이기 때문이다.

앞에서도 언급했지만, 작금의 의료 사태는 그래서 국민을 향하지 않고 의사들을 향하는 모습을 갖추고 있다. 의료계는 정부를 향해 투쟁하고 있지만, 이 또한 본질적으로는 국민을 향한 투쟁이다. 정부 또한 국민의 부담이 늘어나야 한다고 솔직히 말하지 않는다. 돈을 더 내야 한다면 좋아할 사람이 없고, 심지어는 의사들의 수입만 올려주는 것이라고 비난할 게 명백하기 때문이다.

공공의 문제 중에서도 의료 문제는 아주 심각한 이슈다. 개인이 자기의 비용을 부담하는 사적 영역이라면 애초에 이런 문제는 존재하지도 않는다. 어려운 최하층 사람들에게 세금으로 의료비를 지원해주는 시스템 정도이기만 해도 큰 문제가 되지 않는다. 그렇다면 의료비가 너무 비쌌을 것 아니냐고 하는 주장도 옳다. 하지만 그 경우 의료비가 비싼 이유는 정부가 그만큼 의사 수, 즉 의료 공급을 제한하기 때문이다. 면허를 틀어쥐고 의료인 수를 정부가 결정하는 시스템에서 수요와 공급을 인위적으로 맞추려는 시도는 전형적 계획경제로서 제대로 운영될 수 없다. 인정하지 못하는 사람들이 많지만, 의료 역시 시장에서 결정되는 것이 최선이다. 분명 최선이라고 했는데도 시장은 최고가 아니라는 반박을 자주 듣는다. 어떤 경우라도 계획은 시장이 균형 잡는 최선보다 못한데 말이다.

그래서 대통령과 정부의 개혁 의지를 존중했다. 이것은 개혁되어야 할 일이 분명하기 때문이었다. 현재 상황대로라면 지금의 평형상태에서 누군가가 더 손해를 보는 것이 당연하다. 의사들의 요구를 들어주면 국민의 부담이 늘어나야 한다. 국민의 부담을 늘리지 않으려면 의사들의 수입이 줄어들 수밖에 없다. 문제는 둘 중 어느 하나도 정답이 아니라는 데 있다. 정부가 그것을 모를 리 없다고 생각한다면 이 개혁의 방향은 반드시 의료민영화라는, 의료에서의 사적 영역의 확대로 귀결될 것이다. 아무리 거부감이 크더라도, 그리고 100년이 걸리더라도 이 문제의 해결 방법은 그렇게 방향을 잡아야 한다.

민주주의 사회에서 정부의 어떤 결정은 필히 그 결정에 영향받는 이들의 행동을 유발한다. 그 행동은 또 다른 행동에 영향을 주고, 그 모든 모습이 현실을 구성하게 된다. 그래서 의도하는 바와 그에 따른 인간 행동의 미래 모습을 추정해보면 결과가 짐작되기도 한다. 그 미래 모습도 의료에서 공공의 축소를 향하는 방향이다. 비록 의도한 바가 아니라 하더라도 자유를 이야기하는 대통령이기에 의료개혁을 그렇게 믿어보기로 했다. 비록 이 개혁은 이제 어디로 흘러

갈지 모르는 지경이 되었지만 말이다.

북한을 향한 윤 대통령의 메시지도 이전과는 매우 달랐다. 북한을 화합의 대상으로 보지 않는다는 비판도 있지만, 그들과 화합하려고 아무리 노력해도 우리가 원하는 대로 되지 않는다는 것이 이성적인 결론이고 현실이다. 북한이 그들의 정권을 포기하면서까지 화합하려 할 것으로 믿는다면 순진한 일이다. 그렇다고 실제로 우리와 화합 및 교류를 하게 되면 북한 주민들이 우리에게서 받는 영향은 더 커질 것이므로 북한 정권 입장에서는 절대로 바라는 일이 아니다.

사실 많은 국민이 북한 정권과 북한 주민을 구분하는 데 익숙하지 않다. 자유를 중심에 둔다면 답이 명확한데도 그러하다. 북한 주민들에게는 자유가 없다고 해도 과언이 아니다. 그래서 그들을 억압하고 있는 북한 정권은 타도해야 할 대상이고 북한 주민들은 구출해야 할 대상인 것이다. 비록 먼 타국의 억압받는 사람들까지 우리가 구할 수는 없어도 정부로서는 80년 전까지만 해도 함께 살았던, 억압받는 북한 사람들에게 관심을 가지고 그들을 위해 노력해야 한다. 대통령의 자유와 북한에 대한 메시지는 여기에 중심이 있다고 생각했다. 힘들고 어려운 북한 주민을 향한 이런 메시지는 그래서 인정해야만 한다.

언급하다 보니 대통령에 대한 좋은 이야기로만 들릴 수도 있겠다. 하지만 자유를 이야기하는 대통령이라는 제목의 글에서는 비판할 대목이 별로 없다. 나는 앞으로 나올 대통령도 이런 사람이기를 바란다. 아무리 대통령이어도 한순간에 세상을 바꿀 수는 없겠지만 자유에 대한 인식과 그런 노력이 끊임없이 제기되고 실천될 때 우리 사회는 분명 더 나은 방향으로 나아갈 것이기 때문이다.

자유는 곧 진보다. 개인의 각성과 존중 또한 진보임이 틀림없다. 앞으로도 그런 대통령이 나와야 하고, 또 그런 국민이 많아져야 한다. 윤 대통령은 사라지지만, 그가 외친 자유가 의미를 잃지 않기를 바라는 마음 간절하다.

존재하지 않는 보수주의자

> 66 ....
> 보수의 재건과 혁신은 오로지 진보적일 때만 가능하다. 퇴보좌파의 공
> 격에 방어만 하는 자세로는 진보할 수 없다. 자유의 가치를 깊이 인식
> 하고 스스로 먼저 나서서 개혁과 혁신을 추구할 때 비로소 보수가 원하
> 는 세상을 만들 수 있다.
> 99

대한민국 건국 이래 정치적 상황 변화를 되짚어보면 이 나라에서
는 현재 보수라고 말하는 진영이 제대로 존재해본 적이 없었다. 진
보라고 말하는 좌파 진영이 4·19 이후 잠시나마 정권을 잡았지만,
힘과 권위로 강력한 지도 기반을 갖춘 군의 인재들이 이를 뒤엎어
서 사실상 보수가 보수적 자각을 갖출 기회를 얻지 못한 것이 큰 원
인이다. 시민혁명까지는 아니더라도 틀린 생각(나는 이 생각을 다르
다고 말하지 않는다. 오늘날 진보를 자칭하는 사람들의 생각은 분명 덜
발전적이고 심지어 퇴보적이기까지 하다. 개별적 주장에서는 더 나음
이나 바름이 존재하기도 하지만, 그것들의 대부분은 행동에서 엉뚱한
곳으로 빠지는 경우가 많다. 그렇게 그들은 모순적이다)에 저항할 기
회가 없었다. 강력한 힘으로 통치되었기에 보수 시민들은 진영이라
는 틀을 갖출 이유도 없었다. 아울러 근대 이후 미국을 위시한 서양

에서의 보수는 자유와 인권, 그리고 개인으로 대표되는 자유주의를 근간으로 이념을 공고히 정립했지만, 한국의 보수는 이를 배울 의지도 필요도 없었다.

그런 보수가 엄청난 충격에 빠진 사건이 박근혜 탄핵이었다. 이러다가는 큰일 나겠다는 인식이 널리 퍼졌지만, 보수는 어떻게 해야 하는지를 몰랐다. 이때 보수가 정치적으로 또 이념적으로 공고했다면 지도부의 진영 결집 전략과 노력을 통해 좌파와 제대로 대결을 해볼 수 있었을 것이다. 하지만 존재하지도 않고 이념적 결집도 없는, 그래서 신념조차 거의 없는 진영에서 이런 모습을 찾는다는 것은 불가능했다. 그들은 태극기를 들고 '탄핵무효' 네 글자를 외치는 것 말고는 할 수 있는 것도, 할 줄 아는 것도 없었다.

이해하다시피 한국 보수는 이념적 각성에서 나온 것이 아니고, 처절한 투쟁의 결과로 정착된 것도 아니다. 단지 공산주의가 싫다는 생각 외에는 아무것도 없다고 해도 과언이 아니다. 그들이 보기에 공산주의자와 가깝다고 여기는 사람들을 진보라고 하고 자기는 그 빨간색을 싫어하니 보수가 된 것일 뿐이다. '공산당이 싫어요'가 애초의 보수이고, 지금은 좌파들의 위선과 부도덕, 그리고 그들이 하는 행동을 싫어하는 사람이 보수인 것이다.

앞에서도 언급했듯이 대한민국 보수우파는 퇴보들이 선점한 진보좌파라는 단어와 대립하는 사람들이라는 이유로 이와 반대로 자리매김한 것일 뿐이다. 그리고 진영에 빠진 열렬한 사람들을 제외한 평범한 보통 사람들은 보수와 진보를 왔다 갔다 한다. 어느 나라나 중도라고 불리는 사람들은 존재하고, 이들의 이념적 사고는 매우 약하다. 그리고 이념적 인식의 차원에서 고정적 진보(실제로는 퇴보)는 많아도 고정적 보수는 상대적으로 적다. 안타깝지만 대한민국 보수 진영에서 수를 채워주는 것은 '공산당이 싫어요'라는 구호에 더하여 상대의 부도덕을 배척하는 마음이 전부이기 때문이다. 그래서 중도와 마찬가지로 보수도 진보를 자칭하는 좌파에 비해 이념적 사고가 미약하다. 자유와 개인, 그리고 그 개인의 책임 의식과 타인에 대한 존중이라는 보수우파의 기본 개념조차 희박하다.

오늘날 자신을 진보라고 주장하는 사람들이 그들 진영의 모순이 아무리 드러나도 바뀌지 않는 이유 중 하나는 '우리는 정의롭다'라는 신념에 물들어 있기 때문이다. 그 정의로움은 약자를 위하고 공정한 분배를 통해 세상을 진보시킨다는 생각에서 나온 것이다. 이런 정의로움의 근간까지 부인하며 모순을 인정할 만큼 용기 있는 사람들은 그리 많지 않다. 이념이 주는 신념은 이렇게 무섭다.

하지만 보수는 자신의 이념이 무엇인지조차 모르는 사람이 많고, 선동가도 별로 보이지 않는다. 간혹 보이는 선동가들은 극우로 치부되어 공격당한다. 결국 수준 낮은 선동가들만 남게 되고, 이런 사람들로 인해 보수는 더욱 설 자리를 잃고 있다.

보수의 이념이 자칭 진보(퇴보)의 좌파 이념과 비교해 더 어렵지 않은데도 자각하지 못하는 이유는 두 가지다. 하나는 전체주의나 국가주의, 민족주의에 물든 의식 때문이다. 근본적으로 이 세 가지 '~주의'는 모두 좌파적이거나 좌파적으로만 실행되고 있고 모두가 거부하지 못할 현실이다. 두 번째는 보수라는 사람들조차 그들의 이념적 토대를 현실에 대입해 부정하고자 하는 데 있다. 보수는 현실에서 직접 실행되는 정책이나 방향 전체를 대입하여 최고의 방법을 찾는 데 어떤 의문도 가지지 않는다. 심하게 이야기해서 현실의 노예이고, 그 현실에서 인간 세상의 모순을 어쩔 수 없다는 이유로 인정하고야 만다. 반대 진영이 무슨 행동을 하면 그런 현실을 거부하며 부정하기만 하고 그것 아닌 현실만을 외친다.

그렇게 보수는 자기 이념을 내세우는 것이 아니라 상대가 내세우는 것을 반대하는 행동이 전부라고 해도 과언이 아니다. 그래서 패배하는 것이다. 이념적 바탕이 없는 생각과 행동이 그것을 모두 갖춘 행동에 대항해서 이길 방법은 없다.

나는 SNS를 통해 그런 현실을 만들기 위한 올바른 이념을 여러 차례 이야기했다. 하지만 보수라는 사람들조차 대부분이 그 이념의 근본을 비현실적이라 단정하고 심지어 비난하기까지 했다. 진보를 주장하는 좌파를 배격하려면 보수 이념에 입각한 신념이 있어야 한다. 그저 좌파가 주장하는 내용의 비도덕성이나 모순을 지적하는 것이 아니라 우파라면 이래야 한다는 주체적 행동을 표명하는 것이다. (유튜버 중에서는 지식의 칼 이재홍이 이런 기본을 자주 잘 설명하고 있다.)

이것은 전체주의적 사고를 배격하고 정부에 의존하지 않는 개인 중심의 자각, 개인으로서 타인에 대한 존중과 비침해, 그리고 그런 개인의 자유와 책임 의식이다. 이는 좁은 의미의 자유주의적 사고가 아니며, 보수 이념의 실질적 핵심 요소들이다. 또한 이 이념이야 말로 진정한 평등과 정의로움의 근간이다.

보수가 이념적 단련을 통해 국민 다수의 인식을 바꿀 때 진영 간 싸움에서 이길 수 있다. 지금 벌어지는 아슬아슬한 진영 대결을 해결하는 길은 현실 속에서 전체가 아닌 개인을 자각하고 이를 현명하게 실천하는 사람들이 많아지는 것 외에는 답이 없다.

거짓을 당당하게 말하고 비도덕적이기까지 하며, 심지어 범죄자도 진영의 관점에서만 바라보고 판단하는 사회는 정상일 수 없다. 세상 사람이 모두 다르고 온갖 생각이 있다고 해도 올바른 이념으로 성숙한 정의로움을 말할 수 있는 현명한 개인이 많아져야 한다. 이 현명함은 따뜻한 감성보다는 이성에 바탕을 둔 사고여야 하고, 감성은 오로지 감성의 영역에만 묶어둠으로써 이성의 영역에 침투하는 것을 막아야 한다.

대한민국 진보는 그들이 퇴보임을 끊임없이 입증하고 있다. 그들의 부도덕은 도를 넘고 있고, 그들의 미성숙함은 언젠가 국민 다수의 자각을 통해 퇴출당할 것이다. 한국 보수는 이제야 걸음마 수준이지만 많은 국민이 각자 생각의 변화를 통해 올바른 이념을 체화할 수 있을 것임을 확신한다.

진보와 개혁을 향한 노력

> **"**
>
> 민주화가 평등과 분배를 외치는 목소리와 함께한다면 그것은 세상의 진보를 막는 독이 된다. 그 독에 저항하던 대통령이 패배한 듯 보인다. 하지만 우리는 세상의 진보를 위한 노력을 포기해서는 안 된다. 더 나은 미래를 물려주기 위해서는 그런 희생이 계속되더라도 그 길을 가야만 한다.
>
> **"**

힘과 권위가 무너진 역사적 사건들은 10·26에서부터 5·18까지의 시기에 발생했다. 민주화라는 프레임은 독재와 철권통치, 부정부패에 저항하는 정의로움으로 모든 국민에게 각인되었고, 이렇게 설득되고 선동된 투쟁은 김영삼의 3당 합당에 따른 정치적 성공으로 마무리되었다. 노태우가 집권했다지만 그가 집권하기 전 6·29선언에 의해 민주화는 하나의 프레임으로 완성되었다고 보는 것이 옳다. 그리고 김영삼 집권 이후 군 출신의 두 대통령은 단죄되었다. 이로써 권위적 보수와 사실상 존재한 적 없었던 보수 진영은 기반을 완전히 잃게 되었다.

이때부터 민주화라는 정의로움에 영향받은 대부분의 국민은 스스로는 전혀 진보적이지도 않으면서(심지어 보수적이기까지 하면서) 진보라 불리는 진영 속으로 빨려들었다. 보수적 성향의 많은 사람도 마찬가지였다. 정의로움을 주장하는 사람들을 부정할 수 있는 이론적 근거가 없었고, 이에 저항하는 지식인들은 씨가 말랐다고 해도 과언이 아니었다. 대다수의 지식인이 모두 민주화를 칭송하며 그들의 정의로움을 뽐내는 지경에 이르렀으며, 지금도 여전히 그러하다.

그렇게 김영삼, 김대중, 노무현의 시절을 지내왔지만, 정권을 잡은 세력은 그들의 이념을 세상에 뿌리내리면서도 자유 진영에서의 세상 흐름을 완전히 거스르지는 못했다. 이 점은 그나마 다행스러운 일이다. 또한 이전의 집권 세력과 별반 다르지 않은 부정과 부도덕의 문제로 인해 그들이 성취했다고 주장하는 민주주의 다수결에 따라 정권을 내놓기도 했다. 솔직히 저항에만 특화된 진영은 정권을 운영할 역량이 그리 높지 않았다. 시쳇말로 데모만 하던 사람들이 정권을 잡았으니 잘될 리 있느냐는 냉소도 있었다. 나는 그보다는 그들이 생각하는 이념적 근간이 결코 나라와 사회를 발전시킬 수 없었기 때문이라고 확신한다.

김대중은 IMF 위기 상황의 극복을 위해 그들 혹은 그들의 지지자들이 추종하는 이념과는 정반대의 정책을 펼칠 수밖에 없었다. 햇볕정책과 대북 지원이라는 순수함을 빼면 한편으로는 보수보다 더 보수적이었으며, 다른 한편으로는 진정한 진보적 개혁을 이루었다. 정치적으로 일본이라고 하면 역적이 되어버리던 현실에서 일본 문화를 개방한 것도 김대중이다. 그는 일본 문화 개방이라는, 다른 누군가가 했으면 친일파로 처단당할 만한 이 놀라운 일을 아무 저항 없이 이루어냈다. 이런 상황은 대한민국 국민이 진영을 가리지 않고 힘의 권위에 익숙하다는 사실을 잘 보여준다. 나는 사실 이 일이 김대중의 권위가 아니라면 불가능했다고 생각한다.

노무현 또한 자유주의적 세계질서에 저항하지 않았다. 그는 FTA로 많은 생각과 고뇌를 했음에 틀림없다. 자신의 이념과 신념에 잘못이 있음을 스스로 인식했을 것으로 확신하지만, 겉으로는 그런 표명을 하지 않았다. 하지만 그가 개방이라는 자유주의적 결단이 나라의 발전을 위해 필요하다는 사실을 이해하고 인정했다는 사실에 안도한다. 그는 내부적으로 약자와 가난한 자들을 보살피는 따뜻함을 보이는 데는 항상 강한 모습이었지만 나는 그것만큼 약한 모습도 없었다고 생각한다. 그렇게 그는 자신의 이념도 세상도 거스르지 못한 지도자였다.

이명박의 당선은 약해진 민주화 세력의 참패로 끝난 사건이다. 여기에는 김대중과 노무현이 그들의 지지 세력이 원하는 방향과는 반대의 정책 행보를 보인 것이 큰 역할을 했다고 생각한다. 그만큼 우파적 사고와 정책이 나라 발전에 이바지했다는 사실을 국민이 인식했다는 근거이기도 하다.

하지만 이명박 당선 후 다시 저항의 위치로 돌아간 그들은 자신들이 잘하는 일, 자신들의 능력에 특화된 참담한 일을 벌이게 된다. 광우병 파동은 그런 시도의 정점에 이르러 발생한 대한민국 역사상 최악의 선동 사건 중 하나다. 광우병 사태는 진실을 이해하지 못하는 많은 국민에게 민주화라는 정의로움이 다시 물거품이 될지도 모른다는 불안감을 주면서 국민의 건강까지 해치는 나쁜 정권이라는 선동까지 더한 사건이었다. 어느 나라에서나 국민에게 어떤 사실에 대한 과학적 근거를 이해시키기는 어려운 것이 보편적이다. 민주화에 반하는 세력, 그들의 후예라면 분명 나쁜 정권일 것이라고 인식하게 만들면 쉽게 선동할 수 있다.

이명박은 실무적으로 많은 발전적 역량을 보여준 대통령이다. 하지만 그런 그조차 야당의 국민 선동과 비난에 잘 대처하지 못했다는 사실은 그를 지지할 대한민국 보수가 존재하지도 않았다는 현실에서 피할 수 없는 숙명이었다. 그나마 보수라는 진영이 무너지지 않은 것은 어쩌면 기적 같은 일이었다. 어쨌든 보수라는, 아무것도 모르지만, 여전히 진보라는 진영에 표를 주지 못하는 사람들은 존재했다.

그렇게 박근혜로 넘어오게 된 사건은 진보를 자칭하는 민주화 세력에게는 다시 한번 결속을 단단히 다지는 계기가 되었다. 이후 그들의 기획으로 초래된 모든 사건은 처절하기까지 했지만, 대한민국 정권이 그렇게 쉽게 바뀔 일은 아니었다. 문제는 보수라는 진영 내부에서 생겼다. 겉으로는 최순실(최서원)이라는 사람의 일탈이 원인으로 보이지만, 당시 탄핵 사태의 본질은 사실상 권력과 이권에 관한 내부적 분열이었다. 아울러 박근혜 대통령의 통치 역량도 무척 아쉬운 점이다. 이 일에 대해서는 더 이상 언급하지 않겠다.

박근혜 대통령 탄핵으로 정권을 쟁취한 민주화 세력은 예전의 실패를 반성한 듯 제대로 패악을 부리기 시작했다. 다시는 정권을 빼앗기지 않겠다는 단단한 결의가 모든 곳에서 드러났다. 적폐 청산은 자신들이 그토록 저항했던 정권의 폭압과 다를 바 없었다. 과연 누가 누구를 적폐라 칭하고 징벌하는 것인지 도무지 이해할 수 없는 폭거였다. 그들은 박근혜 정권 핵심부의 장관들은 물론 지난 정권에 충실했던 정보기관의 요원들에서부터 심지어 대법원장까지도 교도소로 보내는 사건을 벌인다. 이런 일련의 사건들은 정치적이라고 여긴다 치더라도 민주화를 정의로움으로 주장한 사람들의 행태로는 지금도 도저히 이해할 수가 없다. 그것이 그저 잔인한 치정극과 다르지 않다는 내 생각에는 지금도 변함이 없다.

정치적 저항과 보복이라는 상황은 정치인 사이의 일이라고 치부하고 넘어간다 해도 나라를 제대로 이끄는 역량은 참담할 정도로 부족했다. 오늘 우리가 겪는 많은 경제적 문제가 문재인 정부 시절 초래된 일이라는 사실을 이해하는 국민은 많지 않다. 오늘 물가가 오르면 지금 정부가 잘못한다고 생각하지, 그 원인이 예전 정부의 어떤 행위에 있다고 생각하는 사람은 거의 없다.

국민의 이해 정도를 따지며 이야기하는 것은 그리 현명한 일은 아니다. 나라를 바로 세우는 일은 정치를 하는 사람들의 성숙함과 올바름에 기댈 수밖에 없다. 그리고 그 성숙함과 올바름의 수준과 정도가 국민의 안정과 고통을 결정한다. 지극히 상식적인 국민이라면 문재인 정권 지지율은 10%도 되지 않아야 하는 것이 정상이(라고 나는 생각한)다. 하지만 진영에 몰입한 많은 사람이 지금도 여전히 그들 편에서 손뼉을 치고 있는 것이 현실이다. 심지어 자식 관련 부정으로 재판까지 받은 정치인에게서 벗어나지 못하는 사람들이 아직도 많다. 그가 무죄라고 판단해 포기하지 않는 것이 아니라 무죄여야 한다고 생각하는 것이다. 이는 대법원의 선고 이후에도 바뀌지 않았다.

윤석열이라는 사람이 대통령이 된 사건은 역사 속에서 다수 인간의 행동 결과가 언제나 예측 가능한 방향으로만 가지는 않는다는 사실을 잘 보여준다. 그는 대한민국의 보수 진영과는 결이 달랐다. 아니, 보수가 아니었다. 그는 자유주의적이며 진보적이다. 많은 사람이 동의하지 않겠지만 그것이 그를 보아온 나의 결론이다. 일각에서는 검사로서 보여준 모습에서 그를 오해하거나 비난하기도 하지만, 그것은 그가 맡은 검사라는 일에서 보이는 모습일 뿐이었다.

지금 그는 불행한 처지가 되었지만, 그 사실과는 별개로 그가 퇴보 진영은 물론 보수 진영 일각에서조차 지지를 못 받는 이유는 그에게서 보이는 무작정 밀어붙이는 것 같은 (그래서 무언가 망칠 것처럼 보이는) 스타일과 주변 상황 때문이었다. 의대 정원 증원으로 촉발된 의사들의 저항처럼 정부가 어떤 정책을 시행할 때 당사자들의 이익과 상충해 혼란이 지속되면 국민은 그 정부나 정치인을 지지하는 것을 주저한다. 하지만 그의 지지도가 낮은 이유가 이것만은 아니었다. 가장 큰 이유는 그가 전혀 감성적이지 않으며, 간혹 그런 모습을 보인다 해도 인정받지 못할 만큼 딱딱한 느낌을 주었다는 점이다. 여기에 더하여 영부인 문제는 국민이 이성적으로 판단할 수 있을 만큼 제대로 전달되지도 않았다. 사실 이는 언론의 문제이기도 하고 영부인에게 느끼는 국민의 보편적 감정 때문이기도 하다.

대한민국 국민이 바람직하게 느끼는 영부인의 모습은 여전히 자애롭고, 인정 많고, 차분하며, 조용히 내조하는 전형적인 어머니여야만 했다. 하지만 영부인은 그와는 반대로 깊은 생각 없이 나오는 대로 말을 하고, 심지어 매우 부도덕하다는 인식을 주기까지 했다. 사실 부도덕에 대한 인식은 이 나라 정치에서는 대단히 주관적이다. 자신의 진영, 자신이 지지하는 진영의 사람에게는 너무나도 관대하여 칭송할 지경이지만, 상대에 관한 한 엄격한 잣대로 비난을 가하는 것이 우리 현실이다.

문제는 대통령이나 정치지도자의 부인, 가족에 대한 국민의 인식이다. 세계 어느 나라든 유명인에 대해서는 가족도 연좌에서 벗어나기 힘들지만, 그렇다 해도 유독 이 나라에서는 더 심하다는 느낌이 든다. 만약 그 관심이 가족 개인의 법적 책임에 관한 문제라면 그 사람에 대한 평가나 비난은 수용할 만하다. 예를 들어 남편의 공금을 사적으로 유용했다든지, 자식의 대학 입학을 위한 공식 문서에 범죄적 행위가 있었다든지 하는 것은 그러하다.

하지만 어느 공직자의 부인이 조심성이 없다든지 도덕적으로 성숙하지 못한 부분이 있다면, 비록 그런 이유로 비난할 수는 있겠지만 그것에 대해 범죄 행위 이상의 감정적 단죄를 해서는 안 된다. 아울러 가족은 가족일 뿐 공직자 본인은 아니다. 심지어 그 공직자가 그 자리에 오기 이전의 일로 가족의 부도덕을 문제 삼아 흠집을 내고 끌어내리려는 시도는 정말 옳지 않다.

이는 개인을 철저히 구분하지 않고 가족을 단일한 하나의 개체로 보는 사고에서 기인한다. 윤 대통령은 자신의 행동이나 모습으로 평가받아야지 부인의 모습이나 행태로 평가받아서는 안 된다. 영부인이 어떤 정치 부랑자와 나눈 이야기가 철없고 수준이 낮다 해도 그것은 영부인 개인의 문제일 뿐이며, 국가적으로 국민의 삶에 직접적 영향을 미치는 것도 아니다.

반면 이재명 대표의 부인은 명백히 의심받는 공금횡령 문제로 도마 위에 올랐다. 이것은 다른 이야기다. 이 일에 이재명 대표가 아무 관련이 없다면 이 또한 부인의 문제일 뿐이며, 이 대표가 가족이라는 이유로 비난받아서는 안 된다. 나의 편견인지는 모르지만, 신기하게도 한쪽은 범죄적 사실이 아닌데도 감정적으로 크게 비난받고, 한쪽은 범죄적 사실로 재판까지 받아도 큰 문제가 되지 않았다. 이것은 근본적으로는 정치적으로 충돌하는 양 진영의 힘 차이 때문이다. 또한 나는 영부인에 대한 부정적 여론이 언론의 영향 때문만이 아니라 이 나라 보통 사람들의 감정적 특성에도 상당히 원인이 있다고 생각한다.

이는 단지 나의 개인적 견해일 뿐이고 나와 같은 생각을 하는 사람이 얼마나 되는지는 모르겠지만, 나는 윤 대통령이 지향한 방향이 틀렸다고 생각지 않는다. 정치적 행위로서 단 한 가지 안타까운 사실은 이준석을 버리고 한동훈을 픽업한 일이지만, 정부의 최고 책임자로서 그의 정책적 방향은 대부분 진보적이고 옳았다. 그런데도 재임 기간에 다수의 지지를 받지 못한 이유는 변화에 대한 인간의 본성, 즉 두려움에 대한 반발에 기인한다. 그렇게 인간은 보수적이며, 이런 경향은 좌파적 요인의 영향이 크다.

올바른 개혁이란 잘못된 것, 앞으로 잘못될 수 있는 것, 그래서 후대에 영향을 주거나 후대의 피해로 귀결될 수 있는 것을 변화시킬 수 있는 용기와 결단이다. 단순히 정권 연장이나 지지율만을 생각해 당장 국민의 마음을 얻는 쪽으로만 일한다면 스스로는 편할 수 있지만 그런 지도자는 역사의 죄인이 될 수 있다. 김영삼도 놀라울 만큼의 큰 개혁을 단행했고 김대중도, 노무현도 지지 진영의 생각과는 정반대의 정책을 실행에 옮겼다. 박근혜는 약했지만, 이명박도 그러했다. 딱 한 사람, 문재인만 그렇게 하지 않았다.

윤 대통령은 자신이 처한 상황을 극복하는 방법으로 계엄을 선택했다. 계엄이 대통령의 권한임은 분명하지만, 실행에 있어서 처음에는 시점도, 방법도, 전략도, 행동계획도 그 어떤 것도 제대로가 아니었다. 하지만 헌법재판소에서 행한 변론에서 윤 대통령이 진정으로 입법부를 뒤집어버릴 생각은 없었다는 사실은 분명해 보였다. '계몽령'이라는 주장은 보통 사람들이 마음으로 받아들이기 힘들겠지만, 그는 실제로 국민에게 당시 상황의 답답함과 막막함을 알리는 방식으로 계엄을 선택한 것이었다.

계엄을 단행한 그의 생각이 보통 사람들의 상식이나 보편적 사고와는 너무도 차이가 크지만, 입법부 독재로 그 무엇도 할 수 없는 대통령으로서는 불가피한 선택이었다는 사실을 나는 어느 순간부터 이해하고 있다. 이런 측면에서 나는 국민과 미래를 향한 그의 진심을 이해하고 존중한다. 계엄이라는 방법에 대한 찬반은 차치하고, 그의 생각과 의지는 진보적이었으며, 미래를 위해 옳은 일이었고, 제대로 된 방향이었다. 그의 실패에 대해서는 지금도 안타까움이 가득하다. 진보적 사고로 추진한 혁신들은 그렇게 미래로 미루어졌다.

진보적인 대통령들, 현실의 문제와 퇴보적 경제민주화

> "
>
> 어떤 대통령에 대한 평가에도 호불호는 있다. 진보적 관점에서 대한민국 역대 대통령들은 대부분 긍정적이지만 딱 한 사람만은 도저히 긍정적으로 평가할 수 없다. 우리 자식들의 미래를 위해서도 이 나라의 다음 대통령은 그런 사람이 되어서는 안 될 것이다.
>
> "

광복 이후 대한민국의 현대사를 생각해볼 때 우리의 대통령들이 대부분 진보적 업적을 이룩했음을 부인할 수 없다. 많은 국민의 인식 속에 독재자 프레임에 갇혀 있는 이승만은 명실공히 대한민국을 자유 진영 국가로 자리 잡게 한 건국 대통령이었다. 1875년 조선에서 태어난 그가 오늘날 웬만한 지식인들조차 제대로 인식하지 못하는 자유와 근대국가를 깊이 이해했다는 사실을 알게 되면 놀라움과 함께 존경심이 저절로 생길 것이다. 세상을 보는 그의 눈은 탁월했으며, 미래를 보는 뛰어난 예지력은 하마터면 공산 치하에서 고통받을 뻔했던 우리의 운명을 지금과 같이 바꾸어놓았다.

나는 그의 위대함이 정치적 이유로 독재의 상징이 되어 지금도 비난의 대상이 되는 것을 용납하기 어렵다. 한 번도 경험하지 못한 자유민주주의라는 체제 속에서 살아가며 모든 것이 미숙한 국민과 그 수준을 볼 때 그의 고뇌는 무척 깊었을 것이다. 그래서 그런 국민을 향한 그의 진심은 결코 폄훼되어서는 안 된다고 생각한다.

자유주의 입장에서 박정희의 국가 주도 경제개발은 결코 동의할 만한 일이 되지 못한다. 하지만 '현실은 현실'이라는 사실을 인정한다면 당시 대한민국이라는 국가와 국민 수준에서 국가가 주도한 개혁은 정당성을 가질 수밖에 없다. 박정희는 산업화를 통해 경제부흥의 기틀을 마련한 진정한 진보적 지도자였다. 아마도 민주화된 지금 시대라면 결코 이룰 수 없는 성과를 그는 이루어냈다. 그가 혁명으로 정권을 탈취한 군인이었다는 사실과 대통령을 여러 번 했다는 이유로 여전히 독재자의 멍에를 짊어지고 있는 점은 안타까운 일이지만, 그는 국민에게 위임받은 권한과 강력한 추진력으로 개혁과 발전을 이루어 모두가 풍요롭게 살 수 있는 기반을 마련했다. 대한민국이 체제 전쟁에서 북한을 이길 수 있었던 이유도 바로 그의 경제발전 노력 때문이었다. 경제적인 측면에서 그는 대한민국 대통령 중 가장 진보적인 성과를 이룬 대통령이라 해도 과언이 아니다.

쿠데타를 통한 군사정권이라는 오명을 쓰고 있지만 박정희의 뒤를 이어 대통령이 된 전두환, 노태우가 나라의 진보적 발전에 이바지했던 사실 또한 외면해서는 안 된다. 전두환은 군 출신으로서 자신이 모르는 분야의 국정 운영에 대해서는 과감히 자신이 신뢰하는 사람들에게 권한을 부여했고, 노태우는 1980년대 말에서 1990년대의 세계적 탈냉전, 자유화의 물결 속에서 대한민국의 입지를 강화하는 데 크게 이바지했다. 결국에는 박정희 시대부터 독재 타도의 명분으로 내세운 '민주화'라는 프레임으로 끊임없이 권력 투쟁을 한 야당에 굴복하였지만, 경제적 발전과 함께 나라의 위상을 확고히 한 공은 분명 인정해야 할 것이다.

민주화를 내세운 최초의 대통령인 김영삼은 비록 임기 말에 IMF 국제통화기금의 지원에 기댈 수밖에 없는 처참한 결말을 맞았지만, 금융실명제나 군대 내 사조직인 하나회 같은 권위주의 시대의 문제를 해소하고 개혁했다는 점에서 공이 크다. 이런 부분들은 진보적이라고 이해하는 것이 맞을 듯하다.

앞에서도 언급했듯이 김대중은 퇴보이면서도 진보라 스스로 칭하는 좌파 민주화 세력과 호남의 폭발적 지지로 당선되었지만, 그의 행보는 전혀 좌파적이지 않았다. 국제통화기금으로부터 달러를 수혈받아 경제위기를 타파하는 방법은 오로지 자유시장 경제정책이 유일했기 때문이었다 해도 일본 문화 개방과 같은 정책을 보면 그가 얼마나 진보적인 대통령이었는지 잘 알 수 있다. 일본 문화 개방이라는 결단을 보수 진영 대통령이 했다면 아마도 친일파로 몰려 탄핵당할 정도로 민감한 문제지만, 그가 했기에 가능했다고 나는 확신한다. 비록 그 의도가 어떠했든 김영삼과 마찬가지로 햇볕정책 같은 유화책으로 북한에 대해 오판한 것은 참으로 아쉬운 일이다. 하지만 진보라는 측면에서 본다면 김대중은 분명 칭송받을 만하다.

노무현도 마찬가지다. 약자를 위하는 따뜻함과 소탈함은 긍정적이라 해도 그의 일관된 좌파적 성향은 그가 대통령인 대한민국의 미래를 걱정하기에 충분했다. 하지만 자유무역을 확대하는 정책에 동의하고 실행한 것은 나라의 경제적 발전과 부흥을 위해 올바른 판단이었다. 100여 년 전 대공황 시절, 미국과 전 세계가 관세 장벽을 쌓아 올렸을 때 경제의 퇴보가 얼마나 컸는지는 역사가 잘 말해준다. 노태우가 기반을 만들고, 김영삼이 시작하였으며, 김대중이 정립한 세계화와 자유무역의 완성을 이룬 사람이 노무현이다.

그로부터 20년이 지난 지금, 관세를 통해 국익을 추구하는 반자유적 행태가 미국 우파 대통령의 정치적·현실적 이익으로 인해 다시 꿈틀거리지만, 자유무역에 역행하는 그 어떤 정책도 경제적 발전에는 해가 되며 세상을 퇴보시키고 사람들의 고통을 가중할 뿐이다. 어쨌든 대한민국은 좌파 진영의 지지를 받은 대통령들조차 진보와 발전을 위해 올바른 판단을 함으로써 나라의 발전에 이바지했다는 사실을 우리는 인정해야만 한다.

제대로 일하면서 가장 많은 공격을 받은 대통령은 이명박이 아닐까 한다. 그는 다른 대통령들과는 확연히 다르게 도시교통이나 환경개혁 등과 같은 삶의 질 향상에 개혁적인 추진력을 보여주었다. 하지만 모든 진보적 정책이 그러하듯이 사람들의 마음을 잃을 만한 일도 있었다. 나의 지인 중에 땅을 사서 개발이익을 기대했던 친구가 있는데, 이 땅을 이명박이 싼값에 수용해 공공아파트를 짓는 바람에 그 친구는 본전도 건지지 못하고 땅을 강제 수용당해야만 했다.

이른바 우파 진영의 대통령이 이렇게 좌파적 정책을 더 실행하는 경우는 일반적이다. 박근혜도 마찬가지였다. 그 이유는 정치인의 지지율 상승을 위한 본능적이고도 의도적인 행동에 있다. 정치인은 언제나 자신을 지지하는 사람들보다 지지할 수 있는 사람들을 더 많이 만들고 확보해야 한다. 그러한 까닭에 우파 정치인은 중도와 좌측에 있는 사람들에게 인기 얻기를 바라고, 반대로 좌파 정치인은 중도와 우측에 있는 사람들의 인기를 얻는 방향으로 행동한다. 이 현상은 언제나 한결같다. 이명박도 경제민주화라는 화두를 실행함으로써 지지기반을 넓히려고 시도해야만 했을 것이다. 사실 경제민주화라는 화두를 가장 잘 실행한 대통령은 김대중, 노무현이 아니라 이명박, 박근혜였다.

여기서 잠시 경제민주화에 대해 언급하고자 한다. 대한민국 헌법 119조에는 경제민주화에 대해 명시된 조항이 있다. 얼핏 보면 무언가 정의로울 것 같은 이 단어가 헌법에 있다는 사실은 대한민국이 민주화로 인해 얼마나 좌측으로 기울었는지를 잘 보여준다. 경제민주화 조항인 헌법 119조는 "국가는 균형 있는 국민경제의 성장 및 안정과 적정한 소득의 분배를 유지하고, 시장의 지배와 경제력의 남용을 방지하며, 경제주체 간의 조화를 통한 경제의 민주화를 위하여 경제에 관한 규제와 조정을 할 수 있다"고 명시하고 있다.

이 조항에서 우리는 경제민주화의 의미를 유추할 수 있다.

첫째로, 경제가 민주화되는 것은 경제의 성장에 균형이 있어야 한다는 것을 말한다. 즉, 어느 한쪽만 성장하고 어느 한쪽은 그렇지 못하다든지, 아니면 어느 한쪽은 많이 성장하는데 다른 한쪽은 적게 성장해서는 안 된다는 의미다. 그런데 경제성장에서 이런 일이 가능할까? 누군가가 성장하는 쪽을 강제로 끌어내릴 수는 없을 것이니 성장하지 못하거나 성장이 적은 쪽을 도와 성장시켜야만 한다. 결국 경제민주화는 우리가 아는 그 민주화와 마찬가지로 정부가 간섭해서 할 일이며, 여기에 필요한 자금은 세금으로 충당해야 한다.

여러 번 이야기했듯이 정부의 이런 간섭이 정의롭지 않은 이유는 이 일이 시장에서 순댓국집이 설렁탕집보다 매상이 적다고 순댓국집의 매출을 지원해주는 것과 같기 때문이다. 사실 그보다는 순댓국집이 더 맛있는 순댓국을 만들어 팔 수 있게 해주는 방법을 찾는 것이 옳다. 모자라고 약하고 어렵다고 금전적 지원을 하는 것은 경쟁력만 약화하는 일이 된다. 이런 좌파적 따뜻함은 결코 균형을 위한 해답이 되지 못한다.

둘째로, 시장의 지배와 경제력의 남용 방지는 민주화를 통해서 이룰 일이 아니다. 민주화의 의미가 도대체 어느 범위까지 확장될 수 있는지 고민스러운 부분이지만, 민주화가 시장에서 성공하여 지배력 있는 사람의 행동을 제어하거나 통제할 수 있는 권한을 가진다고 주장하는 것은 놀라운 일이다.

시장 지배력은 성공한 분야에서 필히 발생하는 현상이다. 그리고 시장 참여자인 소비자가 그 지배력을 만든다. 그렇다면 지배적 상품이나 서비스를 소비자들이 선택하지 못하도록 강제하겠다는 의미가 되며, 이는 매우 반시장적이고 반민주적이다. 시장에서 성공한 자를 지배적이니 독점이니 하며 제약하는 행위는 그와 경쟁하는 또 다른 시장 참여자를 지원하는 행동이 되고, 그렇게 해서 남용이라는 시장 지배적 행태를 막는 것은 전혀 정의롭지 않다.

시장에서 누군가가 성공하여 독점적 지배자가 되면 필히 그 독점을 뚫는 다른 시장 참여자가 생기기 마련이다. 이는 독점적 시장 지배자의 행동이 남용이라는 행태로 바뀔 때 필연적이다. 소비자들이 이를 허락하지 않기 때문이다. 만약 독점적 시장 지배자가 완벽하게 소비자들을 만족시킨다면 사실 그 시장 지배나 독점은 아무 문제가 되지 않는다. 특정 분야에서 혹은 특정 상품이나 서비스가 시장 독점이고 이에 누구도 불만이 없는 상황이라면 권한 남용도 없다는 것이고, 그것을 방지할 이유도 성립하지 않는다.

만약 그 권한 남용으로 소비자의 피해가 발생한다면 그것은 경제민주화를 통해서가 아니라 자유시장경제를 채택한 국가의 법률로 규율하면 되는 일이다. 즉, 사법적 규율로 이룰 수 있는 일을 정부의 행정적 조치로 강제해서는 안 된다는 의미다. 이는 누군가의 손실을 통해 다른 누군가의 이익을 초래하는 일이기에 결코 정의롭지 않다.

마지막에 있는 경제주체 간의 조화를 통한 경제민주화라는 문구는 이런 정의롭지 못한 정부의 간섭과 통제를 법적으로 보장한다는 의미다. 민주나 민주화의 뜻이 필요에 따라서는 정부가 나서서 무언가를 할 수도 있다는 의미라면, 우리 헌법에 존재하는 경제민주화와 관련된 부분은 우리가 채택한 자유시장경제와는 배치되는 조항이라는 것을 인정해야 한다.

경제는 정부의 어떤 행동으로 민주화되어야 하는 존재가 아니다. 경제가 민주화되기 위해서는 경제적 자유의 완성, 즉 경제자유화가 먼저 보장되어야 한다. 이는 정치적 측면에서 설명한 자유와 민주의 관계와 같다. 자유가 구현되는 세상이 민주화된 세상이며, 경제적으로도 자유롭게 시장이 형성되고 아무런 강제나 제약 없이 시장 참여자들의 자유로운 경제활동이 보장될 때만 경제민주화는 이루어질 수 있다.

항상 무슨 일만 생기면 개헌이 화두에 오르곤 했다. 탄핵 정국에서도 마찬가지다. 하지만 그 개헌의 요지에 경제민주화는 언제나 고려 대상이 되지 못했다. 그만큼 민주화의 틀은 난공불락의 성과 같다. 대한민국 헌법에서 경제민주화 조항은 경제자유화로 바뀌어야 한다. 나는 윤 대통령의 개혁이 경제민주화를 경제자유화로 바꾸는 곳까지 갈 수 있기를 바랐지만, 현실에서는 꿈에 지나지 않았다.

87년 체제의 헌법은 민주화를 주창했던 세력의 주도 아래 만들어졌다. 언제가 될지 모르지만, 대한민국이 진정 자유민주주의 시장경제 체제라는 가치를 잃지 않는다면 국민의 경제적 자유에 관한 조항이 헌법에 명시되는 날이 반드시 올 것임을 믿어 의심치 않는다. 우리의 미래세대에게 기대하는 바이다.

주제를 다시 대통령 이야기로 돌려보자. 이명박에 이어 대통령이 된 박근혜도 보수우파라는 정체성에 의문을 가질 만한 경제적 정책을 남발했다. 총선에서 내놓은 여당의 공약을 보면 민주당의 공약과 아무런 차이가 없었다고 해도 과언이 아니다. 이것은 단순히 여당 지지층을 중도로 확장한다는 의미로만 보기에도 무리가 있었다. 안보 측면에서도 개성공단이나 중국 전승절 기념행사 참석과 같은 일은 우려를 낳기에 모자람이 없었다. 북한의 핵 개발 같은 일을 막아보려고 신뢰를 바탕으로 북한과 협상해서 만족한 적이 있었는가? 북한은 그 어떤 경우에도 우리에게 신뢰를 보여주지 못했고 앞으로도 그럴 것이다. 체제 경쟁에서 이미 패배한 북한이 그런 신뢰를 보이며 진지하게 협상할 경우 그들의 붕괴는 필연이기 때문이다.

중국 전승절 기념행사에 대한민국 대통령이 참석한다는 것은 미국 웰링턴 국립묘지에 김정은이 참배하는 것과 마찬가지 경우다. 나는 정부나 대통령의 이런 행동이 한편으로는 전략적일 수 있겠지만 다른 한편으로는 매우 순진하고 순수한 판단에서 나왔다는 생각을 머리에서 지울 수가 없다. 결국 개성공단은 큰 손실로 끝났고, 중국의 북한 지원은 달라진 게 없다. 박근혜 탄핵은 안타까운 일이지만, 실은 국정농단이 문제가 아니라 스스로 지지자들과 멀어진 잘못으로 인한 업보가 아니었을까 한다.

진보를 언급하며 문재인을 이야기하는 것은 참담한 일이다. 박근혜 이전 그 어느 대통령도 진보적이지 않은 대통령은 없었다. 비록 문제가 있었다지만 박근혜조차 문재인 시절과는 비교할 수준이 아니다. 문재인이 한 것 중에는 그 어떤 일도 진보적이라 할 수 있는 것이 없다.

가장 큰 문제는 집값 폭등이었다. 공급부족이니 어쩌니 하는 많은 이유가 변명처럼 언급되지만, 집값 폭등의 근본 원인은 정부 간섭에 대한 시장의 반응 때문이다. 부동산 투기를 막는다는 명분으로 내놓은 정책들은 집값을 올리는 악재 중의 악재였다. 1가구 2주택을 막겠다는 정신 나간 발상은 집 없는 사람들의 부담을 극악하게 올려놓았다. 언제나 약자를 위한다는 자칭 진보 정권이 약자들을 최악으로 모는 행태를 보인 것이다.

다주택자가 없는 시장이라면 무주택자는 길거리에서 노숙하라는 말과 같다. 집을 두 채 가진 사람, 세 채 가진 사람이 있어야 집 없는 사람들도 살 수 있는 집이 있는 것이다. 다주택자를 모두 부동산 투기꾼으로 보고, 그런 투기로 인해 부동산 가격이 치솟는다고 생각하는 무지하기 짝이 없는 자들이 정권을 잡고 정책을 폈으니, 세상에 이런 불행도 없을 것이다. 또한 평등과 분배라는 이유로 풀린 돈은 물가상승의 주범이 되었다. 대한민국에서 이런 돈 풀기가 가장 먼저 영향을 주는 곳이 부동산이다.

보수 정부도 마찬가지지만 집값을 잡기 위해 정부가 하겠다는 일은 그 자체가 모두 문제다. 부동산 문제도 자유시장경제에서 자유만 보장된다면 비록 시간이 걸리더라도 반드시 해결된다. 주택을 건설하는 시장 참여자는 돈이 되는 주택 건설에 참여하지 않을 이유가 없다. 그렇게 공급되는 주택은 시장가격을 형성하는 요소로 작용한다. 강남의 주택 가격이 높은 이유도 강남에 살고 싶어 하는 사람이 많아서다. 그렇다면 강남에 주택을 짓고자 하는 주택업자도 많을 것이다. 그런 사람들에게 주택을 짓게 하면 되는데 온갖 정부 규제가 이를 방해한다. 일정 부분 필요한 규제라 해도 용적률이 어떠니, 그린벨트가 어떠니, 몇 층 이상은 올리지 못하니 하며 규제해서 가격을 더 올리는 상황을 만드는 것이다.

　서울 어느 곳에서 대단지 아파트를 몇 층으로 재건축하든 그것은 재산 소유자인 주민들의 결정에 따르는 것이 옳다. 남의 재산에 정부가 강제하는 일은 일반적이지만 그것은 정의로운 일이 아니다. 물론 이유는 있겠지만 만약 주민들이 100층을 지으려 하는데 50층만 허가한다면 더 많은 공급을 제한하는 일이 되고 만다. 강남처럼 많은 사람이 이사 가고 싶어 하는 곳을 그렇게 규제하면 당연히 가격이 오를 수밖에 없다. 강남의 제한된 땅에서도 얼마든지 추가 공급은 가능하다. 뉴욕의 맨해튼같이 건물을 올리면 되는 일이다. 어느 정도의 혼잡도가 정점일지는 시장이 정한다. 그 정점 이상이 되면 더 이상 강남으로 이사 가려는 사람은 없을 것이다. 건설사는 더 이상 강남에 집을 짓지 않게 되고, 그 시점의 강남 부동산 가격이 균형을 이루는 시장가격이 되는 것이다.

　이렇듯 정부 규제는 항상 부자들에게 더 이득이 되는 방향으로만 작용하고 결과도 예외 없이 그러하다. 이는 부동산만의 문제가 아니다. 모든 규제가 그러하다. 그 이유는 규제로 인한 인위적 공급부족 같은 상황뿐만 아니라 그에 대응하는 사람들의 행동 때문이다. 규제에 대응하는 인간의 행동은 항상 이익과 자기 보호를 위해 작동한다. 그리고 그 행동의 주체는 아무것도 할 수 없는 가난한 사람들이 아니라 무언가를 할 수 있는 돈 있는 사람들이다. 그래서 언제나 약자와 가난한 사람들이 피해를 볼 수밖에 없는 것이다.

정부의 간섭이라는 측면에서 좌우를 따지는 것은 의미 없지만, 진보라고 주장하는 좌파 정권이 벌이는 일은 양심도 없어 보인다. 그들이 무지해서인지, 아니면 알고도 자신들의 정치적 목표인 정권 획득을 위해 국민에게 다가가는 가장 나은 방법이라고 생각해서인 지는 판단이 서지 않지만, 아마도 이 두 가지 이유가 혼재할 것으로 생각한다.

좌파 정권이 득세한 국가의 상황이 어떠했는지는 명백하다. 냉전 시대 공산주의 국가들의 극단적 결말까지 생각하지 않아도 아르헨티나, 베네수엘라만 봐도 알 수 있는 일이다. 그런데도 여전히 우리 국민 중 상당수는 이런 방향을 지지하는 것이 현실이다. 보통 국민은 잘 몰라서 그럴 수 있다고 해도 상당한 지식인층에 이르기까지 지지층이 폭넓은 현상은 달리 설명할 길이 없다.

여러 가지 이유가 복합적이지만 세대별로 이유를 추측해보면 다음과 같다. 나의 지인 중에서도 열에 아홉은 좌파 성향이다. 50대 중반 이상은 어린 시절의 권위주의적인 환경, 젊은 시절 정의로운 듯 보였던 민주화에 대한 고정된 인식, 그리고 그 민주화에 적극적으로 참여하지 못한 데 대한 부채 의식에 큰 영향을 받는 듯하다. 또한 그들과 함께하는 동시대 동료들의 기울어진 분위기에 지배당하는 측면도 있다. 이런 분위기에서 동료들과의 관계를 깨면서까지 그간의 잘못을 인정하고 그들과 상대할 만한 사람은 거의 없다. 인간이 자신의 이익을 추구하는 존재라는 점을 생각할 때 이것은 충분히 이해되는 상황이다.

2025년 기준, 40대에서 이제 50대 초반에 들어선 사람들의 경우는 조금 다른 이유가 있다. 민주화에 대한 인식이나 부채 의식은 상대적으로 약하지만, 민주화를 쟁취한 세대를 따라온 사람들로서 어쩔 수 없이 느끼는 피해의식이 큰 것으로 보인다. 권위주의가 청산되었다고 하지만 산업화 세대의 후미에서 민주화로 이득을 모두 얻은 50대 이상과는 달리 아이러니하게도 이들에게는 민주화 세대의 권위나 힘에 눌려 상대적으로 이득을 얻지 못했거나 심지어 피해를 보았다는 인식이 있는 것 같다. 그래서 이들의 좌파 의식은 이익 쟁취라는 측면에서 50대 중반 이상의 세대보다 더 강하고 명확하다. 이 세대에서 민주당 지지율이 가장 높은 것은 전혀 이상할 게 없다.

분위기는 30대, 20대로 내려갈수록 완전히 달라진다. 이들은 아무리 노력해도 아버지 세대만큼 얻을 수 없다는 사실을 자각하고 있다. 그러니 그들에게는 산업화도, 민주화도 아무런 의미가 없다. 집값은 이미 자신의 노력 범위 밖의 문제가 되어버렸고, 결혼해서 맞벌이를 한다고 해도 삶 자체가 힘들다는 인식을 주기에 모자람이 없다. 또한 아이를 낳아도 누가 키워주지 않으면 그 자체가 삶의 고통을 가중하는 일이니 아이를 포기하거나 심지어 결혼마저 포기하는 젊은이들이 많아지는 것이다.

40대처럼 자신의 이익을 극대화하며 다른 사람들을 뜯어먹는 일도 이들에게는 별 의미가 없다. 역으로 이들이 열심히 일해 버는 돈으로 아버지 세대의 노년을 보장해야 하는 것이 현실이다. 이런 세대에게는 좌파 의식조차 사치다. 자신이 노력하는 만큼 잘살 수 있는 세상은 꿈이 되어버렸다. 그래서 개인을 자각하는 의식이 깨어날 수밖에 없고, 이는 우파적 성향을 발현시키는 동인이 된다. MZ 세대라고 불리는 이들의 분위기가 이렇게 변하는 것을 보니 인간 세상이 끝없이 왼쪽으로만 가지는 않으리라는 안도감이 든다.

기성세대가 고민하고 해결해야 할 문제는 한둘이 아니다. 복지라는 이유로 수적으로 많은 노인 세대가 젊은이들의 노력과 과실에 기대어 노년을 살아가는 문제는 진정 나라를 걱정하는 사람이라면 진지하고 솔직하게 해답을 찾아야 한다. 지나간 세대가 미래세대에 기대어 살아가는 세상은 결단코 바람직하지 않다. 인구가 폭발적으로 늘어나는 시대라면 세상이 버틸 수 있겠지만, 한 명의 젊은이가 두 명, 아니 세 명의 노인 복지를 위해 자신이 노력해 번 돈을 내놓아야 한다면, 그것은 죄악이라고 해도 지나치지 않은 표현이다. 스스로가 도덕적이며 자식 세대를 생각하는 사람이라면 모두가 진심으로 생각해봐야 할 문제다.

문재인 정권의 잘못은 열거하기 힘들 정도로 많다. 아니, 결과적으로 잘한 일이 하나도 없다고 해도 과언이 아니다. 김대중 때와 마찬가지로 순진하기 짝이 없는 화해 정책은 결국 북한 정권만 도와주는 결과를 낳았다. 심지어 문재인이 북한을 방문해 전체주의 국가가 할 수 있는 행동 중의 끝판왕으로 여겨지는, 강제 노동에 버금가는 매스게임을 관전하며 손뼉 치는 광경을 우리 눈으로 보았다.

북한에서 탈출한 귀순자를 강제로 북송한 일은 따로 언급할 가치조차 없다. 인권을 앞세운 진보 정권이 행하는 이런 모습들을 보면 그들이 결코 진보가 아님을 확신하게 된다.

코로나 시절에는 감염을 방지한다는 이유로 백신 예방접종 없이는 식당도 출입하지 못하게 강제했다. 이는 비록 정도의 차이는 있어도 감염예방을 위해 도시 하나를 통째로 봉쇄해버리는 전체주의 국가와 다를 바 없었다. 자유 시민이라면 이런 조치에 저항했어야 하는데, 민주화가 최고의 정의로움인 대한민국에서는 개인의 자유 따위는 누구에게도 중요하지 않았다. 그렇게 자유가 속박되어도 국민은 그것이 모두를 위한 조치라고 인정했다.

만약 그것이 모두를 위한 행동이고, 또 그것을 인정하는 국민이라면 이 일은 자발적으로 할 수 있는 일이다. 자신이 감염되었거나 혹은 몸이 이상하다고 느끼면 사람들이 많은 곳에 가지 않으면 될 일이다. 누군가의 감염을 이유로 감염과 무관한 사람들의 자유까지 박탈할 수는 없다. 하지만 아무 거리낌도 없이 국민 모두가 통제에 잘 따르는 모습은 우리에게서 개인의 자유가 얼마나 멀어졌는지를 잘 보여주었다.

감염자를 강제로 격리하는 조치는, 만약 감염자가 다수가 되어 감염되지 않은 사람을 격리하자는 민주주의 다수결의 정당성을 인정할 때 모순으로 다가온다. 국민의 90%가 감염되고 10%가 감염되지 않았을 때도 우리는 감염자들을 격리할 수 있을까? 생각이 있는 사람이라면 결국 이것이 감염의 문제가 아니라는 점을 이해할 것이다.

이는 개인의 자유에 대한 규제와 속박의 문제다. 다수가 정당하지도 올바르지도 않으며, 민주주의가 정의롭지 않다는 사실을 알려주는 문제이기도 하다. 자유가 지워지고 희박해진 민주화는 이렇게 세상을 바꾼다. 대한민국에서 진보라고 주장하는 선동가들은 정의로움과는 무관한 민주주의를 내세워 사람들을 기만하는 퇴보일 뿐이다.

점점 더 잘못되어가는 민주 세력에 저항하고 우리의 자유를 잃지 않으려면 우리는 다음 대통령을 잘 뽑아야 한다. 북한을 추종하는 자들만 반국가 세력이 아니다. 자유에 반하는 세력도 대한민국에서는 반국가 세력이다. 민주 앞에 자유를 내세우지 못한다면 민주로 국민을 선동하는 세력을 이기기 힘들고, 의도하든 하지 않든 우리 체제와 가치에 반하는 그들의 행동에 휩쓸릴 수도 있다. 그 결과 경제적으로는 발전이 저해되는 퇴보가 되고, 사회적으로는 개인의 가치보다 전체의 가치가 지배하는 전체주의 국가로 가게 된다. 우리는 위기의 대한민국을 어떻게 구할 수 있을까?

우리는 무엇을 선택하고, 어떻게 살아야 하는가?

> "
> 민주와 민주주의가 어쩔 수 없는 선택지라 해도 자유가 민주에 의해 속박당해서는 안 되며, 민주가 자유를 앞서가서도 안 된다. 완전한 자유시장의 구현이 현실에서 불가능하다면 우리는 약자들을 위한 나눔과 도움을 실천해야 하겠지만, 그것이 타인의 자유나 재산권을 침해하는 것은 최소화해야 한다. 우리의 첫 번째 선택은 언제나 자유여야 하고, 자유의 가치를 인정하는 바탕 위에서 자발적이고 능동적으로 사회약자를 돕는 것이 옳은 일이다.
> "

사람들 사이에 의견 차이가 생기는 이유는 사안에 따라 매우 다양하다. 하지만 그 이유의 본질은 단 하나, 이익이다. 사람들의 견해는 대체로 이익에 종속되어 표출된다. 특별한 경우가 아니라면 자신이 손해 보는 의견을 내놓는 사람은 없다. 문제는 일상의 단순한 일이 아니라 복잡하거나 지력이 필요한 일일 경우, 그 이익을 위한 판단 근거를 다 인지하지 못하거나 혹은 이해 부족으로 오판하는 경우가 생긴다는 사실이다. 그럴 때 실상은 손해를 볼 수 있는데도 이익이 된다고 잘못 판단하는 경우가 발생한다.

아울러 인간에게는 보편적이고도 심각한 정신 현상이 하나 있는

데, 이것이 이익과 관련해 판단 오류를 발생시키는 원인이 되기도 한다. 이 오류는 대표적으로 일상에서 인간 자존심의 영역과 정치의 영역에서 상황을 판단할 때 주로 생긴다. 앞에서도 한 번 언급했지만, 이것이 심리학에서 말하는 인지부조화 현상이다.

인지부조화는 자신이 믿고 있거나 믿고자 하는 사실이 부정되는 것을 거부하는 정신 현상이다. 여기에는 옳고 그름에 대한 이성적 판단이 개입되지 못한다. 합리성이나 상식도 아무런 의미가 없다. 과학적인 사실에 대해 인지부조화가 발생하는 경우는 공포가 개입되었을 때가 대표적이다. 공포를 느끼는 어떤 상황에서는 인간에게 이성적이고 과학적인 설명이 잘 통하지 않는다. 이때는 그 상황을 부정하는 의식의 작용이 모든 것을 지배하기 때문에 공포를 인정하는 발언만 지지하게 된다. 대표적인 예로 광우병 파동이나 사드 전자파 사태를 들 수 있다. 그리고 여기에 어떤 목적을 가지고 이용하려는 사람들이 있다면 반드시 선동이 개입된다. 인간의 공포심이 존재하는 상황에서 선동으로 자극하기는 매우 쉽다.

공포심이 없는 일이라 해도 모든 정치적 상황에서의 인지부조화는 신념이 개입되어 발생한다. 판단 근거가 되는 사실에 대해서는 자신이 믿고자 하는 방향에 따라 개별 근거들의 경중이 달라지기도 한다. 예를 들어 어떤 도둑질이 처벌되기를 원치 않을 때 도둑질이 나쁜 일이고 처벌되어야 한다는 주장에 대해 고작 그것 훔쳤다고 처벌해야 하느냐고 말하는 그런 현상이다. 미리 처벌되지 말아야 한다는 것으로 결론을 정해두면 도둑질이라는 나쁜 행위보다 그 행위의 대상이나 경중으로 판단의 중심이 옮겨간다. 이런 정신적 합리화는 심지어 '도둑질=나쁜 일'이라는 기본 정의조차 무시해 버리는 지경에 이르기도 한다. 물론 인과관계가 있고 그 대상이나 행위의 경중을 따지는 것도 필요한 일이다. 하지만 신념에 따라 경도된 생각은 자신이 유리한 쪽으로의 판단만 고집하고 잘못된 것조차 정당화한다.

양비론이나 중립이라는 입장은 판단 기준을 잡지 못하는 상황에서 발생한다. 양쪽 모두에게 문제가 있다고 생각하거나 어느 한쪽을 지지하지 못할 때는 중립이 가장 편안한 심리다. 정치에서 중도는 관심이 없거나, 판단을 유보하거나, 어느 한쪽으로 기울어지는 것을 경계하는 태도이다. 그렇다면 주어진 상황에 대해 신념에 경도된 인지부조화가 생기는 이유와 판단을 거부하는 중립 상황이 존재하는 이유는 무엇일까?

신념에 치우친 판단은 가치에 대한 인식에서 생긴다. 일단의 정치가들이나 선동가들의 가치는 상반된 두 가지로 나뉘고, 보통 사람들도 그렇게 나뉘어 각각을 지지한다. 사실 대부분의 보통 사람이 가진 신념은 공정하고 올바른 인식을 통해 체화된 것이 아니다. 대부분은 자신의 이익과 부합하는 쪽으로 신념이 발현되고, 여기에 개인이 아닌 전체 속에서 같은 신념을 가진 타인들과 공조해 그 진폭을 키우게 된다. 또한 타인들과의 공조를 통한 신념의 형성에는 자신의 굳건한 생각이 그 바탕에 있는 것이 아니라 타인들의 생각이 무엇인지 엿보고 그것에 맞추려는 인간의 종속 심리가 작용한다. 그렇게 가치는 신념에 경도된 지지자를 확보하게 되고, 정치의 영역에서 권력을 쟁취하기 위한 힘겨루기의 바탕이 된다.

민주주의는 여기에서 큰 역할을 한다. 어떤 가치를 내세운 정치 집단이 사람들의 마음에 얼마나 잘 다가가느냐에 따라 힘의 균형이 달라지기 때문이다. 다수가 지지하면 그 다수의 가치가 공동체를 지배하는 힘이 되어버린다. 이쯤 되면 민주주의가 정의로움이 아닌 또 하나의 이유가 명확해진다. 두 가치가 상충해 서로 싸울 때 공동체가 가져야 할 바람직한 가치가 소수의 것이라면 패배할 수밖에 없는 것이 민주주의이고, 이는 바람직한 가치의 패배이기 때문이다. 극단적인 예로 자유시장을 원하는 소수와 사회주의를 지향하는 다수가 있는 민주주의 사회에서는 사회주의가 정의로움이 된다.

중도는 그런 가치판단에서 벗어나 있는 사람들이다. 이들 대부분은 '우리가 선택해야 할 가치를 이해하면서도 선택을 유보'하거나, '가치판단이 가능하지 않아서 어쩔 수 없이 그런 태도를 보이는' 입장을 취한다. 또한 이들은 인식이나 판단을 신념으로 전환하는 경향이 진영에 속한 사람들보다 상대적으로 약하다. 이들은 무엇이 올바른, 더 나은 가치인지 판단하기 어렵다는 이유 혹은 핑계로 진영이 아닌 별도의 영역에 존재하려 한다.

장황하게 인간의 정신세계와 심리를 언급하는 이유는 '가치'에 대해 말하기 위해서다. 인간의 삶은 모든 것이 생존과 관련돼 있고, 현실 정치에서 그 영역을 둘로 나누어 생각할 수 있다. 하나는 국가라는 체제에서의 '안보'이고 다른 하나는 생활의 바탕인 '경제'이다.

사실 대한민국의 가치는 명확하다. 반공산주의 자유시장경제가 그 것인데, 극소수를 제외하고는 누구나 인정하고 있다. 그런데도 이에 대한 가치 투쟁이 여전히 존재하고, 이를 넘어 우리의 가치에 반하는 신념이 더 큰 힘을 가지는 상황이라면 우리는 이것을 어떻게 해석해야 할까?

안보 측면에서는 북한이라는, 우리와 관련된 특수한 상황이 생각의 다름을 만들어낸다. 여기에는 민족주의 사고가 큰 몫을 한다. 동족인 그들의 고통을 외면하지 않으려는 감성적 사고가 가치판단에 개입된다. 문제는 그 가치판단이 선동가들의 목적에 따라 왜곡된다는 데 있다. 북한에서 고통받는 동족을 위하는 마음을 부정할 수는 없다. 하지만 북한 체제에 동조하거나 최소한 이해하려는 일단의 사람들은 자신들의 그 목적을 위해 일반 국민을 감성으로 자극하는 데 주저함이 없다. 그들이 실제로 동족을 위하는 따뜻함을 가지고 있을 수도 있겠지만, 그 따뜻함을 실천하기 위해 하는 행동들이 우리 모두에게 손실을 주거나 심지어 위험을 초래할 수 있다는 사실은 철저히 부인되거나 어쩔 수 없이 감수해야 하는 일로 간주된다.

또한 여기에는 북한에 있는 사람들과 북한 정부를 분리해서 생각지 못하는 오류가 있다. 얼마 전 헌법재판소의 모 재판관이 오래전 SNS에 올린 글들이 논란이 되었다. 그중 안보 인식과 관련된 대표적 문구 하나가 "유엔군 참전 용사들은 무엇을 위하여 이 땅에 왔을까? 전쟁의 방법으로 통일을 이루려는 자들은 제1차 세계대전을 거치면서 좋은 전쟁이란 낭만적 생각에 불과하다는 인류의 보편적인 깨달음을 몰랐을까?"라는 문구였다. 이에 대해 본인은 이 내용이 북한을 지칭한 것이었다고 해명했지만, 설사 그것이 사실이라 해도 유엔군 전사자가 묻혀 있는 곳에 가서 할 말은 아니다.

이 재판관은 진정으로 유엔군이 왜 이 땅에 왔는지를 모르는 듯했다. 그들은 인류의 가장 보편적인 가치인 자유를 수호하기 위해 이 땅에 왔다. 또한 좋은 전쟁이라는 표현으로 세상에 그런 전쟁은 없다는 그야말로 낭만적이고도 감성적인 인식을 드러냈다. 그는 나쁜 세상도 좋은 전쟁보다는 낫다고 생각하는 듯하다. 이 생각은 북한 공산주의 치하에 살더라도 전쟁을 해서는 안 된다는 해석도 가능하게 한다. 대한민국에서 판사로 헌법재판관까지 지낸 사람의 인식으로는 실망스럽기 짝이 없다. 하긴 그보다 더한 좌익운동을 한 사람도 그 자리에 오르려 하고 있으니 이 재판관의 문제는 큰일이 아닐 수도 있겠다.

지식인층에서조차 우리가 가져야 할 가치에 대한 인식은 놀라우리만큼 약하다. 자유민주주의라고 하면서 자유의 의미를 제대로 아는 사람은 매우 적다. 오로지 민주주의만이 정의로움이 된 세상이다. 이는 경제에서도 마찬가지다. 앞서 이야기한 바와 같이 경제의 민주화라는 용어는 자유시장과는 완전히 배치되는 것임에도 우리 헌법에 버젓이 자리 잡고 있다.

그것은 함께 일하고 똑같이 나누자는 공산주의경제와 자유시장 경제의 중간 어디쯤 존재하며, 성과와 과실을 적당히 나누어야 한다는 것이다. 경제에서 대한민국이 추구할 가치가 아무리 사회적 약자를 위하는 것이라 해도 과연 그 위치에 있는 것이 옳을까?

안보에서 자유라는 가치는 감성적 선동가들에 의해 왜곡되어 인식이 날로 무뎌지고, 경제에서 자유시장이라는 가치는 헌법에서 무시되는 지경에 이르렀다. 대한민국의 가치를 무너뜨리려는 자들은 자유를 말하는 사람들을 극우로 몰아 자신들이 보편적이고 정의로운 중간 위치에 있는 것처럼 사람들을 기만한다. 그들이 우리와는 전혀 다른 가치를 가진 반국가 세력은 아닐지도 모른다. 그들은 단지 자신들의 권력을 위해 가치 전쟁에서 승리한 사람들일 수도 있다. 하지만 만약 진성 반국가 세력이 있다면 그들은 무지한 조력자로서 그 반국가 세력에 동조하고 대한민국의 가치에 반하는 행동을 하는 것이 된다. 민주주의 세상이라도 민주 앞의 자유라는 가치의 의미를 잃지 않으려면 끊임없이 이런 세력과는 싸워서 이겨내야 한다.

자유대한민국의 다음 대통령

> 66
>
> 자유대한민국의 다음 대통령은 자유라는 우리의 가치를 바탕으로 혼란스러운 이 나라를 안정시키고 발전시킬 수 있어야 한다. 이를 위해서는 체화된 우파적 신념이 강력해야 하고, 모든 분야의 지식을 잘 갖춘 유능함도 필연이다. 아울러 정치 경험뿐 아니라 행정 경험을 통해 국가 운영 역량을 갖추어야 하고, 정적들의 공격에 언제나 의연하게 대처할 줄 아는 사람이어야 한다. 선택은 국민 개개인의 몫이지만, 우리의 미래세대를 위해서도 모두가 현명한 선택을 하길 바란다.
>
> 99

해방된 지 80년, 대한민국은 아직도 체제 전쟁 중이다. 몇십 년 전에 이미 한물간 사회주의, 공산주의의 망령이 아직도 사회 전반에 깔려 있다. 대학에서 학기가 시작되면 게시판에는 여전히 '마르크스를 공부하자'는 게시물이 붙는다. 내가 대학에 다니던 40년 전과 다를 바 없다. 물론 나의 젊은 시절에 비하면 지금은 약과이긴 하다. 젊은이들은 변했는데 사회의 기득권 세력은 알게 모르게 몸에 밴 왼쪽 이념에서 여전히 벗어나지 못하고 있다. 물든 색깔을 빼내기란 쉽지 않은 일이다. 아울러 색깔이 같은 다른 사람들과 함께 살아온 세상을 용기 있게 벗어나기도 어렵다. 민주화가 만든 세상은 그렇게 사람들의 마음을 왼쪽에서 잡고 있고, 그 세상에 동조하지 않으면 함께 어울리는 것도 불가능하다.

왼쪽으로 기울어진 세상에서 조금만 선명하게 반대 의견을 내면 극우로 몰린다. 민주주의가 본래의 의미와 전혀 다른 정의로움을 상징하는 단어가 되었듯이 극우 개념도 그렇게 세상의 정의로움과 거리가 먼 극악한 사람으로 정의되었다. 대한민국에는 극우가 존재하지 않지만, 심지어 지극히 상식적인 사실을 표명해도 그들의 생각에 반한다는 이유로 극우로 취급되고 비난받는다. 이는 좌측으로 기울어진 생각을 균형 잡힌 것으로 착각하는 데서 비롯된 오해다. 전체주의나 민족주의적 사고에 사로잡혀 있어도 폭력을 행사하지도 않고 선동적 행위도 하지 않는 사람들에게 씌운 극우 프레임은 폭력적 언사와 다름없다.

사실 대한민국에는 소수의 극좌는 있어도 극우는 없다. 가장 대표적인 극좌의 사례가 이석기와 그 일당들이다. 그들은 북한을 추종하고, 전체주의적이며, 폭력을 계획했다. 이런 사람들에게 '극'이라는 글자를 붙일 수 있는 것이다. 또한 가장 대표적인 히틀러의 나치가 극우인 이유는 전체주의와 민족주의에 폭력을 수반한 반공산주의 세력이었기 때문이다.

대한민국의 건국이 언제냐는 논란으로 말들이 많지만, 실제 건국은 1948년으로 보는 것이 더 적절하다. 임시정부 수립을 건국으로 볼 수 없는 이유로는 여러 가지를 들 수 있고, 또 그렇지 않다는 의견도 강해서 논쟁이 있는 것이 사실이다. 하지만 내가 이야기하고 싶은 하나의 이유는 이 나라가 대한민국과 조선민주주의인민공화국이라는 두 개의 실체적 국가로 쪼개졌고, 비록 대한민국이 북한을 인정하지 않고 있지만 현실적으로는 대한민국을 북한을 포함한 하나의 국가로 보는 상황에서 임시정부의 정통성이 북한에까지 미친다고 해석하는 것은 별로 현명한 일이 아니다. 대한민국은 자유의 가치로 건국되었다고 보는 것이 옳으므로 이승만 정부가 수립된 1948년에 비로소 건국된 것이다.

건국절 논란과 관련해서 대한민국 좌파 진영의 포용력은 기대할 게 없다. 그들의 정당성은 독재를 타도하고 민주화를 이룬 데서 나오기에 독재자로 낙인찍은 이승만을 절대로 인정하지 않는다. 그런 이유로 이승만의 건국은 부정될 수밖에 없고, 건국을 임시정부 수립이라고 주장하는 것이다. 진영의 이익을 위해 사안의 해석을 달리하는 것은 정치 논쟁에서 보편적이며, 역사 속에서 정당성을 인정받기 위해 혹은 진영의 정당성을 주장하기 위해 주관적인 역사 해석이 개입된다.

이승만을 공부해보면 자유민주주의라는 체제를 대한민국에 심은 것 하나만으로도 그가 나라의 위대한 영웅의 반열에 올라야만 한다는 사실을 부인하기 어렵다. 이승만의 미래에 대한 선견지명은 상상을 초월한다. 1990년대 초 냉전이 자유 진영의 승리로 끝나고 난 뒤 많은 사람이 공산주의나 사회주의가 부인되어야 하는 세상임을 알게 되었다. 1970~1980년대 민주화 운동을 하던, 이른바 당시의 386세대에서도 그동안 자신이 가졌던 신념이 잘못이었음을 자각하고 전향하는 사람들이 생겨났다. 그들의 전향은 신념에 대한 충성도가 낮아서가 아니라 스스로 비겁하지 않은 정의로움을 추구했던 자신들의 순수한 열정이 잘못된 방향을 향하고 있었다는 사실을 깨달은 결과였다. 하지만 그 신념을 통해 권력을 얻은 자들은 정치라는 영역에서 기득권을 지키기 위해 자각과 변화를 거부했다. 그들은 이후 30년도 더 지난 오늘 현재까지도 절반 이상의 국민에게 여전히 영향력을 미치고 있다.

전 세계가 자유 진영과 공산 진영의 체제 경쟁에 돌입한 제2차 세계대전 직후, 우리 국민의 70% 이상이 사회주의가 더 좋다고 생각하던 그 시절에 대한민국을 자유 진영의 일원으로 위치시킨 이승만은 분명 선지자였다. 오늘날 민주화 세력에 의해 자유민주주의에서 자유가 의미 없는 수식어 수준이 되어버렸지만, 그가 만든 나라는 분명 자유에 가치를 둔 대한민국이었다. 이승만이 없었다면 우리는 김일성, 김정일, 그리고 김정은 치하에서 지금의 북한 인민들과 같이 살고 있었을 것이다. 생각만 해도 아찔한 일이다.

정치적 권력 쟁취의 수단으로 민주를 주장하는 것은 자유 진영에서 벗어나지 않으면서도 인간의 좌파적 속성을 파고드는 강력한 수단이 되었다. 인간은 누구나 개인보다는 전체 속에서 안주하는 것을 편하게 생각하고 정부가 나서서 무엇이든 해주기를 바란다. 자기 책임감이 약한 사람일수록 강하고 선해 보이는 정부에 종속되기를 원하며, 정부가 베푸는 시혜가 실은 다른 사람들의 노력으로 이룬 성과라는 사실을 모르거나 모른 척한다.

'세금은 정부에 의한 약탈'이라고 하면 자신은 자진해서 세금을 낸다고 항변하거나, 세금을 안 내면 어떻게 할 거냐고 반문한다. 국가라는 현실에서 살아가야 하는 국민으로서 세금은 불가피하지만, 그 불가피함이 국가의 약탈을 정의로움으로 만드는 것은 아니다. 어쩔 수 없는 세금은 인정하더라도 국민의 자유와 소유권까지 심각하게 침해하며 개인이 얻은 결실을 국가가 다른 이들을 돕는다는 명분으로 빼앗는 일은 최소화해야 한다. 그래서 작은 정부는 세금의 불가피성을 인정할 수 있는 유일한 정의로움이다.

정부는 작아질수록 정의롭다. 그래야 세상의 진보와 발전의 속도를 높일 수 있다. 하지만 좌측 사고가 지배하면 지배할수록 정부는 더욱 커지기만 한다. 큰 정부의 씀씀이가 작아질 리 만무하다. 그들은 돈을 찍어내고 부채를 늘려서 큰 정부로서의 역할을 끊임없이 키워나간다. 국민 개개인의 노력으로 얻은 부가 정부의 지출을 감당할 수준이 된다면 상관없다. 하지만 정부의 지출이 국민 전체가 창출한 성과보다 커지는 순간부터 그 나라는 어려움에 빠진다.

이미 정부의 시혜에 익숙한 사람들은 시혜의 양이나 정도가 줄어드는 것을 이해하지도, 받아들이지도 않는다. 정치권은 그들의 권력 유지를 위해 국민을 향한 시혜를 멈출 수도 없다. 이렇듯 좌측 사고의 확대는 퇴보의 길로 방향을 잡고 모두가 힘든 세상을 재촉한다. 국민 전체 경쟁력의 합보다 더 커진 정부의 시혜와 지출은 그렇게 나라를 어렵게 만든다.

우측 사고의 핵심인 개인의 노력에 의한 성취, 그리고 경쟁에 의한 성장은 비록 개개인의 능력에 따라 다른 결과를 만들지만, 능력 있는 자들의 노력에 의한 결실이 전체의 부와 발전에 이바지함으로써 능력이 부족한 많은 사람의 생활을 더 나은 수준으로 끌어올린다. 반면 평등과 분배만을 강조하여 가진 자의 것을 나누면 결코 더 나은 세상을 만들 수 없다. 성장의 동력이 되는 개인의 노력을 약화하기 때문이다.

성장이 능력이 없고 가난한 자들을 위하는 유일한 길이라는 점은 아무리 강조해도 지나치지 않다. 오래전 부자들은 지금의 소형 승용차보다 성능이 훨씬 떨어지는 자동차를 타면서 지금의 스마트폰과는 비교도 불가한 수준의 무전기 같은 카폰을 사용했다. 그때의 부자는 극소수였지만, 지금은 웬만한 보통 사람도 그때의 부자보다 훨씬 성능이 좋은 자동차를 타고 놀라운 성능의 스마트폰을 사용하며 생활하고 있다.

오래전에는 한겨울에도 겨우 연탄을 때거나 그것조차 없어서 추위로 얼어 죽을지도 모르는 삶을 살았던 가난한 사람들이 수없이 많았다. 하지만 오늘날에는 그런 사람들의 수가 그때와 비교가 안 될 만큼 적고, 비록 지원을 받아서라도 쌀밥에 라면을 먹으며 얼어 죽거나 굶어 죽을 걱정 따위는 하지 않는다. 만약 분배만을 강조해 성장을 등한시한다면 부자들도 부자가 되지 못하고, 아울러 가난하고 어려운 사람들은 더욱 힘든 상황으로 추락하게 된다.

이쯤 되면 양극화를 내세우며 남 잘되는 것을 보지 못하는 언사들이 나온다. 왜 너만 잘사냐며 함께 잘사는 사회를 주장한다. 모두가 못사는 세상은 있어도 모두가 잘사는 세상은 존재할 수 없다. 결국 함께 잘사는 사회는 나눔이라는 이유로 많이 번 사람들에게서 많이 빼앗아서 이루고자 하는 사회다. 그런 사회가 모두가 잘사는 사회가 될 수 없는 게 자명한데도 여전히 그런 주장은 선의로 포장되어 유통된다.

자유민주주의와 시장경제를 채택한 국가의 지도자라면 과연 어떤 생각을 해야 할까? 이에 대한 정답은 명확하다. 못사는 사람, 약자들을 보호하고 함께 살아가기 위해 분배를 더 중시하고 지출이 큰 정부를 주장하기보다는 과도한 분배가 독이 됨을 설파하고, 성장을 앞세우며, 작은 정부로서 개인과 기업의 시장 활동에 관여하지 않겠다는 신념을 보여주어야 한다. 현실적으로 선거에서 이기려면 이런 이념을 선명하게 내세우기가 어렵겠지만, 올바른 지도자라면 이를 이해하고 집권 후에는 자신의 신념을 구현할 수 있어야 한다.

불행히도 우리 국민 중에서 이를 이해하는 사람은 여전히 별로 없고, 알면서도 솔직하지 못한 사람들도 여전히 많다. 정부의 지출이 있어야만 경쟁력을 가지는 사람들은 당장의 이해득실을 따져 분배가 줄어드는 것에 동의하지 않을 것이다. 그들은 정부로부터 지원을 받음으로써(다른 사람이 노력한 과실을 나누어 가짐으로써) 자신의 생산성보다 더 높은 이득을 얻으려 한다. 사실상 이것은 부도덕한 생각이지만, 개인이 아닌 정부가 중간에 개입함으로써 도덕성 논란은 사라져버린다.

앞에서 이야기한 이상적 생각을 가진 정치인을 기대하는 것은 그다지 희망적인 일이 아니다. 그런 생각을 표출하면 국민의 지지를 받기가 힘들기 때문이다. 이런 견해의 표명은 우파 정당에서도 대단히 조심스러운 일이다. 정치가 정권 획득을 위해 다수 국민의 뜻에 가장 적합한 공약과 정책을 내놓아야 하는 어쩔 수 없는 상황을 이해하지 못하는 것은 아니다. 하지만 한 단계 더 높은 수준의 정치라면 국민에게 무엇이 더 나은 미래인지 설명하고 설득하여 이해를 구하는 자세가 필요하다.

전 세계 어느 나라든 국민 의식은 정부로부터의 수혜를 바라는 방향을 향한다. 그 누구도 공산주의 체제하의 평등과 분배를 원치 않지만, 정부가 아무 역할도 하지 않는 완전한 자유 사회 또한 거부한다. 정부의 적절한 역할과 지원, 그리고 관리와 통제는 필요하다고 생각하는 것이 현실이다. 그래서 생각이 우측인 정당은 적절히 좌측 생각을 넣어서 국민의 지지를 얻으려 하고, 생각이 좌측인 정당은 국민이란 사람들의 눈치를 보며 필요할 경우 우측 생각을 말하기도 한다.

예를 들어, 얼마 전 민주당 이재명 대표는 대통령 탄핵이 진행되면서 민주당 지지율이 계속 하락하자 성장이 가장 시급하다며 자신의 기본사회 주장까지 접어버리는 수준의 우회전을 했다. 국민 1인당 25만 원의 지원금 주장도 하지 않겠다고 하는 것을 보면 정치적 유불리에 따른 정치인의 행동은 어쩔 수 없는 일이다. 이재명의 이런 우회전이 지지율에 집착한 정치적 수사에 불과하다는 것을 이해하는 사람은 많다. 솔직히 그가 진심이라면 양곡법 등 농업 관련법이나 노란봉투법 같은 좌파적 노동법부터 폐기했어야만 한다. 이재명은 결코 성장이 더 나은 해결책이라는 것을 인정하지 않는다. 하지만 지지율을 올리기 위해서는 이렇게 하는 것이 정치다. 특히 좌파 정치인은 최소한의 양심도 없는 사람이 대부분이다.

배고프다고 거위 배를 갈라서는 안 된다. 거위를 번식시키고 거위가 낳는 알의 개수가 늘어나게 만들어야 한다. 그래서 나라의 지도자는 확고하게 우파 사고를 지닌 사람이어야 한다. 그런 측면에서 최악의 대통령은 문재인이었다. 김영삼, 김대중, 노무현, 그 누구도 실제 집권 후에는 대놓고 좌측으로 핸들을 무모하게 돌리지 않았지만, 문재인만은 좌회전 깜빡이만 켜고 손대는 모든 것을 퇴보시켰다.

투기꾼을 잡는다는 이유로 다주택자를 범죄자로 만들어 집값을 폭등시켰고, 자기 세력의 이권을 위해 나라 성장의 핵심 동력인 원자력발전을 무모하게 퇴화시키는 이해하기 힘든 일도 벌였다. 연금 개혁이나 의료 개혁같이 정권에 손해가 될 만한 일은 적당히 넘겼으며, 코로나 발생 후 국민 개개인의 자유를 억압하는 수준은 검증도 안 된 백신을 접종하지 않으면 식당에 밥 먹으러 가지도 못하게 할 정도였다. 이렇게 세상을 퇴보시키는 일과 자유에 대한 억압에도 민주사회에서 순종적으로 살아온 사람들은 퇴보를 퇴보로 인지하지 못하고, 그런 정도의 억압은 모두를 위해 충분히 감당할 수 있는 것으로 여긴다. 민주가 강조되는 만큼 자유에는 무감각한 사람들이 되어버린 것이다.

윤 대통령의 계엄과 그 이후에 있었던 일련의 상황은 온 나라를 뒤덮은 민주화의 그늘이 현재 혼란의 근본적 원인이라는 사실을 국민에게 알려주었다. 우리가 이런 사실을 받아들인다면 다음 대통령은 그러한 민주화의 그늘에서 조금이라도 벗어날 수 있게 할 역량이 있는 사람이어야 한다. 비록 그 일은 무척 어렵고 시간도 오래 걸리겠지만 그 토양을 가꾸는 일은 미래 우리 자식, 손자 세대의 풍요와 번영을 위해 꼭 필요하다. 또한 기성세대와는 다른 2030 젊은이들의 생각과 지지를 바탕으로 개혁을 이루어 나가는 것도 중요하다.

단지 탄핵이라는 사건 때문에 여기서 다음 대통령을 언급하는 것은 아니다. 복잡한 세계정세 속에서 정점을 지나 내리막길에 접어든 이 나라를 위해 우리에게 필요한 지도자의 역량에 대해 언급하고자 하는 것이다.

먼저 나의 개인적인 견해지만, 야당 후보가 이재명만 아니라면 문재인 정권 시절보다 못하지는 않을 것으로 생각한다. 누가 되든 야권의 대통령 후보라는 사람들의 생각이나 이념은 세상을 퇴보시키는 것이 분명하지만 이재명만큼 예측 불가능하지는 않다. 사람에 대한 호불호를 떠나 그가 범죄자이든 아니든 이재명의 행동이나 이제까지 살아온 행태를 볼 때 그가 대통령이 된다면 강력한 공포의 전체주의적·독선적 정권이 될 것 같다는 불안감이 매우 크다. 문제는 입법부는 이미 장악되었고, 사법부도 편향성이 염려할 수준을 넘어선 상황에서 행정부의 수장이자 국가의 수반인 대통령까지 우리의 가치를 긍정적으로 여기지 않는 진영에서 나온다면 이는 국가적 불행이 될 것임에 틀림없다.

보수 진영에는 대통령을 하겠다는 후보들이 많다. 한동훈에 대해서는 앞에서 언급했듯이 정치공학적으로 경쟁력이 없다는 사실과는 별개로 대통령이 되기에는 정치적 역량이 매우 부족해 보인다. 그는 '또 검사냐?'라는 거부감에 직면할 수 있고, 솔직하고 정의로우며 도덕으로만 세상을 보는 눈을 가졌다는 점은 선거에서 장점이 되지 못한다. 또한 윤 대통령을 배신했다는 진성 보수의 프레임 속에 갇혀 있다. 나의 개인적인 견해지만, 다른 것은 다 제쳐두고라도 그의 정치적 역량은 이준석에게도 못 미치는 수준이다. 그가 보수 진영의 후보가 된다면 패배할 가능성이 매우 높다.

대통령 탄핵으로 인해 강성 이미지가 뚜렷한 김문수 장관도 떠오르는 듯하다. 사실 운동권에서 전향해 자유에 대한 이해가 매우 높은 사람이라는 측면에서 나는 그의 강력한 지지자이지만, 일반 국민의 지지를 받기에는 확장성에 문제가 있다는 점이 매우 아쉽다. 중도라는 사람들은 여전히 세상의 좌측 기울기로 인해 강한 우파적 사고를 받아들일 준비가 안 되어 있고 이해도 부족하기 때문이다. 그는 지도자로서의 역량 측면에서는 의심의 여지가 없다. 경기도지사를 두 번이나 했으니 행정 능력과 경험도 두루 갖춘 인물이다. 이런 점에서 김문수 장관은 무척 아쉽다.

남은 인물은 홍준표, 오세훈이다. 두 분 모두 역량에서는 의심할 여지가 없고 자유와 개인에 대한 인식도 탁월하다고 생각한다. 현실 정치라는 한계 속에서 어쩔 수 없는 좌회전은 불가피하기에 인정하고 넘어가는 측면이 있다. 광역시 시장으로서 역량을 보임으로써 대통령의 자격은 모두 갖추었다. 다만 홍준표 시장은 예전의 대선 패배가 한계로 작용하지 않을까 하는 우려가 있다. 그 당시에는 물론 안철수 후보가 20% 이상을 획득함으로써 홍준표 후보의 표를 상당 부분 잠식했지만, 야권 후보와 일대일 대결 상황에서 중도라고 하는 사람들의 마음이 그에게 기울지는 의문이다.

또 하나 매우 중요한 점은 직전 대통령이 윤석열이었다는 사실이다. 이제까지의 경험으로 우리 국민은 단 한 번도 직전 대통령과 같은 캐릭터를 다시 선택한 적이 없다. 이는 선택된 정권은 국민의 눈에 언제나 잘한 일보다 잘못한 일만 보이기 때문이며, 실제로는 정권교체보다 인물 교체가 더 우위에 있는 선택임을 보여준다. 이런 측면에서 보면 윤석열 다음 대통령으로서 이재명은 가능성이 떨어진다. 두 사람의 캐릭터는 중복돼 보이는 부분이 많기 때문이다. 이는 각 진영이 상대 진영의 대표자들을 향해 끊임없이 잘못된 (혹은 잘못된 것처럼 여겨지는) 사실을 내세워 비난해왔기 때문이다.

불행히도 캐릭터 측면에서 보면 홍준표 시장도 그리 유리해 보이지는 않는다. 약간은 돌발적이고 황당할 수도 있다는 감각적 우려가 국민이나 지지자들의 마음속에서 은연중에 작동할 수 있기 때문이다.

이런 면에서 오세훈 시장은 매우 다르다. 아니, 달라 보인다. 그래서 만약 지금 대선을 치러야 하고 상대가 이재명이라면 그가 보수 진영의 대통령 후보로서는 최선이 아닐까 한다. 이재명이 아니라도 마찬가지다. 중요한 점은 윤 대통령과의 캐릭터 차이를 얼마나 크게 보여주느냐일 것이기 때문이다.

오세훈 시장에 대해서는 보수 진영의 호불호와 지지, 거부의 편차가 상대적으로 큰 편이다. 그러나 중도에서는 그 정도가 상대적으로 작고, 지난번 서울시장 시절 무상급식 문제 등으로 인해 마음이 떠난 일부 보수들도 그가 단일 후보가 되면 지지하지 않을 이유가 없으므로 사실상 가장 경쟁력 있는 후보가 틀림없다. 정치지도자, 특히 대통령을 외모로 선택해서는 안 되는 일이지만 이미지로도 손해 볼 사람은 아니다.

앞에서 언급한 정치공학적 이유 외에도 오세훈은 지도자로서의 역량과 순발력을 갖추고 있다. 그간의 정치 역정에서 있었던 그의 노력과 생각은 그의 저서 『미래』에서 충분히 확인할 수 있었다. 선거에서는 오로지 국민의 생각과 수준을 잘 가늠해서 이겨야 한다. 그래서 대통령 후보의 정치·경제·외교적 역량에 대한 평가는 최소한 선거에서는 큰 의미가 없다. 그리고 이런 면에서 같은 진영의 정치인들은 대체로 비슷하다. 반면 일반 국민이 신경 쓰지 않는 산업적 측면에서 세상을 바라보는 눈이 어떤지를 보는 것은 비록 그것이 선거에서의 승리와 크게 관련이 없더라도 국가 지도자로서의 역량을 판단할 때 중요한 요소가 된다. 오세훈은 이런 측면에서 다른 후보군과는 다르다.

특히 내가 관여하는 해양 관련 산업과 수상 모빌리티는 대한민국의 발전과 다음 세대를 위한 새로운 패러다임으로 만들어야 할 중요한 분야인데 어떤 정치지도자도 관심이 없었다. 오로지 오세훈만이 이를 인식하고 무언가를 하려는 모습을 보이고 있고 결과도 하나씩 눈에 보인다.

삼면이 바다이고 큰 강이 발달한 대한민국에서 하천과 바다를 이용한 새로운 서비스산업의 부흥은 꼭 필요하다. 하지만 아직은 그 여건을 만들기가 어렵다. 나는 한강이라는 거대하고 중요한 자원이 그저 흘러가는 물로만 있다는 점을 항상 아쉽게 생각해왔다. 그러던 차에 한강에 그가 '리버보트'라는 배를 띄운다. 우선은 출퇴근 목적의 선박이고 여전히 한강은 대중교통과의 접근성이 매우 열악한 환경이지만, 수상 환경에서 무언가를 시작한다는 것은 대단히 뜻깊은 일이다. 또한 요트와 같은 레저 보트 선착장을 계획 중인 것도 매우 의미가 크다. 발전의 새로운 동력으로서 수상레저산업은 관련 서비스 시장의 창출에 크게 이바지할 수 있고, 수출 중심의 제조산업 경쟁력으로만 버텨온 대한민국이 도약하기 위해서는 꼭 필요한 일이다.

바다를 끼고 있는 나라로서 대양을 향해 나아가지 못한 역사는 안타까운 점이다. 오늘날 세계를 앞서간 나라들은 모두 해양에 공을 들였다. 스페인, 포르투갈, 영국, 네덜란드, 그리고 근대 들어 미국도 그러했다. 비록 영토는 작지만 우리나라도 중국이라는 대륙을 등지고 해양으로 나가겠다는 의지가 있었다면 일제 식민지 시절을 겪지 않았을지도 모른다. 지나간 일은 어쩔 수 없다 해도 우리가 물과 해양에 관심을 가지는 것은 우리 미래세대의 먹거리를 위해서도 정말 중요한 일이다.

바다가 없는 서울시에서 한강을 중심으로 수상 교통과 레저산업에 관심을 가지고 정책을 추진한다는 사실을 알았을 때 나는 오세훈 시장을 다시 보게 되었다. 비록 강변북로나 올림픽대로가 한강과 시내를 단절시키고 있지만, 이를 연결하는 정책적 배려만 있다면 한강을 활성화하는 길은 열려 있다. 서비스산업으로서 볼거리나 먹거리, 탈 거리, 즐길 거리 등의 관광자원 개발도 무궁무진하게 가능하다. 스무 개에 가까운 한강 다리는 모두 각각의 특색에 맞춘 전혀 다른 차원의 건축물로 변신시킬 수 있다. 이미 언급했지만 수상 교통이나 레저산업의 활성화를 통해 관련 서비스산업도 혁신적으로 추진하는 여건을 마련할 수 있다.

대한민국은 또 다른 산업의 발전 기회를 찾아야 하고, 그중 하나가 수상과 해양을 중심으로 한 새로운 산업이어야 한다. 이는 제조업 중심의 대한민국 산업을 서비스산업으로 전환할 수 있는 계기가 된다는 점에서도 매우 중요하다. 언제나 세계 최고 수준에서 뒤떨어진 대한민국 서비스산업에 'K-서비스'라는 또 하나의 자랑을 창조할 수 있는 날을 기대한다.

오세훈 시장의 산업 분야에서의 지도자 역량은 의심의 여지가 없다. 그의 눈에 보인 한강이 나의 관심 분야로서 내 눈에 보이는 한강과 비슷하다는 사실이 나에게는 희망이다. 혼란의 시대에 우리의 다음 지도자는 자유라는 핵심 가치를 수호하고, 국민 개개인에 대한 존중의 마음으로 혁신을 통해 발전을 추진할 수 있는 사람이어야 한다. 미래세대를 위해 퇴보는 용납할 수 없다. 우리는 그렇게 전진해야만 한다.

끝내며

    혼란과 격정의 시대다. 대통령 탄핵이 일상이 되고 심지어 옥 살이하는 일까지 빈번하니 대통령중심제를 택한 공화국이 맞는지 의심이 들 정도다. 대통령이 중심이고 국회가 견제하는 나라가 아 니라, 국회가 중심이고 대통령이 저항하는 이상한 나라가 되었다.

    열심히 일하는 국민의 노력으로 산업화를 이루었고 정보화 시대 에도 뒤처지지 않았지만, 한반도 역사상 최고의 시대는 이제 정점 에서 내리막길을 향하고 있는 듯하다. 반도체와 철강 등 대한민국 주력산업에서 나오는 경고는 현실에서 실제로 어려움이 되고 있다. 정치가 세상을 퇴보시킨다고 말하면 이에 동의하지 않을 사람은 별 로 없어 보인다. 어떤 이는 윤석열이 그랬다고 하고, 어떤 이는 문재 인이 그랬다고 한다. 진실은 중요하지 않고 그렇게 정치가 생각을 나누고 신념으로 굳혀버린다.

미국의 변화와 중국의 부상은 세상을 보는 눈을 바꾼다. 자유주의 체제와 사회주의 정치체제 아래의 경제는 이제 구분이 되지 않을 정도다. 자유시장경제라고 하면서 사회주의 경제정책을 분간 없이 포용하고, 사회주의 정치 독재체제의 경제는 역으로 자유시장이 되었다. 어떤 영역은 사회주의 국가에서 더 경쟁을 지향하기도 하며 더 자유주의적이기까지 하다.

이런 측면에서 보면 중국에서 딥시크와 같은 뛰어난 기술이 출현한 것은 결코 우연이 아니다. 박정희 시대 산업화의 가성비가 얼마나 높았는지를 생각해보면 딥시크의 출현이 일면 이해가 된다. 자유시장경제가 우월하다는 것은 사회주의·공산주의경제와 비교해서 그렇다는 것이지 그 구분이 없어진 세상에서 우월성을 자랑하는 것도 이제는 의미가 없어 보인다. 강력한 중앙집권 독재체제하에서의 경제가 어정쩡한 자유민주주의 체제하에서의 경제보다 더 효율적이라는 사실을 인정해야 할지도 모르겠다.

독재나 인권 같은 다른 문제를 내세워 이를 부인하려는 주장 또한 허무하다. 그렇다고 한들 결과가 달라지지는 않을 것이기 때문이다. 나는 중국이 미국의 그 어떤 제제도 극복해낼 것으로 생각한다. 경제에서 모든 것은 상대적이고, 행동이 있으면 그에 대한 반작용이 존재하기 때문이다. 당장 관세 전쟁만 하더라도 중국이 이에 보복할 방법은 많다. 캐나다도 보복 관세를 매기고 있다. 중국이나 캐나다로부터 수입해야 하는 물품에 대한 관세 부담은 미국 국민이 지게 된다. 그래서 이런 전쟁은 결국 보통 사람들의 고통과 희생만 초래한다. 인기영합주의, 자국우선주의의 트럼프가 그 방법밖에 쓸 수 없어서는 아닐 것이다. 그래야 대통령에 당선되고 집권할 수 있었기 때문이다. 이는 독재국가에는 없는 민주주의국가의 피할 수 없는 숙명이다.

하드웨어가 중심이었던 예전 세상은 독자적이고도 폐쇄된 기술이 경쟁력의 열쇠였다. 하지만 모든 것이 연결된 소프트웨어 세상에서는 자유로운 경쟁보다 일관되고 계획적인 발전을 추구하는 것이 더 나을 수도 있다는 사실을 중국이 보여주고 있다. 자유경쟁이 더 나은 결과를 내려면 규제나 통제가 사라져야 한다. 하지만 자유시장을 지향하는 국가들이 이를 포기할 것으로 생각한다면 그리 현명한 판단이 아니다. 결국 어느 정도의 규제하에서 경쟁을 통해 이룬 성과가 일관된 독재하에서의 성과보다 못한 경우가 발생할 수도 있다는 현실을 우리는 보고 있다.

중국은 발전을 위한 자본도 이미 축적된 나라다. 기술 중심의 경제발전에서 규제 일변도의 자유시장 경쟁체제가 더 나은 대안이 아니라는 것을 중국이 입증하려는 것으로 보인다. 또한 그런 기술의 발전 속도가 더 빠를 것이라고 예상하는 것도 틀리지 않을 듯하다. 그런 중국에 대한 미국의 대응은 우리에게도 좋지 않은 영향을 미친다. 국익을 위한다는 명분의 트럼프 관세정책 조치들은 한편으로는 옹색함이 보이는 안타까운 일이다. 자국의 경쟁력을 높이는 방법이 타국의 경쟁력을 통제하는 방식의 보호주의 정책뿐이라는 사실이 그러하다. 이 정책으로 인해 우리나라도 65조 원 이상의 수출 손실이 발생할 것이라는 예상도 나온다.

이런 현실에서 이제 우리는 민주화라는 것이 우리에게 과연 어떤 의미인지 생각해봐야 할 때가 되었다. 결과론적이지만, 사회주의 중국의 경제발전은 여러모로 박정희의 경제개발과 유사하다. 중국은 강력한 정치 통제하에서 자유로운 경제활동의 보장을 통해 먹고사는 문제를 해결하고, 국가적으로 경쟁력이 있는 분야에 대한 정부의 강력한 지원과 함께 국민에게 강한 애국심을 주입해왔다. 분명한 사실은 완전한 자유시장과 그 시장에서의 경쟁사회라면 통제와 계획이 개입된 사회보다 발전 속도가 더 빠르고 경쟁력에서도 우월할 텐데도 자유 진영의 어느 국가도 이를 완전하게 실행하는 곳이 없다. 그 경쟁에서 뒤처진 사람들을 보듬어야 하고 평등이라는 민주주의 가치를 내세워 함께 살아야 한다는 명분으로 강제적 나눔을 정의로움으로 만든다. 자유 진영이 뒤처지는 결과로 귀결된다면 그 원인이 무엇인지 이제는 알아야 할 때가 되었다.

자유 진영 국가 중에서도 유독 대한민국은 그 정도가 심한 것을 넘어 경제 자유도에서는 중국보다 더 사회주의적이기까지 하다. 결국 중국과 같은 체제가 이루는 성과는 완전한 개인의 자유를 보장하지도 않고, 민주라는 이름으로 노력의 과실을 나누는 데만 집중하며, 적당한 통제를 정당화해 어정쩡한 계획경제를 모든 분야에 개입시킨, 말뿐인 자유시장경제를 능가할 수 있음을 증명해 보이기 시작했다는 것을 의미한다.

본질적으로 민주화는 모든 면에서 평균에 수렴할 수밖에 없으므로 하향평준화와 다름없는 말이다. 시장에서 누군가는 그 역량과 노력을 통해 큰 성과를 이루지만 누군가는 성과가 미미할 수 있다. 민주화된 세상은 모두가 주인이기에 그 과실을 공평하게 나누어야 한다는 주장이 힘을 얻게 되고, 그런 세상이 경쟁력을 가질 수 없는 것은 당연하다. 만약 그 나눔이란 것이 불가피하다면 성과라도 키울 수 있는 체제가 더 낫다. 중국의 발전에서 보듯 훌륭하고 똑똑한 개인 혹은 집단이 발전을 이끌 수 있다면 민주화된 세상보다 더 나은 경쟁력을 갖추게 된다. 독재에 저항한 민주화가 만든 세상은 그렇게 경쟁력을 잃어가고, 과실은 민주화를 앞세워 기득권이 된 자들만의 몫이 되어버렸다. 민주를 얻기 위해 자유를 상실한 원죄가 너무도 크다.

민주주의가 정의로움이고 민주화가 더 나은 세상을 만들 것이라는 환상은 오랫동안 우리 국민을 강력히 세뇌해왔다. 이런 생각을 뒤집는 일은 사람들에게 그것이 결국 세상을 퇴보시킨다는 것을 자각시키고 그 결과가 눈에 보일 때까지는 불가능할 것이다. 여전히 정치적으로는 그런 민주화 세력을 지지하는 국민이 반을 넘고, 그 세력과 싸우는 사람들조차 민주화에 대한 이념적 저항은 요원하다.

민주화로 인해 권력을 얻은 기득권 세력의 힘은 윤 대통령이 수사받는 과정에서 밝힌 '불법의 불법의 불법'이라는 사실관계에 대한 호소조차 별 반향을 일으키지 못하게 할 만큼 강력하다. 그들의 생각이나 행동 자체가 법이 되어버렸고 그들 자체는 무소불위의 기득권이 되었다.

민주주의를 포기할 수는 없다. 왕정으로 돌아가거나, 강력하고 능력 있는 지도자를 선택하여 종신 대통령을 만들 수도 없기 때문이다. 결국 국민의 자유에 대한 자각이 필요하고 그런 국민을 계몽하기 위한 노력이 필요하다. 그런 측면에서 윤석열의 희생은 이 땅의 바른 생각을 가진 지식인들의 각성을 촉구하는 일이기도 하다.

환상과 허상을 버리고 이제는 민주주의가 무엇인지에 대해 심각하게 생각해야 한다. 민주화를 외친 세력이 과연 세상을 진보시켰는지에 대해서도 눈앞에 보이는 모습으로 판단할 수 있어야 한다. 그들은 단지 민주화를 이용해 권력을 쟁취했을 뿐이다. 그리고 세상을 퇴보시키고 있다.

우리가 가져야 할 가치는 자유와 개인, 그리고 그 개인에 대한 존중과 책임 의식이다. 자유는 평등의 밑거름이 되는 최고의 가치이며, 전체에 안주하여 개인을 잃어버려서는 안 된다. 경쟁을 두려워하지 말고 세상에 나설 수 있어야 한다. 개인으로서 타인을 존중하며 자신의 자유만큼 책임질 줄 아는 사람이어야 한다. 이는 도덕이 아니라 우리의 가치가 알려주는 이념이다. 이런 사람들이 많아져서 자유의 가치가 실현되면 그로 인해 진정 민주화된 세상이 만들어지는 것이다.

나는 우리 미래세대를 위해 나의 노력을 멈추지 않을 것이다. 비록 모두가 동의하지 못한 행동이었다 해도 윤석열이 터트린 작은 희망의 불꽃이 식어버리지 않기를 바란다. 더 많은 젊은이가 깨어나고 무엇이 올바름인지 인식하기를 기대한다. 기성세대는 민주화의 허상과 문제를 자각하고 스스로 잘못된 신념에서 벗어나는 용기를 갖기를 희망한다. 그래서 이 나라가 지금보다 더 풍요롭고 행복한 세상이 되기를 진심으로 기원한다.